云南大学民族学一流学科建设经费资助

教育部人文社会科学重点研究基地云南大学西南边疆少数民族研究中心文库
·民族学与人类学学术史丛书·

农耕文化与
乡村建设研究文集

尹绍亭　著

中国社会科学出版社

图书在版编目(CIP)数据

农耕文化与乡村建设研究文集/尹绍亭著. —北京:中国社会科学
出版社,2021.5
(教育部人文社会科学重点研究基地云南大学西南边疆少数民族
研究中心文库. 民族学与人类学学术史丛书)
ISBN 978 - 7 - 5203 - 8225 - 0

Ⅰ.①农… Ⅱ.①尹… Ⅲ.①农业—传统文化—研究—中国②农村
—社会主义建设—研究—中国 Ⅳ.①F329②F320.3

中国版本图书馆 CIP 数据核字(2021)第 063298 号

出 版 人	赵剑英	
责任编辑	王莎莎	刘亚楠
责任校对	张爱华	
责任印制	张雪娇	

出 版	中国社会科学出版社
社 址	北京鼓楼西大街甲 158 号
邮 编	100720
网 址	http://www.csspw.cn
发 行 部	010 - 84083685
门 市 部	010 - 84029450
经 销	新华书店及其他书店

印刷装订	北京市十月印刷有限公司
版 次	2021 年 5 月第 1 版
印 次	2021 年 5 月第 1 次印刷

开 本	710×1000 1/16
印 张	18.5
插 页	2
字 数	281 千字
定 价	118.00 元

前　言

本书名为《农耕文化与乡村建设研究文集》，主要内容由农耕文化研究和云南民族文化生态村建设两部分组成。

笔者涉足农耕文化研究，肇始于 20 世纪 80 年代初期，最早的研究对象为热带山地民族的刀耕火种，切入角度是生态人类学。然而，由于刀耕火种的内涵十分丰富，如果不具备多学科视野，那么任何角度的研究结果都将失之偏颇和浅薄。有鉴于此，笔者在进入该领域之初，不仅身揣人类学、民族学的"一技之长"，还努力学习农业史、地方史、考古学、地理学、生态学、农学等知识。历时十余年的学习、调查、研究，最终收获了有关刀耕火种的研究成果；同时，在稻作农业起源、犁耕和牛耕的起源、农具研究、西部农耕文化研究，以及农耕文化类型研究等方面，也多有涉猎。本书"农耕文化"部分所汇集的论文，大致反映了笔者在这些方面的追求与探索。

本书"云南民族文化生态村建设"部分为云南省委省政府"云南民族文化大省建设"发展战略的重点课题，由云南省委宣传部主导，笔者策划组织实施，课题曾获美国福特基金会、日本友好团体和友好人士等的支持。课题项目选择了五个试点，分三期进行，从 1998 年 10 月开始至 2008 年 10 月结题，历时 10 个春秋，在人类学应用研究方面获取了丰富的经验，产生了广泛和深远的影响。随着国家对文化遗产保护事业的日益重视，随着美丽乡村建设和乡村振兴事业的蓬勃兴起，随着社会各界参与文化事业积极性的高涨，随着和谐社会、可持续发展和生态文明研究的推进，重温民族文化生态村建设的学术遗产当有特别的意义。

　　参与"云南民族文化生态村建设"课题调查、工作、研究的学者、干部和学生多达百余人，而且还涉及作为文化生态村建设主体的村民数千人。迄今为止，发表和出版的调查研究报告和影视资料共计百余种（篇），足以说明此项应用研究的广泛参与性与科学实践性。

目　录

上篇　农耕文化

下篇　云南民族文化生态村建设

上　篇

农耕文化

20世纪80年代的进化论与适应论之争

——云南刀耕火种研究

刀耕火种研究的缘起

20世纪七八十年代，由于发达国家跨国企业对木材的贪婪需求，亚洲、非洲以及南美洲等地区的热带雨林遭受严重破坏，成为全球重大环境问题。与此同时，雨林中的族群及其传统的刀耕火种农业，亦受到空前的关注，国内外掀起了对热带刀耕火种农业的讨论与研究高潮。

同一时期，我国数十年森林严重破坏导致的生态恶化状况日益凸显，与国际形势相呼应，生态环境问题成为关注热点。在此背景下，西南山地民族千百年来从事的刀耕火种农业突然成为众矢之的，被认为是"破坏森林的罪魁祸首""原始陋习的残余"，遭到史无前例的口诛笔伐，"禁止""消灭"刀耕火种的呼声一浪高过一浪。然而，众多山地民族对于外界的指责却有截然不同的看法，刀耕火种规模并未迅速减少。人们不禁要问，当代的刀耕火种究竟是什么？众多山地民族为何要以其为生？它是否是破坏森林的"元凶"？为何屡禁不止？社会期待学界的回答。

理论背景

20世纪下半叶，中国乃至世界各领域对于刀耕火种的研究主要有以下几种理论：

1. 马克思社会发展史论（亦称"马克思主义民族学理论"）：生产力与生产关系、经济基础与上层建筑的矛盾运动是社会发展的动力，人类社会发展史是 5 种社会形态依次进化的历史。刀耕火种是原始社会生产力，必须加以改造和取代。

2. 农史进化论：农业的进化曾经历了从原始刀耕农业到锄耕农业再到犁耕农业的进化过程，云南山地民族的刀耕火种是可以佐证这一进化规律的绝佳的"活化石"。

3. 经济文化类型理论：为 20 世纪 50 年代之后唯一可以与"马克思主义民族学理论"共存的苏联的民族学理论。所谓"经济文化类型"，指的是"居住在相似的地理条件下，并有相似的社会发展水平的各民族在历史上形成的经济和文化特点的综合体"。

4. 日本照叶树林文化论：刀耕火种为日本文化源流中的底层农耕文化，是照叶树林文化的重要文化要素。

5. 文化生态学（cultural ecology，1940 年代）、生态人类学（ecological anthropology，1970 年代）：在传统社会中，以生计为中心的核心文化，是人类集团适应其生境的产物，人类的适应性是阐释小型社会人类与自然环境关系的有效的工具。

通过深入田野调查，进行反复思考探索，笔者认真研究验证了上述几种理论，认为其均存在值得进一步探讨之处：

对理论 1 的质疑：云南西南山地和全国一样，建立社会主义制度已经半个多世纪，生产关系早已完成了社会主义改造，按照生产力和生产关系互动的理论，如果依然将当代的刀耕火种农业定性为"原始社会生产力"，那岂不意味着社会主义制度的生产关系竟然与原始社会的生产力长期共存？

对理论 2 的质疑：原始社会的原始刀耕火种，是使用石刀、石斧等原始生产工具的刀耕火种；当代山地民族刀耕火种的生产工具完全不同，不仅使用铁刀，还同时使用铁锄、犁耕，而且有的民族还同时耕种水田。以此观之，还能将当代的刀耕火种称为"原始社会的活化石"或"原始社会残余"吗？

对理论 3 的看法：按照"经济文化类型"从事研究的一大困难，是类型边界难以确定，而且即使是在相似的自然环境中，也存在着"类型"的多样性。所以此理论并不能充分解释刀耕火种类型产生和存在的原因。

理论 4 的缺陷：对于"当代刀耕火种是什么"以及"为何持续存在"等问题，缺乏解释力。

理论 5 的不足：此理论的生态适应概念，难以满足对在国家、市场的影响下所形成的复杂社会的研究。

本文研究的理论取向：针对几乎所有自然科学学者和民族学学者均片面搜罗负面资料以求证刀耕火种"原始"的充满文化中心主义色彩的研究，笔者坚持人类学的文化相对论和主位研究原则，整合生态人类学的文化适应和文化生态变迁理论，结合环境史等研究理论方法，进行历史动态过程的综合研究。

研究框架和田野经历

研究框架：

1. 纵向的历史研究——古代羌、濮、苗瑶、越系族群的刀耕火种

2. 定点田野调查——基诺族的刀耕火种

3. 横向的比较研究——云南西南部十余个刀耕火种民族的比较研究

4. 变迁的研究——从简单封闭社会到复杂开放社会的变迁过程

5. 结论

田野经历：

1983—1987 年：基诺山（基诺族）

1987—1990 年：西双版纳、思茅、临沧、德宏、怒江、红河、文山（布朗、哈尼、拉祜、佤、彝、景颇、傈僳、怒、独龙、苗、瑶、白、苦聪、克木等）

1990 年至今：跟踪调查研究

研究结果

一 刀耕火种分布

中国刀耕火种农业历史极其悠久，宋代以前称其为"畲田"，宋代以后逐渐流行"刀耕火种"的叫法。古代刀耕火种遍布我国南方山地，数千年来随着森林的减少，刀耕火种规模日益萎缩，然而迄至20世纪70年代，其仍然盛行于云南西南部、海南岛和贵州南部地带。

云南是中国当代刀耕火种农业分布最多的省份。古代云南盛行刀耕火种，20世纪50年代，刀耕火种分布较多的地区主要是从云南西北部到东南部与缅甸、泰国、老挝、越南接壤的地带。从事刀耕火种的民族，有独龙族、怒族、傈僳族、景颇族、德昂族、佤族、拉祜族、布朗族、彝族、哈尼族、基诺族、苗族、瑶族、苦聪人、克木人等。

二 刀耕火种分类

云南山地民族刀耕火种的分类，有按轮歇方式、住居方式、栽培作物进行分类的三种分类方式。

1. 按轮歇方式分类

按轮歇方式分类，云南的刀耕火种农业可分为无轮作轮歇刀耕火种农业、短期轮歇刀耕火种农业和长期轮歇刀耕火种农业三种类型。

（1）无轮作轮歇刀耕火种农业类型。无轮作轮歇刀耕火种农业，被一些山地民族称为"耕种懒活地"。其轮歇特点是一块土地只种一年（不复种）便抛荒，休闲期短则七八年，长则十余年。这一类型主要分布在德宏傣族景颇族自治州盈江县卡场景颇族地区和西双版纳傣族自治州勐海县南部的布朗族地区。

在盈江卡场和勐海南部，分别分布着景颇族和布朗族等星罗棋布的村落。每个村落都有明确的地界，村民们附着于村落的土地上，极少迁移流动。两个地区的刀耕火种方式，都是单一的无轮作轮歇类型。其特点是，每个村落都将自己的林地划分为七八片或十余片（主要以森林更新所需年限为依据），按照规划的顺序，每年砍种一大片或几小片，每片地仅种一季作物便抛荒休闲，形成严格的有序轮歇周期，从而达到对林地长期保护利用的目的。

无轮作轮歇刀耕火种具有与之相适应的一套生产技术。其独特的生产技术集中体现在"烧而不耕"这四个字上。烧得好，肥料多，土壤疏松，草死虫灭；不使用锄犁耕地，是因为深耕会导致表层灰肥损耗，加剧水土流失，还会损害树桩的树根。烧而不耕，生产工具就只需要砍刀和点播棒。生产工序也比较简单，冬春之际砍地，暮春烧地，初夏播种，林地烧得透彻，盛夏不必除草，待庄稼成熟，守地护秋，接着便可收粮入仓。可见，这是一种极为粗放的农业。然而唯其粗放，也就特别省力，因此人们称其为种"懒活地"。时下流行的观点是，粗放必然原始落后。然而山民们却并不同意这种看法，能否有效地保护林地资源，能否少投入高产出，这才是他们衡量先进与落后的尺度。

（2）短期轮歇刀耕火种农业类型

短期轮歇是指连续耕种 2 年至 3 年，然后休闲七八年或十余年的刀耕火种方式。为适应地力和减少杂草，一般不连续栽种同一品种的作物，而是轮作不同的作物和品种。例如第一年种棉花，第二、第三年种陆稻或者黄豆、苏子、玉米、芋头等作物。此轮歇类型分布较广，德宏州的傈僳族、部分景颇族、德昂族及汉族地区，临沧专区西南部的沧源佤族地区，思茅专区西南部的佤族和拉祜族地区，西双版纳州的基诺族和部分哈尼族地区，是其主要的分布地。

（3）长期轮歇刀耕火种农业类型

长期轮歇即耕种 3 年至 5 年，甚至七八年，然后休闲十余年或二三十年时间。长期轮歇耕种方式必须实行多种作物的轮作，方能适应地力，保障收获。

实行多种作物的轮作，必须具备三个条件。第一是土地分类知识。

凡从事轮作的山地民族，都具备丰富的土地分类知识，他们一般按照林地海拔高低和土壤肥瘠将其划分为几类，并施以相应的轮作方式。第二是耕作技术的进步。三年以上的轮作，必须逐年深耕土地增加熟土，不能采取仅靠砍刀和点播棒的不锄不犁的"懒活地"耕种方式，须进行锄耕和犁耕，播种技术也随之发生了变化，效率较高的撒播得到了广泛的应用。第三必须具备丰富的栽培作物利用知识。山地旱田能否实现长期耕种，关键是如何解决后续肥料的投入，亚热带山地土壤贫瘠、水土流失严重，仅靠头年砍焚森林的投入并不能维持长期耕种，在山高坡陡、地远路遥的耕种条件下，人们很难使用平原积肥施肥的方法，于是创造了利用栽培作物调节、更新地力的方法。

2. 按居住方式分类

按居住方式划分云南的刀耕火种，有三种类型：任意迁徙型、固定地域内移动型和定居型：

（1）任意迁徙型的民族，有瑶族、苗族、苦聪人、克木人、部分哈尼族、傈僳族、拉祜族等。过去他们没有固定的居住地域，过着"人随地走，地随山转"的游耕生活，森林退化了，难以再连续耕种，便移居到其他地方。

（2）在固定地域内移动型的民族，有独龙族、怒族等，他们大都有属于村寨的土地范围，他们也经常迁移住所，但并不跨越村寨的土地范围，而是在固定的土地范围内随着轮歇地而搬迁住居。

（3）定居型的民族有基诺族、布朗族、景颇族、佤族、德昂族等。这些民族在古代也有过迁徙流动的历史，但后来从事有序轮歇的刀耕火种，分别定居下来，就不再轻易地搬迁了。

3. 按栽培作物分类

按栽培作物分类主要有两种类型：陆稻栽培类型和杂谷栽培类型。

陆稻栽培类型分布于云南的西部和南部，该区气候温暖，山地海拔较低，适宜陆稻栽培。据云南农业科学院的调查，云南传统陆稻品种多达 2000 余种；笔者 20 世纪 80 年代初期在基诺山调查，其遗存的陆稻品种尚有 74 个。陆稻品种的多样性依托于土地利用，即轮歇和轮作的需要，当然也与饮食生活有关。从事陆稻栽培的民族，以陆稻为中心，同时种植棉花、玉米、大豆等数十种作物。

杂谷栽培类型分布于云南西北部怒江和独龙江流域。该地区为高山峡谷地貌，气候较为寒冷，大部分地区不适宜陆稻栽培，传统栽培农作物主要有荞、稗、粟、稷、高粱、青稞、燕麦等，16 世纪以后玉米传入云南，成为主要的栽培作物。

三 社会组织和土地制度

1. 社会组织

20 世纪 50 年代以前的传统社会，每个村寨由若干氏族组成，村寨长老由氏族头人担任。村寨长老是村寨的生产活动和宗教活动等的领导、组织、协调者。20 世纪 50 年代以后，村寨的领导人变为生产队、人民公社和"村"的队长、社长、村长或组长。

2. 土地制度

传统社会的土地主要为氏族公有，氏族成员有土地使用权而无占有权，同时存在少量村寨公有土地，土地私有开始出现。20 世纪 50 年代以后，土地国有，使用权归生产队和村寨；20 世纪 80 年代后，实行家庭联产承包责任制，耕地使用权转属农民。

四 刀耕火种的生产技术

（一）耕作技术

刀耕火种有多种轮歇类型，不同的轮歇类型又有与之相应的不同的耕作技术，包括无轮作轮歇类型的耕作技术、轮作轮歇类型的耕作技术和草地轮歇类型的耕作技术，本部分围绕前两种类型展开论述。

1. 无轮作轮歇类型的耕作技术

几乎所有的刀耕火种民族，都曾经经营过无轮作轮歇刀耕火种方式。这种耕作技术的特色，主要体现于"刀耕""烧地"（火耨）、"点播播种"这三点之上。

所谓"刀耕",是相对于"锄耕"和"犁耕"的说法。"刀耕"其实并不存在"耕",而是指砍伐树木。刀耕火种砍伐树木的季节,因民族以及自然条件而有所差别,通常在 12 月至次年 3 月(公历)之间,而以次年 2 月为主。

"烧地"(火耨)在 3 月至 5 月之间进行,以 3 月底 4 月初最为适宜。为了防止烧地时酿成火灾,烧地之前需要清理防火道。

林地焚烧和清理完毕就可进行播种,播种时间因地区而异。无轮作轮歇刀耕火种采用称作"点播"的播种方式。所谓"点播播种",就是在地面戳穴放入籽种再覆盖土壤的方法。戳穴的工具有小木锄、小铁锄、铁刀、竹棍、木棍、铁锥点播棒、铁铲点播棒等。

2. 轮作轮歇类型耕作技术

轮作轮歇类型是无轮作轮歇的演变形态。其最大的变化,就是引入了锄和犁的耕作以及撒播播种技术。轮作轮歇类型耕作技术有多种形式,通常第一道工序是芟草,芟后大约晒一个星期可烧草,接着犁地一遍,然后荒置;待到冬末春初,才砍伐树木;再到翌年三月焚烧树木,而后再犁地、播种。

(二)间作套作技术

刀耕火种地除了栽种主要作物陆稻、玉米之外,还间种、套种多种作物,具有突出的农作物多样性。基诺族、景颇族等的间、套种作物从六七种到二十余种不等,其中有禾本科的龙爪稷、薏苡、粟、高粱,豆科的黄豆、饭豆、四季豆,茄科的茄子、辣椒、苦子,葫芦科的南瓜、黄瓜、葫芦、辣椒瓜、苦瓜,十字花科的青菜、萝卜、白菜,天南星科的芋头,菊科的向日葵,姜科(姜),百合科的葱、韭菜、草头,唇形科的苏子、薄荷,芸香科的打棒香,等等。

(三)轮作技术

以基诺族为例,基诺族常用的轮作作物是禾本科的陆稻、玉米,锦葵科的棉花,豆科作物的黄豆(大豆),唇形科作物苏子等。基诺族在 20 世纪 50 年代以前利用的陆稻品种多达 100 多种,20 世纪 80 年代还保留有 73 种。

表 1　　　　　　　　　　　　　　　**基诺族多种作物的轮作实例**

村名	轮作类型	轮作作物						
		第一年	第二年	第三年	第四年	第五年	第六年	休闲年限
巴亚	一	棉花	陆稻	棉花	玉米或陆稻	黄豆或芝麻、苏子	陆稻	15—20 年
	二	棉花	陆稻	陆稻（改换品种）	陆稻（改换品种）	黄豆或芝麻、苏子	陆稻	15—20 年
	三	陆稻	陆稻	陆稻或黄豆、玉米	玉米或黄豆、芝麻	陆稻、陆稻（改换品种）	陆稻	15—20 年
巴卡	一	荞麦	陆稻	苏子、芝麻或花生、黄豆	陆稻	玉米	陆稻	15—20 年
	二	陆稻	黄豆	陆稻	黄豆或玉米、花生、芝麻	陆稻（改换品种）	15—20 年	
	三	陆稻（糯）	陆稻	陆稻（改换品种）	黄豆或苏子、玉米	陆稻	玉米或黄豆、芝麻、玉米	15—20 年
	四	陆稻	玉米	陆稻	玉米	陆稻	玉米	15—20 年

表 2　　　　　　　　　　　　　　　**云南几个民族的轮作栽培方式**

族名	地点	第一年	第二年	第三年	第四年	第五年	休闲期
景颇族	潞西县三台山	豆	陆稻	玉米	陆稻		10—20 年
		豆、苏子或芝麻	陆稻	陆稻	黄豆	陆稻	10—20 年
	瑞丽县户育山区	陆稻或玉米	陆稻				8—10 年
		苏子或棉花或黄豆	陆稻				7—10 年
	陇川县帮瓦地区	棉花或黄豆	陆稻	陆稻或休闲			7—10 年
		棉花	陆稻	黄豆			7—10 年
德昂族	潞西县三台山	黄豆	陆稻	陆稻			3—8 年
		苏子或黄豆	陆稻				3—8 年
	镇康县大寨乡	苏子	陆稻	陆稻			40—50 年
拉祜族	澜沧江糯福乡	陆稻	陆稻				3—5 年
		陆稻	陆稻	陆稻	陆稻	陆稻	5 年
	勐海县布朗山等地	陆稻	陆稻	玉米或休闲			7—8 年

续表

族名	地点	第一年	第二年	第三年	第四年	第五年	休闲期
瑶族	金平县屏边县	棉花	陆稻	棉花	陆稻或玉米或休闲		10余年
		陆稻	玉米	棉花	陆稻	玉米	10余年
	勐腊县瑶区	玉米	玉米	玉米	玉米	玉米	10余年
		陆稻	陆稻	陆稻			10余年
哈尼族	勐海县布朗山区	陆稻	陆稻				10余年
		棉花	陆稻				7—10年
	勐海县格朗河地区	陆稻	陆稻	陆稻			10余年
		陆稻	陆稻	陆稻	陆稻	陆稻	10余年
		棉花	陆稻				7—10余年

五 生产节令与农耕礼仪

（一）历法与生产过程

生产过程由节令决定。刀耕火种民族历史上均有自身创造并利用的历法，其中大部分是物候历。

在刀耕火种农事节令中，最重要的是对播种节令的把握。云南德宏景颇族农谚说："腊月砍地干又干，三月烧地肥又肥，二月砍地不成器，三月砍地饿肚皮。"又说"十年早九年好"，"庄稼不哄人，节令赶早不赶迟"。下面列举景颇族的物候法。

表3 德宏州盈江县卡场景颇族的历法及各月生产活动表

"大山历"月份名称	对应的公历	名称含义、自然特征	生产活动
苦达	12月—翌年1月间	在家织布月。"古墩墩"鸟叫，"天角星"当顶	修整农具，砍伐林地，织布
让达	1—2月间	准备工具月	砍伐林地，犁秧田，种春荞
文达	2—3月间	砍地月。杜鹃花、桃花、梨花、酸木瓜花开	种春荞，耙田撒秧，种早玉米，修整防火道，开始烧地

续表

"大山历"月份名称	对应的公历	名称含义、自然特征	生产活动
石腊达	3—4 月间	播种月。布谷鸟叫，"三底星"发亮，水冬瓜树落叶	捡烧，整地，栽种陆稻、玉米、龙爪稷、豆、瓜等，盖窝棚，栽旱水稻
知通达	4—5 月间	冬天结束月	继续种陆稻、玉米，盖窝棚，栽水稻，收早荞，围棚栏
森安达	5—6 月间	节约用粮月	收早荞，旱地嬉草
施木日达	6—7 月间	猴子无果子吃月	嬉草，修整棚栏，做守地准备，搞副业
各木舍达	7—8 月间	鱼下子月	嬉草，守地，收早稻、早玉米
各冬达	8—9 月间	干旱月	守地，收打早稻、早玉米
格腊达	9—10 月间	陆稻成熟月	同上
木鸡达	10—11 月间	收谷月	收、堆、打稻谷、玉米，搬运回寨
木戛达	11—12 月间	收割结束，下霜月	修理房屋，盖新房，做翌年生产准备，砍春荞地

（二）农耕仪式

农耕仪式是山地民族万物有灵观念的表现，是他们的世界观、自然观在生产活动中的反映。在传统刀耕火种的生产过程中，农耕仪式十分频繁。山地民族尊奉万物有灵，相信鬼魂无处不在，敬畏一切自然神灵，一年之中在生计活动的每个关节均需举行打铁、砍树、烧山、播种、祈雨、避灾、吃新米、入仓等仪式。

下面列举基诺族三个村寨的农耕仪式。

表 4　　　　　基诺族山巴亚、巴卡、亚诺三个村寨的农耕仪式表

月份（农历）	巴亚寨	巴卡寨	亚诺寨
正月	（1）特懋克（打铁仪式） （2）砍地仪式 （3）科比达若（祭鼓仪式） （4）苗姐若（砍地结束仪式）	（1）特懋克	（1）特懋克 （2）蹉驼（祭天神）
二月	（5）烧地仪式		（3）格巴布勒（烧地仪式）
三月	（6）冬布若（盖窝棚仪式）		
四月	（7）恰思若（播种仪式）	（2）肖柏（播种仪式）	（4）肖柏（播种仪式）

续表

月份(农历)	巴亚寨	巴卡寨	亚诺寨
五月		（3）蹉驼（祭天神）	（5）蹉驼（祭天神）
六月		（4）布朱灵（灭虫仪式）	（6）雀色不勒（祭天神、山神、地神）
七月	（8）贺西左（吃新米）	（5）洛毛洛（祭龙刀） （6）贺西左（吃新米）	（7）洛毛洛（祭龙刀） （8）格巴达（祭天神） （9）贺西左（吃新米）
八月			（10）麦考不勒（收割仪式）
九月	（9）谷萨苦罗苦（叫谷魂）	（7）谷萨苦罗苦	（11）谷萨苦罗苦

刀耕火种的生态学

刀耕火种具有十分独特的生态学内涵，具体表现于以下 7 点。

1. 砍烧森林、开辟耕地、播种、收获作物，其实质是将贮存于森林的太阳能变为食物能的转化过程。

2. 严格实行土地轮歇制度，以实现循环可持续利用。

3. 尽可能从事典型轮歇烧垦，以减轻对土壤肥力和地中树根的干扰破坏，达到使森林快速恢复的目的。

4. 狩猎、采集与作物种植是刀耕火种系统的基本结构，三者的密切结合，既可以生态互补，又能最大限度地满足人们对生活资料的需求。

5. 进行混作、间作和轮作，可尽地力、防灾害、节约土地。

6. 土地分类知识，多样化的栽培作物及品种，因地制宜的耕作技术，以上三者有机结合，维系着食物生产系统的良性循环。

7. 社会组织、土地制度、习惯法以及信仰和农耕礼仪，既充分适应刀耕火种食物生产方式，又是其有序、稳定、和谐和可持续发展的维护和调适的机制和保障。

系统研究方法

——刀耕火种复合生态系统的分析与整合

根据以上研究，运用系统论方法，可将刀耕火种解析为由多级生态系统组成的复杂的复合生态系统。

1. 由森林砍烧、作物播种和收获，实现能量流动和物质转换，形成第一级生态系统。

2. 由耕种地和休闲地组成的轮歇循环，形成第二级生态系统

3. 由谷物生产、采集、狩猎的相互关系构成第三级生态系统。

4. 由社会组织、土地制度、信仰礼仪，以及第一、第二、第三级生态系统的相互关系构成的第四级生态系统。

5. 由国家权威、政策法规与以上四级生态系统的相互关系，构成第五级生态系统。

6. 由全球化、市场经济与以上五级生态系统的相互关系，整合为复合生态系统。

以系统论剖析刀耕火种系统的结构和功能，有利于认识和把握刀耕火种的生态本质、文化意义和动态演变的过程。

刀耕火种的变迁

变迁原因：

复合生态系统的有序循环和结构的平衡，有赖于系统中所有发生相互关系因素的协调，任何一个结构因素发生变化，都必然会引发连锁反应，导致系统秩序和平衡的破坏。

影响变迁的主要因素为：

1. 意识形态：社会主流意识形态认为，刀耕火种是原始社会生力，只有以先进的生产力取代原始社会生产力，才能跨越原始社会，进入社会主义社会。

2. 国家政策：以改造和取代为目标，出台了一系列限制和禁止刀耕

火种的政策和法规。

3. 社会改革：实行社会主义改造，以国家行政体制取代传统社会组织和文化运行机制，传统生产生活方式处于转型失序状态。

4. 人口增长：自中华人民共和国成立以来，云南山地民族的人口数量增长了大约 3 倍，外来人口逐年增多，这个数量还呈现着逐年增长的态势，人地关系趋于紧张，传统轮歇方式难以为继。

5. 市场经济：改革开放促使国家大力发展市场经济，在经济利益的驱使下，山地民族从被动变为主动，开始大力垦殖橡胶，扩大茶叶和水果等经济作物种植面积，数千年赖以为生的刀耕火种，奇迹般地迅速退出了历史舞台。

结　论

本文的研究以田野资料阐释了刀耕火种的文化生态内涵，揭示了刀耕火种的本质。针对学界研究少数民族及其生计的种种不正确的认识，提出了三个观点：

1. 从学界和社会把当代云南及其他热带山地民族的刀耕火种视为"原始农业""原始社会生产力"来看，我国千百年来的文化审视均以汉族和中原文化为标准，此思维定式具有负面影响，必须大力提倡文化相对论观点，宣扬文化多样性的价值。

2. 人类的任何生计形态，均为人类对其生态环境和生存环境的适应方式，而非脱离环境因素的"文化进化形态"。

3. 人类的任何一种生计形态，哪怕是最简单粗放的生计形态，都是长期文化适应的产物，其传统知识作为珍贵的文化遗产值得发掘、继承和发扬。

4. 文化适应具有稳定性，又是一个不断调适的过程，当外部生态和社会环境发生变化，以及内部人口增长及资源短缺，文化的适应方式必然随之发生变化。刀耕火种也和其他生计一样，是一个历史过程。

5. 在国家和市场的主导下，刀耕火种的转型可以在较短时间内发生并完成，然而此过程必然会付出传统文化失落的代价，而且新的生态环境问题也会随之产生。如此，文化的重建和人与自然的和谐，又将是一个艰难和漫长的过程。

6. 通过本文案例的研究可知，在全球化的背景下，由于封闭和半封闭社会屏障被打破，以文化适应为核心的生态人类学研究必须与时俱进，更多地面向政治、权利和市场。

参考文献

尹绍亭：《一个充满争议的文化生态体系——云南刀耕火种研究》，云南人民出版社 1991 年版。

尹绍亭：《云南刀耕火种志》，云南人民出版社 1994 年版。

尹绍亭：《雲南の燒畑》（日文版），白坂蕃、林红译，日本农林协会出版社 2000 年版。

尹绍亭：《人与森林——生态人类学视野中的刀耕火种》，云南教育出版社 2008 年版。

云南省编辑委员会（组）：《独龙族社会历史调查》，云南民族出版社 1981、1985 年版；《景颇族社会历史调查》，云南人民出版社 1986 年版；《布朗族社会历史调查》，云南人民出版社 1982、1986 年版；《怒族社会历史调查》，云南人民出版社 1981 年版。

农耕文化研究刍议

　　农耕文化是人类文化的一个重要的组成部分，是人类生计文化体系中的一种，是围绕以农作物栽培为中心而不断发明创造的知识技术体系、社会运行体系以及习俗信仰体系的复合体。我国历史悠久，幅员广阔，农耕文化资源积累深厚。近年来，我国农耕文化研究在传统优势的基础上，视野不断扩展，成果显著增加，然而也存在些许缺憾。本文的旨趣在于现状评述、指出问题，并借此展望未来努力的方向。

中国农耕文化研究状况

　　迄今为止，我国农耕文化的研究主要有以下三个方面。

　　第一，农业历史研究。从学界通行的学科分类看，农业历史属于历史学的范畴，为历史学的一个分支；而从文化宏观的视角来看，农业历史也往往被视为农耕文化，综观以往农耕文化的研究，很少有不涉及农业考古和农业历史的，这就很能说明问题。我国是世界四大文明古国之一，具有五千年文明史，而农业的历史却可追溯到万年以前。对上万年的中国农业历史进行研究，其内容包括史前考古资料的研究和有史以来文献资料的研究，尤其是中华人民共和国成立以来的农业历史研究，无论深度和广度都达到了相当的高度。研究者既有我国的博学鸿儒，还有不少日本和西方学者，他们的研究亦深入广博，难能可贵。国内外学者的研究成果，诸如考古发掘报告、田野调查报告、论文、专著以及各种专业杂志等，数不胜数，可谓汗牛充栋。这里不妨参考布瑞（Francesca

Bray）所著《中国农业史》（*Needhams Science & Civilisation in China*：*Agriculture*）之"参考文献"，其中所列"中日文书籍期刊文献"多达 74 页，粗略统计约 700 种；所列"西文书籍及期刊文献目录"多达 54 页，约 1000 种，[①] 中国农业史古今中外相关文献之丰富于此可见一斑。作为代表性的成果，国内近 60 年陆续出版了中国农业科学院南京农学院中国农业遗产研究室编《中国农学史稿》（科学出版社 1959 年版）、梁家勉主编《中国农业科技史稿》（农业出版社 1986 年版）、曹贯一著《中国农业经济史》（中国社会科学出版社 1989 年版）、阎万英著《中国农业思想史》（中国农业出版社 1997 年版）、杜青林和孙政才总主编《中国农业通史》（中国农业出版社 2007 年版）等，这些著作学术价值极高，在国内外享有盛誉；此外，日本学者田野元之助的著作《中国农业史研究》、布瑞所著的《中国农业史》等，亦是传世之作。我国农业史研究的优势，为农耕文化的研究奠定了深厚的基础，搭建了广阔的平台。农耕文化可以充分借鉴农业史的研究成果，并依据自身的研究对象和理论方法进一步探索开拓。

第二，文化角度的研究。比较农业历史研究，我国冠以农耕文化以及属于农耕文化范畴的研究成果还不算多，这样的情况与农耕文明大国是很不相称的，它一方面说明社会和学界对其重视不够；另一方面也说明它还是一个比较年轻的、有待开拓的领域。限于作者视野，目前所能看到的农耕文化的概论性的著作有游修龄著《中华农耕文化漫谈》（浙江大学出版社 2014 年版），沈镇昭、隋斌主编《中华农耕文化》（中国农业出版社 2012 年版）等；以重要农作物为研究对象的农耕文化著作有游修龄、曾雄生著《中国稻作文化史》（上海人民出版社 2010 年版），刘芝凤著《中国稻作文化概论》（人民出版社 2014 年版），张云、王慧军著《中国粟文化研究》（中国农业科学技术出版社 2014 年版）等；以地域农耕文化为研究对象的著作有尹绍亭著《云南物质文化——农耕卷》（上下册）（云南教育出版社 1996 年版），裴安平、熊建华著《长江流域的稻作文化》（湖北教育出版社 2004 年版），胡泽学著《三晋农耕文化》（中国农业出版社 2008 年版），李学良著《滇南少数民族农耕文化研究》（民族

---

① ［英］布瑞：《中国农业史》，李学勇译，熊先举校阅，台湾商务印书馆 1994 年版。

出版社 2006 年版）等；以农耕文化类型为研究对象的著作有尹绍亭著《人与森林——生态人类学视野中的刀耕火种》（云南教育出版社 2000 年版）等；以单一民族农耕文化为研究对象的著作有王清华著《梯田文化论》（云南大学出版社 2011 年版），郭家骥著《西双版纳傣族的稻作文化研究》（云南大学出版社 1998 年版），崔海洋著《侗族农耕文化与水资源安全》（知识产权出版社 2014 年版），付广华著《龙脊壮族梯田文化的生态人类学考察》（广西师范大学出版社 2007 年版）等。相较专著而言，农耕文化研究的论文数量较多，主要见于《农业考古》《农史研究》《古今农业》《文物》《考古与文物》《考古学报》等杂志和文集之中。

第三，农业遗产研究。农业遗产是近年新兴的遗产保护门类，亦是农耕文化研究的一个新领域。农业文化遗产源于全球重要农业文化遗产（Globally Important Agricultural Heritage Systems，GIAHS）大型项目，该项目是联合国粮农组织（FAO）在全球环境基金（GEF）支持下，联合有关国际组织和国家于 2002 年发起的，目的旨在建立全球重要农业文化遗产及其有关的景观、生物多样性、知识和文化保护体系，并在世界范围内得到认可与保护，使之成为可持续管理的基础。该项目希望努力促进地区和全球范围内对当地农民和少数民族关于自然和环境的传统知识和管理经验的更好认识，并运用这些知识和经验来应对当代发展所面临的挑战，特别是促进可持续农业的振兴和农村发展目标的实现。中国是最早响应并积极参与全球重要农业文化遗产项目的国家之一，并在项目执行中发挥了重要作用。2005 年，粮农组织在世界各地选择了不同类型的传统农业系统作为首批保护试点，包括秘鲁的安第斯高原农业系统，智利的智鲁岛屿农业系统，菲律宾的伊富高稻作梯田系统，阿尔及利亚、突尼斯、摩洛哥的绿洲农业系统，坦桑尼亚的草原游牧系统和农林复合系统，肯尼亚的草原游牧系统，日本的能登半岛乡村景观和佐渡岛稻田—朱鹮共生系统，印度的藏红花种植系统和科拉普特传统农业系统，中国的浙江青田稻鱼共生系统。[①]

---

① 参见闵庆文《农业文化遗产及其动态保护探索》，中国环境科学出版社 2008 年版；《农业遗产及其动态保护前沿话题》，中国环境科学出版社 2012 年版。

　　浙江青田稻鱼共生系统成为首批保护试点之后，农业部国际合作司和中国科学院地理科学与资源研究所合作，在李文华院士和闵庆文研究员的有效组织与推动下，中国农业文化遗产保护工作获得了长足的发展，编制完成了《全球重要农业文化遗产保护国家行动框架》和各类试点保护与发展规划，通过举办学术研讨会、论坛、培训等多种形式，指导试点地区进行项目实施发展，产生了良好的社会效益、生态效益和经济效益，得到了粮农组织的高度赞赏，也为其他试点国家提供了经验。特别是在试点示范与推广方面，我国通过开展培训、生产标准化、市场开拓、种养殖技术与产品加工服务、示范户带动、基础条件改善、科学研究、媒体宣传等多种途径，提高了干部和群众对于农业文化遗产及其保护重要性的认识，保护了农业生物多样性与传统稻鱼文化，提高了农民收入，扩大了国内外的知名度，带动了休闲农业和乡村旅游的发展。

　　与此同时，许多地区积极参与农业文化遗产保护行动，积极开展申报工作。① 截至2010年，我国现存全球重要农业文化遗产和全球重要农业文化遗产试点已多达59个，分别是浙江青田稻鱼共生系统、江西万年稻作文化系统、云南哈尼稻作梯田系统、贵州从江侗乡稻鱼鸭系统、云南普洱古茶园与茶文化、内蒙古敖汉旱作农业系统、浙江绍兴会稽山古香榧群、河北宣化城市传统葡萄园、陕西佳县古枣园、福州茉莉花种植与茶文化系统、江苏兴化的垛田传统农业系统、陕西佳县的古枣园、天津滨海崔庄古冬枣园、河北宽城传统板栗栽培系统、河北涉县旱作梯田系统、内蒙古阿鲁科尔沁草原游牧系统、浙江杭州西湖龙井茶文化系统、浙江湖州桑基鱼塘系统、浙江庆元香菇文化系统、福建安溪铁观音茶文化系统、江西崇义客家梯田系统、山东夏津黄河故道古桑树群、湖北赤壁羊楼洞砖茶文化系统、湖南新晃侗藏红米种植系统、广东潮安凤凰单丛茶文化系统、广西龙胜龙脊梯田系统、四川江油辛夷花传统栽培体系、云南广南八宝稻作生态系统、云南剑川稻麦复种系统、甘肃岷县当

---

　　① 参见闵庆文《农业文化遗产及其动态保护探索》，中国环境科学出版社2008年版；《农业遗产及其动态保护前沿话题》，中国环境科学出版社2012年版。

归种植系统、宁夏灵武长枣种植系统、新疆哈密市哈密瓜栽培与贡瓜文化系统、辽宁鞍山南果梨栽培系统、辽宁宽甸柱参传统栽培系统、福建尤溪联合梯田、湖南新化紫鹊界梯田、云南漾濞核桃作物复合系统、甘肃皋兰什川古梨园、甘肃迭部扎尕那农林牧复合系统、新疆吐鲁番坎儿井农业系统、北京平谷四座楼麻核桃生产系统、北京京西稻作文化系统等。

农业文化遗产保护项目的实施和推广，对于农业传统知识的保护传承和发展，对于人们正确认识农业多样性、生物多样性文化多样性，对于促进人与环境共荣共存和可持续发展，均具有十分重要的意义。正因为如此，农业文化遗产在我国出现至今不过短短二十余年的时间，而相关的研究文章已达近万篇，农业文化遗产的异军突起，无疑促进了人们对于传统农耕文化的重视，开阔了农耕文化研究的视野，提升了农耕文化研究的现实意义。

中国农耕文化研究存在的问题

回顾中国农耕文化研究的状况，成果丰硕，不过也有不足，以下几个问题就值得学者与政府的反思。

一是历史研究多，也就是说，依据考古资料和历史文献研究的较多，而针对现实研究的较少，田野调查研究更少。为何如此？原因不难明白。上文说过，我国幅员广阔，历史悠久，新石器时代延续了七八千年，文明史时代经历了五千多年，两个时代、一万多年的农耕文化积淀，形成了十分丰富的文化宝库。具有如此丰厚的遗产资源，考古、释古之学兴盛，重古、迷古之风盛行，也就不足为奇了。考古、历史一旦形成显学，必然趋之若鹜，久而久之成为传统，于是代代沿袭，即便全球化的今日，也无重大转变，这当然是我们的优势和特点，唯其如此，也存在局限和缺憾。中国农耕文化研究的"厚古薄今"，如果能够加以改观，使之变为"厚古重今"，那就是十分理想的状态了。

重视现实的研究，道理和意义不难明白。首先，我们今天之所以能够研究历史，能够享受那么多的历史文献的恩惠，完全是得益于古代学者对他们那个时代现实的重视、调查和研究。试想，如果没有历史上两千余年各个朝代留下来的反映当时农业的 600 种以上的各类农书，没有著名的五大农书——西汉《氾胜之书》、北魏《齐民要术》、宋代《陈敷农书》、元代王桢《农书》、明代《农政全书》，那就是无米之炊，哪里会有农业史今日之辉煌。既然如此，我们也应该向古人学习，不仅要学习和传承前人的成果，而且要重视当下，要给后人留下我们时代的实态、进步和创造，这才对得起历史，对得起子孙。其次，在任何朝代，学者的研究都有局限性，历代农书，没有一部是观照统括全国全民族的，即使在当代，所有农耕文化的研究包括农业史的著作，也没有一本是可以覆盖全国、全民族的。目前所见的当代农耕文化的著作，几乎都是地域性的作品，即使冠以"中华"或"中国"的农耕文化著作，其实也都名不副实。应该看到，目前的研究，对于广大民间极其丰富的农耕文化资源的发掘还十分有限。有的注意到了，成果较多，如稻作文化的研究；有的最近才受到关注，如上述 59 个农业文化遗产的产生；有的最近成为研究亮点，如贵州西南地区侗族传统的森林糯稻文化以及稻鱼鸭复合农耕系统，又如云南学者和广西学者对红河流域哈尼族等的梯田文化和广西龙胜龙脊壮族等的梯田文化的研究，再如云南西南地区的普洱茶研究。相比之下，一些非常独特的农耕文化，尚未引起人们足够的重视，例如西北新疆维吾尔族等的绿洲农耕文化，青藏高原藏族等的农牧复合农耕文化，内蒙古东南部边沿地带蒙古族等的农牧混合农耕文化，武陵山地区土家族等的农耕文化，等等。此外，还有诸多偏远地区的特色农耕，不被世人所知。例如，云南基诺族以陆稻为中心的多作物配置的轮作、间作和混作等技艺；云南独龙族、景颇族、墨勒人等的可视为有机农业典范的粮林混作、间作等技艺；海南岛传统"砍山栏"农耕的文化生态体系；青藏高原藏族和云南、四川摩梭人等适应生境和农牧生产的婚姻家庭习俗；等等。这些农耕文化千百年延续下来，内涵的经验、智慧、知识非同一般，遗憾的是，长期以来，它们并未被主流文化所认同，所以一直处于自生自灭的状态。最近 40 年，在全球化浪潮的冲击下，它们正面临急速蜕化和消亡的危机。文化变迁是不可阻止的，不过每当我们面对这样的情况——

曾经亲历目睹的文化现象已成过眼云烟，曾经为我们提供过大量文化信息的老农们快死光了，年轻人则"一问三不知"，再想对未知的农耕文化进行调查获取资料已无希望，不禁深感悲哀！现实给我们敲响了警钟，如果只知"厚古"而不知"重今"，不去积极抢救各地迅速变化消亡的农业文化遗产，那么就会给历史和文明留下缺憾，我们就将愧对历史和子孙。

二是东部的中原、江南研究多，西部及其他地域研究少。中国文明及农耕文化的研究，向来聚焦于"两河流域"——黄河流域和长江流域。黄河、长江是中国的母亲河，黄河流域是华夏民族的摇篮，是世界粟作文化的起源地；长江流域是华夏民族的重要组成部分越人等族群的故乡，是世界稻作文化的重要起源地。中国文明源远流长蜚声世界，黄河流域和长江流域即为中国古老悠久文明的渊薮。唐代以前以黄河流域为中心，唐代以后重心转到长江流域。不过，作为华夏文明和农耕文明渊薮的黄河和长江流域，以往学界关注的重点其实并不是整个流域，而大都不过是两河的中下游，特别是下游流域，即东部地区。东部的研究兴盛而充分，西部的研究冷寂而薄弱，这是千百年形成的因因相习的传统，对此人们已经习以为常，视为定式。正因为如此，但凡讲到中国农业史，往往讲的只是中原、江南的历史，而远不是960万平方千米广袤疆域的农业史；同样，只要说到农耕文化，也往往只讲东部的、汉族的农耕文化，至于西部，抑或55个少数民族的农耕文化，那多半是会被忽略不计的。这就是我们所说的典型的地域和文化中心主义。何以如此？因为东部自然条件优越，文明和农耕文化发源时间早，在历史上率先进入集约农业阶段，率先发明精耕细作等复杂农耕技术，而且文字发达、学者荟萃，留下了大量史书典籍，这就给学者们的研究创造了平台和空间；而西部主要是少数民族分布的地区，历来多受歧视，与东部交流不畅，东部学者的科学技术文化研究到不了西部，汉文献典籍的记载自然少之又少。能够反映这种状况的典型事例，可举上述五大农书。五大农书虽为中国农业史书的代表之作，然而作者全为东部学者，表现的内容也全是东部地区的情况，其局限性显而易见。例如，《氾胜之书》的作者氾胜之是山东人，写的是黄河中下游流域汉族的农业生产经验和耕作技术；《齐民要术》的作者贾思勰也是山东人，写的也只是黄河下游流域汉族农牧业生产技术知识，却被誉为"中国古代农业百科全书"；《陈旉农书》被称为"我国南方第一部水田农事专著"，那是作者陈旉隐居江苏时写成的，其眼界最多可覆盖江南，而远非"中国南方"；《农书》的作者王祯也是山东人，该书写的是"北方汉族的农业技术和南方汉族的农业技术"，不过其"北方"实际上是指黄河流域下游地区，"南方"则是指长江下游流域地区，都是我们现在说的东部地区；《农政全书》的作者徐光启是上海人，其出生的松江府是个农业发达之区，该书所言农政措施和农业技术，应该与其家乡具有密切的联系，而不可能涉及太大的地域范围。中华人民共和国成立以来，文明和文化研究"重东轻西"的状况有所改变，但是作为数千年来的学术传统仍然根深蒂固，"东部中心主义"的影响在学界依然占有主导地位。

三是两河农耕文化类型研究多，其他农耕文化类型研究少，缺少文化多样性的视野。这种情况显而易见，例如迄今为止所见诸多农史及农耕文化著作，均将中原的"旱地精耕细作技术"和江南的"水田精耕细作技术"作为我国传统农耕文化的精华而置于重要的地位，对其进行深入的研究，给予积极的评价，而其他农耕文化类型和耕作技术，尤其是不见于历史经传的农耕文化和耕作技术则不同程度地被忽视、轻视，甚至歧视。诚然，"精耕细作"乃是我国东部古代农民适应生态环境的创造和智慧的结晶，是我国对世界农耕文明的一项杰出贡献，值得大书特书，传承发扬。不过，就全国而言，无论是旱地精耕细作，还是水田精耕细作，不管其多么重要、先进，都只是一种农耕文化类型、一种耕作技术，除此之外，全国还有许多同样值得总结、继承、发扬的农耕文化类型和耕作技术。所以，如果要说"中国"或"中华"的农耕文化，那就必须把握全局，整体观照，而不能重此轻彼，以偏概全，挂一漏万。如果研究中国传统农耕文化只囿于精耕细作技术，抑或认为我国传统农耕文化只有精耕细作技术才能登大雅之堂，其他均不值一提，那就错了，那就是一叶障目，见木不见林。须知世界之大，生态环境之复杂，人类农耕文化之丰富，并不是一个精耕细作可以概括的。

我们知道，精耕细作技术的形成有多种原因，其中最为重要的原因乃是人类为了决解人多地少的矛盾、缓解生存压力、调适人地关系而采取的应对策略。不过，由于社会历史文化的差异，不同的族群处理人地关系危机的策略并不完全相同。而且全国各地的人地关系极为复杂，有的人多地少、人口压力大、生存困难；有的人口不多、人地关系平衡、生存无忧；有的人少地多、资源富足、人地关系和谐、足以持续生存和发展。生态环境不同，社会文化不同，会形成不同的生存策略、不同的生计形态、不同的农耕文化类型，各种农耕文化类型均有其特殊的功能和价值，它们之间并无高下优劣之分。理解并认同这个道理，可以避免许多偏见和误导。就说精耕细作，其实它并不是放之四海而皆灵的耕作技术法宝，譬如对于热带森林烧垦农业而言，精耕细作不仅不是好技术、先进技术，反而是破坏、是祸害。根据我们的研究，一个正常运行的烧垦农耕系统，越是不使用锄耕犁耕，越是粗放轮歇耕作，则其生态效益和经济效益越佳，越可持续发展；而如果精耕细作，劳力等各种投入将大大增加不说，短时期内还会导致杂草丛生、林木凋敝、土壤贫瘠、作物减产，不出十年，原来实行的有序循环的轮歇耕作系统就将崩溃，原先保持平衡的自然和农业生态系统就将遭受破坏，人们的生存就会陷于困难甚至危机的境地。再如我国传统木犁的研究，迄今为止我国大凡研究传统木犁的著作，均奉唐代陆龟蒙的《耒耜经》和元代的王祯《农书》为经典，以两书所述所绘之犁——长江下游流域使用的"江东犁"为圭臬，而忽视其他地域之木犁。给人的印象，似乎中国的木犁就只有江南的江东犁一种犁型，或者似乎中国所有木犁最终进化的结果就是江东犁，这无疑又是偏见和狭隘所造成的谬误。根据笔者的调查，仅云南一个省份，犁型就有4个系谱23种类型，[1] 更遑论其他地区，中国犁具之丰富，岂是一个江东犁可以概括得了的。一叶障目、见木不见林之弊端由此可见一斑。

综上所述，迄今为止我国农耕文化研究成果斐然，已具备相当的水

---

① 尹绍亭：《云南物质文化·农耕卷》，云南教育出版社1996年版，第146—299页。

平。但也存在问题，"厚古薄今""重东轻西""见木不见林"的倾向值得反思。今后的研究，除了弥补薄弱环节之外，还需借鉴国外研究成果，促进国际学术交流，加强理论和方法的探索，重视传承与创新，以开创古今并重、中西交融、百花齐放、繁荣兴旺的局面。

（原载尹绍亭主编《中国西部民族文化通志·农耕卷》，云南人民出版社 2019 年版）

亚洲稻作起源研究的回顾

    2002 年 9 月，日本国龙谷大学组织实施江南稻作文化考察项目，在南京博物院徐乙艺研究员的安排下，从 9 月 10 日至 20 日，笔者与须藤护教授先后访问了江苏省的高淳、扬州、无锡、苏州和浙江省的杭州、绍兴，去了几个农村，走访了一些研究机构，参观了所到地的博物馆和若干文化遗址。笔者对江南稻作文化感兴趣的一个方面，是稻作起源研究，作为此次考察的结果，本文打算对新中国成立以来中日两国学者研究稻作起源的主要学说和观点做一个概略的回顾和评述。

长江下游稻作起源的研究

    本次考察，笔者在杭州、绍兴等地的博物馆和有关研究单位看到不少河姆渡遗址出土的文化遗存和研究资料。河姆渡遗址位于浙江省余姚市的姚江边，遗址发现于 1973 年。1973 年 11 月至 1974 年 1 月和 1977 年 10 月至 1978 年 1 月进行过两次发掘。1978 年发表了第一期发掘报告；1980 年发表了《浙江河姆渡遗址第二期发掘的主要收获》[1]；1998 年出版了《河姆渡文化研究》论文集[2]。遗址文化层堆积厚约 4 米，分四个文化层，第三层时代距今 6000 多年；第四层时代距今约 7000 年。第四层遗存物最为丰富，是典型的河姆渡文化堆积层。该遗址最令人瞩

---

[1] 见《文物》1998 年第 5 期。

[2] 该论文集由浙江省文物局、浙江省文物考古研究所、河姆渡遗址博物馆编，由杭州大学出版社 1998 年出版。

目的发现之一，是大量的稻作遗存，早期文化层中的稻谷、谷壳、谷秆等的堆积，厚达20—50厘米，最厚达1米。此外，遗址中还发现了以骨耜为代表的多达千件的骨、石、木制农业工具，数千件木质建筑构件以及大量反映信仰和祭祀的陶器、骨器和玉器等①。

河姆渡遗址的发现具有重大的学术意义。首先，它证明了长江下游地区和黄河中下游流域一样，亦是一个重要的史前文明区域；另外，它为东亚早期稻作文化的研究提供了极为珍贵和丰富的资料。在对河姆渡稻作文化众多的研究当中，有关稻作起源的研究十分突出。如前所述，河姆渡出土了丰富的稻作遗存，而且时代测定为距今约7000年，是当时中国境内出土稻谷最早的遗址，于是国内外许多学者据此提出了中国稻作起源于长江下游的看法。这方面主要的论著有《ホムト（河姆渡）遗迹とイネの道》（毛昭晰，1986）、《对河姆渡遗址第四文化层出土稻谷和骨耜的几点看法》（游修龄，1976）、《从河姆渡遗址出土稻谷试论我国栽培稻的起源、分化和传播》（游修龄，1979）、《河姆渡炭化稻中普通野生稻谷粒的发现》（汤圣祥，1994）、《河姆渡稻作源渊探析》（邵九华，1995）、《中国稻作农业研究与考古发掘》（王海明，1998）、《长江中下游出土古稻考察报告》（周季维，1981）、《中国稻作农业的起源》（严文明，1982）、《太湖地区稻作起源及其传播和发展问题》（游修龄，1986）、《长江、钱塘江中下游新石器时代地理与稻作起源和分布》（林承坤，1987）、《亚洲稻作农业的起源及其向太平洋地区的传播》（夏应元，1988）、《再论中国稻作农业的起源》（严文明，1989）、《中国稻作起源的几个问题》（陈文华，1989）、《水稻起源于何地?》（［日］佐藤洋一郎、藤原宏志，1992）、《中国稻作农业的起源与东传日本》（村华东，1992）、《中国稻作的起源、分化与传播》（游修龄，1993）、《东亚的古代稻谷和稻作起源》（［日］和佐野喜久生，1995）、《长江流域稻作史实物资料的研究》（佐贺大学农学部，1995），等等②。

---

① 石兴邦：《河姆渡文化——我国稻作农业的先驱和"采集农业"的拓殖地》，《河姆渡文化研究》论文集，第2—3页。

② 浙江省文物考古研究所资料室：《河姆渡文化文献目录》，《河姆渡文化研究》论文集，第285—332页。

在上述主要以河姆渡稻作遗存和其他考古学资料为依据而主张稻作起源于长江下游的论著当中，严文明教授的论文影响较大。1982年，严文明教授根据当时所知考古学稻作遗存年代的早晚，提出了关于稻作起源的推论："它们很像是从一个中心出发，像波浪一样地逐级向周围扩展开来。由于河姆渡第四层的年代最早，稻谷又最丰富，它所在的杭州湾及其附近自然是最有条件被当作起源中心看待的。接着的第一个波浪到达长江三角洲的近海一侧，即马家浜文化期所代表的范围，年代大约在公元前4300—前3700年之间。第二个波浪沿长江向西发展，直达两湖盆地，就是阴阳营期和大溪文化分布的范围，年代大约在公元前3800—前2900年左右。第三个波浪是在公元前2900—前2100年左右发生的，长江下游和杭州湾地区的良渚文化，两湖盆地的屈家岭文化，北江流域的石峡文化，以及分布于黄淮平原、江汉平原和长江以南许多地区的属于龙山时代诸文化的范围之内，都已有了水稻的种植。"[1] 1989年，严文明教授再次撰文论述其观点。其时发现的有稻作遗存的史前遗址增加了不少，达到了70个，在对遗址年代进行比较分析的基础上，结合野生稻分布的讨论，严文明教授仍然坚持长江下游起源的观点："如果我们暂不考虑李家村等处的发现，那么中国史前栽培稻的分布图仍然是以长江下游为中心逐级扩大的；大约在5000BC—4000BC，整个长江中下游平原和江苏北部已有较广泛的分布；大约在2000BC—1000BC，水稻已进一步传播到福建、台湾、广东，向西到四川、云南，向北已达山东、河南和陕西，大致已接近现代水稻分布的格局。"[2]

严文明教授的论文主要依据考古资料，证据可靠，说服力也比较强。然而其问题在于考古工作是一个不断发现的过程，如果仅仅依据一时一地的发现便做出定论的话，那就显得轻率和武断了。对此，游修龄教授就曾有过批评性的看法："考古发掘不可能一次全面铺开，其遗址的发现有很大的偶然性，光凭这种比较，很可能现在是甲处比乙处、丙处早，说不定下次乙处又有更早的稻谷出土，则变成乙处比甲处、丙处早。"[3] 关

---

① 严文明：《中国稻作农业的起源》，《农业考古》1989年第1、2期。
② 严文明：《再论中国稻作农业的起源》，《农业考古》1989年第2期。
③ 游修龄：《中国稻作史》，中国农业考古出版社1995年版，第58页。

于这个问题，严文明教授其实已经在实践中碰到了。他在 1982 年的文章中分析的考古遗址是 30 多个，而他在 1989 年再论稻作农业起源时，此类遗址已增加到 70 个。难以回避的事实是，新发现的具有稻作遗址的湖北宜都枝城、陕西西乡李家村和何家湾遗址的年代都几乎与河姆渡同时甚至更早①。如果我们依照严文明教授的方法进行推论的话，那么，湖北和陕西就将是新的稻作起源中心了。然而，严文明教授对此却另有说法："假如层位没有问题（指李家村和何家湾遗址，笔者注），这将是我国目前所发现的最早的稻谷遗存。即使如此，也还要弄清楚这些稻谷壳到底属于栽培稻还是野生稻；如果是栽培稻又是属于哪个亚种，是本地栽培还是从较南的地方输入。在这些问题都还没有弄清楚之前，是很难确切估计这些发现的价值的。"又说："如果李家村等地的发现日后证明确实是公元前 6000 年—前 5000 年的栽培稻遗存，长江下游也可能发现更早的稻谷遗存，这个逐级扩大的分布图也许要略作改变。那时或者可以把长江中下游合成一个大的中心，其余地区的发展较晚，且仍然是逐级扩大。"② 强调要弄清楚李家村和何家湾遗址稻谷遗存究竟属于栽培稻还是野生稻，究竟属于哪个亚种，究竟是本地栽培还是南方输入，无疑是十分重要的。但是看一下严文明教授对近 70 处遗址的分析，却并没有这些内容的考察。对于不合己论的出土资料便行特别的质疑，已有成见和偏见之嫌；至于"如果李家村等地的发现日后证明确实是公元前 6000 年—前 5000 年的栽培稻遗存，长江下游也可能发现更早的稻谷遗存"的说法，则更显主观臆断的色彩。国内其他的遗址时代早，长江下游可能发现得更早，这便不是严肃的学术讨论了。

"阿萨姆—云南"稻作起源论

上文列举了许多中国学者于 20 世纪八九十年代发表的关于稻作起源的文章，其背景一方面是因为河姆渡等一批重要史前遗址的发现；另

---

① 严文明：《再论中国稻作农业的起源》，《农业考古》1989 年第 2 期。
② 同上。

一方面，则是与日本学者渡部忠世教授于 20 世纪 70 年代提出的一个新的影响很大的亚洲栽培稻起源论有着密切的关系，这个起源论就是"阿萨姆—云南"起源。中国学者的很多文章，包括严文明、陈文华等人的有影响的相关论著，在很大程度上就是针对渡部忠世教授的起源论而展开的。

渡部忠世曾经长时期致力于东亚和东南亚稻作起源的研究。其关于这方面的主要论文有《泰国糯稻栽培圈的形成》(1970)①、《栽培稻的起源和发展》(1974)②、《亚洲栽培稻的传播途径——阿萨姆和云南起源说》(1975)③、《东亚稻米之路考》(1980)④、《稻作文化的现代课题》(1987)⑤ 等，主要著作有《稻の道》(1977)⑥、《亚洲稻作文化之旅》(1987)⑦、《稻的大地》(1993)⑧ 等。

《稻の道》是渡部忠世的代表作，该文提出了不同于前人的东亚稻作起源论，即"阿萨姆—云南"起源论，并且大胆地勾画了东亚稻作传播的路线。渡部围绕稻作起源和传播的探索，具有实证和多学科综合研究的特点。首先，他也和中国学者一样，重视考古学途径——大量实地勘察和搜集古代寺院建筑遗址掺杂于土坯中的稻谷，进行年代和品种的分析比较，据此追寻年代最早、品种最为古老的地区。为了获取充分、可靠的资料，他在泰国、老挝、柬埔寨等地调查，采集了 200 个点的样品，在印度和斯里兰卡的调查采样也多达 180 个点。通过对上述大量古遗址稻壳遗存的分析，得出了这样一个结果：在东南亚和南亚大陆，往北越接近阿萨姆—云南这个地带，遗存于古遗址土坯中的稻壳的年代就越早，不仅如此，根据稻壳鉴别的品种也越原始。为了进一步验证、支持这一结果，他还从多个角度进行考察——作为栽培稻驯化来源的野生稻的分布，稻谷原始品种和籼、粳米的分化演变，糯稻栽培圈和原始农

---

①　载日本《人类学季刊》(1—2)，1970 年。
②　载日本《人类学季刊》(5)，1974 年。
③　载日本《考古》(7)，1975 年。
④　载日本《本》1980 年第 6 卷第 9 号。
⑤　载《稻のアジア史》(1)，小学馆 1984 年版。
⑥　日本放送出版协会昭和五十二年。
⑦　日本放送出版协会昭和六十二年。
⑧　小学馆 1993 年版。

耕圈的关系，等等。通过多学科的综合分析研究，最终提出了亚洲栽培稻"阿萨姆—云南起源"的假说。

渡部忠世的稻作起源论问世之后，产生了广泛的影响，受到许多学者的重视和支持。在日本，与其稻作起源的研究大致同时，中尾佐助、上山春平、佐佐木高明几位著名学者也创出了一个涉及日本文化起源的理论——"照叶树林文化论"①。这个理论曾一度盛行，深受日本学界和社会的关注。无独有偶，佐佐木高明等构建的照叶树林文化带也有一个文化中心，这个文化中心被称为"东亚半月弧"，其核心也位于阿萨姆—云南地带，与渡部的稻作起源中心大致重合，这显然是学术相互影响、交流、互动的结果。

在中国，渡部的学术也受到了学术界的重视。1980年，原云南省农业科学院著名农学专家程侃声教授首先注意到了渡部的著作《稻の道》，随即组织笔者等人将其翻译出版推介给中国学界②。对于渡部的稻作起源论，一些中国学者十分赞赏，如程侃声、游修龄教授都给予了积极的评论，当然也指出了它的不足，如考古资料还有待进一步发现，大胆构想的若干稻作传播之路实则存在实证的困难。另外，也有一些学者对渡部的起源论持不同的观点，并发表文章积极参与讨论。不同意渡部起源论的学者大多来自考古学界，他们反驳渡部的最重要的依据就是考古资料：云南迄今为止发现的具有稻作遗存的最早的宾川白羊村遗址，年代距今不过4000年，而河姆渡距今却早达约7000年，云南晚长江下游近3000年。前述严文明教授以及许多主张长江下游起源学者的论著，在很大程度上便是针对渡部起源论的讨论。

对于中国学者的争论与批评，渡部忠世似乎并没有直接的回应，但是在其20世纪90年代出版的《稻の大地》等著作中，仍然坚持着自己的观点。尽管如此，渡部却对于自己的学说是有清晰认识的，他"认为亚洲的栽培稻起源于'阿萨姆—云南'，这不过是现阶段我的一种假

---

① ［日］上山春平：《照叶树林文化——日本文化の基礎》，中央公论社1969年版；［日］上山春平、佐佐木高明、中尾佐助：《续照叶树林文化——东亚文化の源流》，中央公论社昭和五十一年。

② ［日］渡部世忠：《稻の道》，尹绍亭等译，程侃声校，云南人民出版社1982年版。

说"。在笔者看来，渡部忠世的起源论固然是一家之说，具有很高的学术价值，然而其意义不仅于此，我们还应该看到，20 世纪八九十年代中国学者围绕稻作起源的热烈讨论，不管是云南论、云贵高原论、长江下游论、长江中下游论、中国南方论，都不能忽视渡部的学说。而这场长达 20 年的讨论，在很大程度上便是由于渡部学说的问世而引发和兴起的。

游修龄的稻作起源研究

30 年来，中国学术界研究稻作起源的成果不少，① 然而具备跨学科综合研究学识和国际视野的研究却并不大多见，游修龄教授的研究可以说就是这方面的代表。

从上文列举的关于长江下游史前稻作文化研究的论文可知，游修龄教授曾经发表 5 篇论文深入地讨论过太湖流域和河姆渡的稻作遗存和稻作起源问题。而他对稻作起源的系统研究和观点则集中在《中国稻作史》这部著作之中。

相对于中国其他学者的研究，游修龄教授的研究具有以下几个显著特点：

首先是不为"中国"和"长江下游"所局限。几乎所有的中国学者谈论稻作起源，都要冠以"中国"之名，即"中国稻作的起源"。中国是四大文明古国，具有五千年悠久历史，中国学者自然以此为自豪，然而毋庸讳言，在许多方面也常常自觉不自觉地表现出"中国文化中心主义"的态度。严文明教授曾说，中国的水稻不必到外国去找根源，② 这大概就是这种态度的表现吧。根据常识，稻作起源属于遥远的史前时代，那时既无国度，也无民族，硬要把起源问题与国家联系在一起，就显得狭隘和不够科学了。我们说一些中国学者具有"中国文化中心主义"倾向，那是就世界范围而言，而就中国范围而言，则又表现为"中原或江南文化中心主义"和"汉族文化中心主义"。不承认考古学资料

---

① 中国涉足稻作起源研究的有影响的学者，除了上述列举之外，还有童恩正、江宁生、李昆声等。

② 严文明：《中国稻作农业的起源》，《农业考古》1989 年第 1、2 期。

是一个不断发现的过程，无视多学科的研究成果，排斥汉文化发达地区之外的其他地区假设为起源中心的可能性，而一味坚持长江下游稻作起源论，就是"中心主义"的表现。游修龄教授是汉文化培育出来的江南籍学者，长期致力于中原农史和长江下游稻作文化的研究，难能可贵的是，在他的论著里却看不到司空见惯的汉文化或江南文化中心主义的思维定式。他对太湖流域和河姆渡的史前稻作文化的研究用力很深，然而在稻作起源的问题上却并不囿于其研究地域和其文化学术背景的限制，而是把视野扩大到长江中游、华南、西南、东南亚、南亚和日本这一广阔的稻作地带。他主张突破"长江下游"和"中国"的局限，认为："中国西南的丰富稻资源在自然地理中同接壤的泰缅印度阿萨姆地区、尼泊尔锡金等存在着类似的情况，因此，中国稻作起源的问题实际上与亚洲栽培稻的起源已经密切难分，中国稻作起源成为亚洲栽培稻起源的一个重要内容。许多外国的学者更都是从亚洲栽培稻的起源和传播这个更为广阔的视野入手研究，对于阐明中国稻作起源和传播无疑也极有价值。"① 在这样认识的基础上，他进一步指出："总之，要进一步确定稻的驯化起源地，就国内说，除了继续研究长江流域及其以南，特别是云南的史前新石器时期的多学科并进行探索以外，还必须把研究的视野扩大到对东南亚的新石器文化，而不可以局限于国内。"②

其次是重视和博采其他学科的研究成果，在中国有关稻作起源的论著中，有一篇出自语言学者游汝杰教授的论文，名为《从语言学角度试论亚洲栽培稻的起源和传播》，可以说，这是一篇具有独特视角和独到观点的重要文献。遗憾的是，这么一篇极具参考价值的文章，却因为学科背景、研究理论方法和所获观点的不同，而不为考古学家和农史学家所重视和接受，在他们有关稻作起源的大量论述中，竟然没有注意到游汝杰教授的成果，这不是学术偏见，便是孤陋寡闻。然而例外仍然存在，那就是游修龄教授对游汝杰教授研究的推崇。游修龄教授在其论著中曾经多次引用和介绍过游汝杰教授的文章，其《中国稻作史》一书更

---

① 游修龄：《中国稻作史》，中国农业出版社 1995 年版，第 2 页。
② 同上。

是把游汝杰教授的论文作为一家之说而予以专节论述。游汝杰教授从历史语言学的角度考察稻作的起源,他首先着眼于"稻"这个词汇的考察和分析,获得的结果是:词义为"稻"的词在壮侗语族、苗瑶语族、藏缅语族的语言及其方言中,有着明显的同源关系,它们分布在广西中部和南部、云南的西部和南部、越南北部、老挝北部、泰国北部和缅甸东北部。游汝杰教授还对"田"字进行了考察和分析,壮侗语族称"田"为"那","那"的分布地域北界为云南宣威市的那乐冲,南界为老挝沙拉湾省的那鲁,东界为广东珠海市的那州,西界为缅甸掸邦的那龙。而如果把壮侗语族的"那"(田)境界线和壮族含"那"地名分布线绘在同一张地图上,就可以看出这三条封闭线是完全重合的。三者重合的面积极大,恰恰与国内外水稻起源研究者有着较为一致的看法,即广西西南、云南南部、越南北部、老挝北部、泰国北部、缅甸掸邦是亚洲栽培稻起源地,这是从历史语言地理的角度为这一观点添注了论证①。

游汝杰教授论证的稻作起源中心,与中国许多学者的主张不同,而与渡部忠世的"阿萨姆—云南"起源论非常接近。如前所述,渡部的起源说并不为中国的大多数学者所接受,然而游修龄教授又是例外,他对渡部的研究和观点同样重视和赞赏。他认为:"云南贵州地区作为中国稻种多样性中心的突出地位及其高踞云贵高原的态势,正如渡部忠世在《稻の道》中所描绘的'东南亚的大河流,都以云南山地为中心,呈放射状流向四方。这些大河流的河谷以及夹于河谷之间的隘道,自古以来就是民族迁徙的通道'。把阿萨姆和云南山地作为中心地带,它不仅是联系东亚和南亚的交通要道,而且也是各方民族迁徙和文化交流的重要十字路口。所以在这样一个多民族的历史中心地区,对于研究稻种的形成,对于研究稻作形成以后亚洲的文化史,无疑具有非常重要的意义。"②

最后是进行多学科的综合研究。游修龄教授的研究除了参考、吸收上述游汝杰和渡部忠世的研究成果外,还从以下几个方面进行了深入的论证和探索。

---

① 游汝杰:《从语言学角度试论亚洲栽培稻的起源和传播》,载《农业研究》第三辑,农业出版社1983年版,第131—144页。

② 游修龄:《中国稻作史》,中国农业出版社1995年版,第61页。

历史神话传说的考据。在中国的古籍记述中，神农氏是发明种植五谷的传说人物，游修龄首先对其进行考证；接着对《论语》中的"五谷"一词进行分析；继而评论盘古氏开天辟地的传说。不仅如此，他还把德国、日本学者在印度和太平洋地区搜集和分类的农业起源神话与中国南方各民族谷物起源的传说进行比较，认为如果把神话传说与考古学、民族学、语言学以至现代的作物遗传演化的联系加以分析，那么就可能获得可资借鉴和发现的信息①。

野生稻古今分布的考察。栽培稻来源于野生稻，所以对野生稻的考察无疑是稻作起源研究的重要内容，游修龄教授通过古文字和古籍的考据，弄清楚了中国古代野生稻的分布范围："大约起自长江上游的渠州（四川），经中游的襄阳、江陵至下游太湖地区的浙北、苏南，折向苏中苏北淮北，直于渤海湾的鲁城（今沧州），呈一弧形的地带。"② 现在全世界的栽培稻只有两个种，即亚洲栽培稻和非洲栽培稻。亚洲栽培稻的祖先种是普通野生稻，而中国的野生稻却有三个种，为此游修龄教授还对古书中野生稻的品种属性作了探讨。

据考古资料的分析。游修龄教授也和严文明教授一样，对迄今为止发现的七十余处含有稻作遗存的新石器时代遗址列表比较分析。他非常重视考古资料，但又不主张以之为唯一的起源判断依据，指出"考古发掘不可能一次全面铺开，其遗址的发现有很大的偶然性"。而且认为依据考古资料建立的单一起源说难以成立，其"困难是假定已找到或明确某一处为起源点，从这个起源怎样克服山川海洋的阻隔传播到整个东南亚，分出时间的先后？"③

中国稻作起源与南方少数民族的关系。游修龄教授认为："在探索中国稻作起源与驯化稻的人的关系时，就必须追溯中国南方少数民族的分布迁徙和稻作的关系，因为那是远在汉族形成之前的事。"④ 由此，他对百越族群的文化进行梳理；以专节介绍了游汝杰教授关于稻作起源的

---

① 游修龄：《中国稻作史》，中国农业出版社1995年版，第6页。
② 同上书，第10—11页。
③ 同上书，第58页。
④ 同上书，第29页。

以壮侗语族为主的历史语言学的考证；并对作为百越先民创造的河姆渡文化进行了深入的研究。

此外，配合稻作起源的研究，游修龄教授还进一步探讨了籼稻与粳稻的分化，水稻和陆稻的分化以及糯稻的特殊地位，阐述了中国稻作的分化和传播。

多学科的综合探讨，使游修龄教授获得了不同于许多中国学者的看法。他的主张是必须把起源研究的视野扩大到东南亚；他的结论是"稻的驯化是在从印度到中国这块广大地区所完成的连续的分散的过程"①。

结束语

三十年来，围绕亚洲栽培稻起源的问题，中日两国学者进行了许多探索，形成了相互影响、密切交流的可喜局面。稻作起源作为一个产生于遥远的史前时代的谜团，给学术研究留下了一个广阔的空间。迄今为止的研究说明，这一复杂的文化史课题，不可能由任何单一的学科途径获取结果，而需要多学科、多领域的综合研究。而且，由于目前可供求证的各种资料尚不充分，对于诸多疑难问题还有待于进一步的揭秘，因而在相当长的一段时间内，有关稻作起源的研究仍然是一个不断发现、不断积累的过程。正因为如此，所以在目前的情况下，任何推论都只可能是一种"假说"，而不可能是"定论"。如果是这样的话，那么，迄今为止一些学者以追求定论为唯一宗旨的研究便值得反思了。在定论尚难求证的阶段，多学科的开拓与整合，研究理论和方法论的创新，无疑具有更为重要的学术价值和意义。此外，还需要特别指出的是，文化中心主义对于任何研究都是不利的，亚洲稻作的起源还必须放到亚洲的视野而非国家的视野中去探讨。中国学者除了对中国南方的研究之外，还应该把目光移到东南亚和南亚。

（原载日本龍谷大學《國際社會文化研究所紀要》第6號）

---

① 游修龄：《中国稻作史》，中国农业出版社1995年版，第63页。

我国犁耕、牛耕的起源和演变

　　木犁是传统农具中的重器。何以称之为重器？第一，木犁是传统土地耕作的主要工具，就农业而言，栽培作物是第一位，其次就是翻耕土壤的犁具了。第二，木犁体量大、形制和结构多样、制作技术复杂，代表了传统农具发展的最高水平。第三，木犁可以人力牵引，但主要使用畜力牵引，牲畜的驯化与利用，使犁耕增加了更多的文化技术内涵。所以国内外研究木犁者不少，而且历史悠久。当代中外学者对木犁的研究，趣旨主要集中于三个问题：一是犁耕的起源；二是牛耕的起源；三是犁具的进化演变。本文旨在回顾学界已有研究，并结合田野调查资料加以探讨。

一　国内外木犁研究概况

　　我国早在春秋战国时期，便有了木犁耕作的记载。汉代是我国犁耕技术得到很大改良和推广的重要时期，史书对此多有记述。我国农业历史十分悠久，关于木犁的记载和研究，可谓源远流长。唐代陆龟蒙作的《耒耜经》是我国现存最早的农具著作，也是第一篇关于犁的专论，该书图示了江南一带的"江东犁"的结构，并详细介绍了江东犁各个部件的名称、尺寸和功能。此后历代的农书，例如宋代楼璹所著《耕织图》、元代王祯所著《农书》等，均有关于犁的记述和图谱。今人对犁的研究更为深入广泛，只要翻阅《农业考古》杂志，即可窥见一斑。重要者如宋兆麟、陈文华、王星光、曹毓英等的研究。国外对于木犁的研究，成果亦十分丰硕。布瑞所著《中国农业史》中的"农耕机具及技术"一章，对西方学者的木犁研究多有征引，可资参考。

就东亚而言，传统木犁研究用力最多、最勤者应首推日本学者。其老一辈学者如天野元之助先生等，开创了农业和农具田野调查的先河，他们对中国东北和华北等地包括木犁在内的农业调查研究报告，是中华民国时期不可多得的珍贵资料。[①] 20 世纪 60 年代以后致力于犁的研究的学者有家永泰光，其所著《犁和农耕文化》一书，着眼于整个亚洲，较为翔实地介绍了西亚诸国、印度、中国、东南亚以及日本的木犁的主要类型和农耕形态。与之相似，另一位日本学者应地利明也专注亚洲犁的研究，著有《亚洲犁的比较形态学》，应地利明在广泛收集资料的基础上，进行犁的形态分析比较，将亚洲犁区分为两个基本类型和五个系列。[②] 日本东海大学渡部武教授也长期致力于中国农史研究，木犁是其关注的重点之一。20 世纪 90 年代，他曾多次组织研究团队与笔者所在单位和四川大学合作，对云南大部分地区和四川西部山地进行实地考察，研究对象为传统农具、农业、畜牧业、食文化、居住空间、民族植物及考古遗迹。其以犁为中心的传统农具的调查成果详见于其专著《云南少数民族传统生产工具图录》《西南中国传统生产工具图录》、其与唐立主编的《云南的生活和技术》，以及其与霍巍、唐立主编的《四川的传统文化和生活技术》第七章"西南中国的犁和犁耕文化"（東京外國語大學亞洲、非洲言語文化研究所"歷史、民俗叢書"，慶友社 1994 年 4 月、1997 年 2 月、2003 年 3 月）等。另一位应该提到的犁耕文化的研究专家是日本神奈川大学的河野通明教授，河野教授长年研究日本木犁，足迹遍及日本列岛，并对中国广西和云南进行过实地考察，视野兼及中国、韩国，对东亚木犁的起源和传播有许多独到的见解，《日本农耕具史的基础的研究》[收录于《日本史研究丛刊》（4），日本和泉书院 1994 年版]是其代表作，《遣唐使引入唐代犁的复原和时期考订》等论文也令人耳目一新。

---

① 参见日本農機具協會、華北産業科學研究所等編輯，渡部武解說《華北の在來農具》，慶友社 1955 年 6 月 30 日發行。

② ［日］應地利民：《アジア犁の比較形態學》，載《稻のアジア史》（1），小學館昭和六十二年版，第 174—212 页。

与渡部和河野教授一样，韩国亦有具备东亚视野的木犁研究专家，老一辈学者有金光彦先生等，年轻学者如郑然鹤博士。郑氏以博士论文为基础完成的《韩中农机具比较研究》（韩国民俗院 2003 年版）一书，虽统称农具，但其实主要着力于木犁研究，其书收集中韩木犁研究资料之全面、比较研究之深入，令人赞赏。

二 犁耕起源的两种假说

关于中国犁耕的起源，至今仍然是一个具有不同观点、存在争论的问题。意见主要有两种：本土起源说和域外起源传来说。

先看本土起源说。我国何时发明犁耕，这不仅是农业史和科技史的重要课题，也是我国古代史研究所要回答的问题之一。但是长期以来对于犁耕起源问题诸说纷起，莫衷一是，归纳而言大致有以下几种看法：1. 犁耕始于神农；2. 起源于商代；3. 起源于春秋战国之际；4. 汉代"赵过始为牛耕"。从大量史料来看，上述有的说法已经不能成立。如说"犁耕始于神农"。神农是传说时代的人物，迄今并没有证据说明他所处的时代和具体发明情况，说犁耕是神农的发明，语焉不详。至于说赵过发明牛耕，似为时过晚。当代大量考古资料的发现，尤其是战国、秦汉时期铁犁铧的出土，足以否定赵过发明犁耕之说。

本土起源说主要有两方面的依据，一是依据上古文献资料和金石骨镌刻的古文字等的研究；二是利用考古学资料进行的考证。据考古发掘报告所知，在我国长江下游的太湖流域、黄河流域的中下游地区以及东北、内蒙古等地三十余处新石器时代中晚时期遗址中，均发现了石制的犁铧，总数量多达百件以上，时代大约距今 5000 年。对于这些石犁铧，有人认为是"石铲"而非"石犁"，但多数考古学者则认为其是石犁。认定为石犁的代表性的研究如牟永抗和宋兆麟的研究报告。牟、宋通过对各地出土的石犁标本的考察，将其分为 3 种类型，并结合民族学资料试图复原各式石犁的结构和使用方法。① 迄今为止，虽然中国的考古资

---

① 牟永抗、宋兆麟：《江浙的石犁和破土器——试论我国犁耕的起源》，《农业考古》1981年第 2 期。

料尚缺乏有关犁耕的沟、垄等痕迹资料，然而大量石制犁铧的相继发现，似乎已经能够说明问题。多数中国学者据此认为，我国犁耕在新石器时代的仰韶文化时期已经发轫，经过几千年的发展演变，到了龙山文化时期已具有鲜明的特征。商周时期，延续前代石犁形制的铜犁也已出现，牛耕的出现也可能是在新石器时代。商周金甲文有牛耕（马耕）农作方法的记录，从中可见我国原始犁耕产生和发展的大致脉络。和世界上其他民族一样，我国犁耕也走过了由石犁、铜犁到铁犁的演变过程，这个过程是有机的、不可分割的。以上资料证明，我国的犁耕及牛耕是源于本土的，是中华民族的远古祖先辛勤创造的结果。①对于中国犁耕由西方传来的说法，本土起源论学者们认为，那是基于中外犁耕起源资料的参照和比较，具体传播的动因、途径等均无法具体考证。

再说域外起源传来说。影响大者如西方学者怀特（E. White）的起源论。怀特将东亚的犁分为三种类型：第一是框架犁；第二是印度犁；第三是马来犁（印度犁的演变形态）。怀特认为，犁耕的起源地或者说犁耕的第一次起源中心是印度的西北部，犁耕在该区起源产生之后，随即向东、西、南各方传播，此后又形成了三个第二次起源中心：第一是中国犁耕中心；第二是地中海犁耕中心；第三是东北非洲犁耕中心。②另一位外国学者谢拉特（A. Sherratt）则认为，西亚犁耕早于中国，中国犁耕是由西亚传入的，他断言犁耕"到达中国，甚至比车轮更晚，仅在公元前第一千年才出现"③。持相同观点的还有戈德瑞（Goodrich），他也认为中国畜力牵引的木犁来自近东。④ 李约瑟主编《中国的科学与文明》第16卷《中国农业史》的作者布瑞在其著作中讨论了世界及中国犁耕的起源问题，布瑞的著述虽然没有犁耕起源于何地的确切论述，但他倾向于世界犁耕的起源为单一中心的观点，认为旧大陆的犁耕系由

---

① 王星光：《中国传统犁耕的发生、发展及演变》，《农业考古》1989 年第 1 期；《试论中国耕犁的本土起源》，《郑州大学学报》（哲学社会科学版）1987 年第 1 期。
② ［日］家永太光：《犁和农耕的文化》，古今书院 1980 年版，第 16—31 页。
③ 参见孔令平《犁耕起源问题的再研究》，《农业考古》1989 年第 2 期。
④ 王星光：《中国传统犁耕的发生、发展及演变》，《农业考古》1989 年第 1 期。

"起源中心"随栽培作物传布而来："轻犁或耙犁最早出现于新石器时代中期。轻犁比锄头及铲子均更为复杂，且必由动物拖曳。轻犁之出现似与牛只之饲养密切相关。由轻犁构造之复杂，显示可能起源于单一中心，再与畜力之利用共同于新石器时代之剩余时间内传布至旧大陆各地。轻犁发展之确实起源地仍无法获悉。但在新石器时代及铜器时代早期似已迅速传遍西亚、南亚及欧洲各地。由于犁具之传布随谷类之栽培，迅速扩及整个旧大陆……"①

中国也有学者同意犁耕外来之说，认为"大约牛耕之法开始于埃及，再由埃及而传至巴比伦，而后复由巴比伦而至中国"②。除了上述明确主张中国犁耕是从南亚和中近东传来的说法之外，有的学者还有这样的观点，认为中国犁耕的产生应该在金属时代，而不可能追溯到新石器时代中晚期。理由一是认为犁耕农业系由锄耕农业发展演变而来，而锄耕农业向犁耕农业过渡应发生于金属时代由母权制氏族向父权制氏族过渡阶段。③ 理由二是认为"按照冶金、铸造技术发展史程序，应该是先有'铜铧'，后有'铁铧'"，也即是说，只有到金属时代才能出现犁耕。④ 持此观点的学者对于我国考古界在东北、华北、华东、华南、西南等地所发现的大量的石犁铧持怀疑态度，认为不是"石犁"，而是类似石铲之类的掘土工具。⑤ 对于"石犁"，还有学者从力学的角度进行质疑："石犁"作为犁耕农具，在假设是靠人拉的前提下，以最大的石犁（长60厘米）计算，牵引力至少得150公斤以上，而据科学测定，一匹马正常与持久的牵引力为30公斤至40公斤，所以人拉石犁绝非三五个人所能胜任；最小的"石犁"（长5厘米以下）实际上不具备耕作上的意义。因此，"对哪些无法起犁耕作用的三角形器的真正用途，除了需

---

① ［英］布瑞：《中国农业史》上册，李学勇译，熊先举校阅，台湾商务印书馆1994年版，第203页。

② 陆懋德：《中国发现之上古铜犁考》，《燕京社会科学》1949年第二卷。

③ 夏之乾：《由母权制氏族向父权制氏族过渡是否是锄耕农业向犁耕农业过渡》，《史学月刊》1980年第1期。

④ 卫斯：《关于牛耕起源的探讨》，《农业考古》1982年第2期。

⑤ 夏之乾：《由母权制氏族向父权制氏族过渡是否是锄耕农业向犁耕农业过渡》，《史学月刊》1980年第1期。

要从考古学方面进行研究之外，同样也需要进行更加深入广泛的探讨，其中当然也包括运用自然科学中的一些手段。……总之，在对我国犁耕起源问题的研究，应注意克服目前唯器形、出土年代为划分手段的方法论[①]。否定新石器时代的"石犁"，认为中国犁耕至金属时代才产生，持此论者虽然没有明确涉及中国犁耕是本土起源还是传来的争论，然而相对于欧亚许多地区犁耕起源于新石器时代中、晚时期的研究，中国犁耕产生如此之晚，即如布瑞所说，确实令人感到惊异或不解。尽管如此，中国犁耕、牛耕产生于春秋时期的观点，目前仍然是大多数中国学者的看法。果真如此，犁耕本土起源论便不合逻辑，而域外起源传入论便有了更多想象的余地。而如果认同域外传来说，那么无论是埃及和西亚起源，还是印度起源，传播之路均必首先进入我国西部，然后再由西部传往东部等广大地区。当然，这一假说还有待今后能有新的资料的发现和考证。

三　牛耕起源的不同看法

关于犁耕的起源，不仅存在本土起源抑或域外传入的争论，还涉及其他问题，例如早期的犁耕是人耕还是畜耕就是争议的问题之一。早期犁耕是人耕还是畜耕？我国多数学者的看法是前者，即认为新石器时代以至后来相当长的时期，犁耕是使用人力而非畜力。王星光曾说："犁耕和牛耕是两个不同的概念，在畜力拉犁出现以前，必然经历过一定时期的人拉石（或木）犁的阶段。只有在人拉犁耕不断发展的基础上，在人们驯服牲畜技术达到熟练程度时，牛耕才能产生和发展起来。"[②] 牟永抗、宋兆麟的看法也是如此，他们考察新石器时代的石犁，均认定为人力牵引。主张早期犁耕由人力拖拉，主要基于两个理由：一是在所有出土石犁的遗址中还没有发现过可以证实牛耕的遗存和痕迹；二是古代文献和当代民族学资料中均不乏人力拉犁的记载和图像，目前这种状况在

---

① 季曙行:《"石犁"辨析》,《农业考古》1987 年第 2 期。
② 王星光:《中国传统犁耕的发生、发展及演变》,《农业考古》1989 年第 1 期。

我国西部的一些少数民族中还偶尔可以看到，可视为早期人拉犁耕的"活化石"。[①] 如果早期的犁耕是人耕而非畜耕，那么中国的牛耕起源于何时呢？对此我国学界有过"神农说""夏商说""西周说""西汉说""春秋说"等看法，目前一般主张为"春秋说"。这是根据《国语·晋语》的"将耕于齐，宗庙之牺，为畎亩之勤"，意思是将宗庙里作为牺牲祭品的牛，用于田间耕作上。又，1923 年考古工作者在山西省浑源县李峪村发掘的战国墓葬出土的青铜器中有一件"牛尊"，牛鼻有牛环，春秋后期晋国的牛已装有鼻环，学者们由此认为，这表明我国至迟在春秋时期牛已被用来从事耕作了。[②]

犁耕曾经过由人力拖曳到畜力牵引的进化发展，这不仅是部分中国学者的意见，也是国际上一些学者的看法。不过，对此持不同意见者也大有人在，例如布瑞在其著作《中国农业史》中便对此提出了异议。布瑞不同意人力拉犁比兽力拉力早，而认为最早的犁耕即为畜耕，理由如下：首先，大家知道人力拉犁是非常吃力的，并不比锄耕省力；其次，国外已有证据说明，牛力驯化与犁耕产生的时间是非常接近的；再次，最早的犁耕图片是畜耕而非人耕；最后，人力拉犁是由种种原因造成牲畜短缺而发生的现象，而非最早犁耕阶段的原始牵引方式。布瑞对中国学者所坚持的中国牛耕直到西元前 5 世纪时才产生的看法很不以为然，他争辩说："最初之犁为由人力拖曳或兽力拖曳仍为争论之话题。中国之历史学家一般均相信人力拖拉者较早；大致说来，此一说法也为许多学者所支持，如拉乌（Rau）、莱塞耳（Leser）、比夏（C. W. Bishop）、斯提恩保（Steensberg）等。与此相反者，如赫椎柯（Haudricourt）、德拉玛（Delamarre）则相信兽力拖曳者较人力者更早。由于以人力拖曳时非常吃力，显示并不比使用锄头省力，所以吾人赞同兽力拖曳之看法。尤其是在亚洲西部及欧洲，牛只之驯养与犁之出现在时间上非常接近。实际上最早之犁耕图片都显示由牛拖拉，而由人力拖拉耕犁之图片却

---

① 牟永抗、宋兆麟：《江浙的石犁和破土器——试论我国犁耕的起源》，《农业考古》1981年第 2 期。

② 中国农业博物馆农史研究室编：《中国古代农业科技史图说》，农业出版社 1989 年版，第 110—111 页。

甚迟。人力拖拉耕犁之事例也确曾出现，且古今均有。然所有证据均指出人力拖拉乃因牲畜由于流行病或战争而造成暂时短缺，或由于人口增加及耕地扩充（草原开发）等原因而造成相当长期畜力短缺现象之结果。此种牛只缺少之现象，似曾于埃及第二王朝时经常发生。在中国于西元前一世纪之汉代也曾发生。《前汉书》卷二十四有云：'民或苦少牛亡之趋泽，故平都令光教过以人挽犁。过奏光之为丞，教民相与庸挽犁。'……虽然亚洲其他地区早在四千年前至三千年前，牛力拖曳之犁已有极普遍之事实，但大部分中国历史学家均相信直到西元前五世纪时，中国始知有牛力拉犁。""中国于新石器时代末期对标准之西亚作物（如小麦及大麦）也已熟知。因此，在获知多数汉学家认为中国直至公元前五百年对牛力拖曳之犁尚无所知之意见时，莫不感到惊异。"①

　　布瑞的看法，似有道理，据笔者获知的田野调查资料等，也能说明人耕乃为特殊条件下的一种选择，而并非原始之法。直到最近，我国西部一些地方确实存在人力拉犁的情况，然而仔细询问观察便知，那并不是不懂得使用畜力，而实为一些特殊原因。例如贵州一些山区耕作梯田，因梯田面积太小，使用牛耕转不过身，难以操作，所以采用人力替代。又如云南大理洱海周边，20年前笔者前往调查，水田几乎都使用锄耕而不见牛耕，如果据此认为当地不知牛耕技术，尚处于犁耕前的锄耕阶段，那就大错特错了。众所周知，洱海周边很早就是农耕发达地区，更早的不说，南诏时期那里的"二牛三夫"耕作方式就十分有名，著名的"南诏图传"绘有"牛耕图"，其二牛抬杠犁比之同时代的西北的敦煌犁和江南的江东犁也毫不逊色。而在现实生活中，那里几乎家家饲养奶牛，一些人家中还摆放着犁具，说明当地人对牛对犁都是十分熟悉的。当问到他们为何不使用犁耕，答曰已经很长一段时间不使用犁耕了，原因很简单，饲养耕牛太麻烦，成本太高，还不如用锄头耕作。类似的情况还见于西北地区。隆滟、韩建民所著《陇东农耕文化研究》一

---

① ［英］布瑞：《中国农业史》上册，李学勇译，熊先举校阅，台湾商务印书馆1994年版，第208—210、203页。

书也有关于人耕的调查："过去，在陇东一些经济落后的地区，有些人家无力置办耕牛等畜力，春秋播种时，就出现了人拉犁或者二人抬杠这种古老的以人代畜的耕作方式。此外，还有些地区人均可耕地少，为了生存，农民不得不想方设法开垦荒地，但开出来的耕地面积小而零散，又多在陡坡上，不适宜畜力耕种，也采用二人抬杠的耕作方式。二人前后抬一木杠，杠上栓耕犁，后面的一人手持犁柄，前面的一个作牵引，牵引绳拴于安装在犁柄下部向前弯曲展出的犁拐端；为了保持前后两人用力的平衡，又用一根长约九尺的木杠架在两人的肩头，起到固定力的方向的作用，形成两人相抬之状，这种以人代畜耕种的形式，统称'二人抬杠'。当地农民称其为'抬耕'（方言读'耕'为'gai'）。由于此种耕作方式适宜在小面积的地块上动作，故这种落后的、艰苦的劳役在贫困地区被广泛采取，且至今在一些地方的抢种季节还能看到。"① 列举上述西部的人耕资料，至少能够说明两个问题：其一，西部现存的人耕资料并不能完全作为人耕早于畜耕的佐证；其二，现实人耕是出于特殊耕地的需要和经济等的原因，并非是人类早期智力和进化的原始状况。由此看来，从人耕到畜耕的进化论还要进一步研究考证。

关于牛耕产生的时代，尤其是对于我国牛耕产生的时代，国内学者与国外一些学者的看法确实存在较大差别。问题出在哪里？研究方法的不同可能是其一个重要原因。布瑞认为，假若采取更广泛及比较之方法对中国古代农业加以研究，利用考古学家、历史学家、经济学家以及人种学家之研究报告，将技术及经济之发展与社会状况相联系，且将中国古代之农业和欧亚大陆上其他各地之古代农业做详尽之比较，也许就会有更为准确的看法。② 布瑞的意见值得考虑，例如结合历史学、考古学

----

① 隆滟、韩建民：《陇东农耕文化研究》，中国农业出版社2015年版，第9—10页。
② 布瑞在其《中国农业史》上册中认为："古代中国学者由于缺少农业上之实物以为研究之佐证，故转而求诸文字之记录。更由于中国学者对于载于书中之记录怀有深切尊敬，对古书更较其他证物具有信心。惜者，中国早期之文献中多为有关政治、社会、宗教等资料，像较低阶层之农耕则不但记录稀少，且多语焉不详。此外，对中国古代零星农业记录之研究也常流为枝节，甚少整体之探讨。虽然古代中国社会概况，甚至新石器时代之政治组织及一般技术早已为学者所熟知，但中国之农业历史学者却很少利用考古学家、历史学家、经济学家以及人种学家之研究报告，以便将技术及经济之发展与社会状况相联系；且也为将中国古代之农业和欧亚大陆上其他各地之古代农业做过详尽之比较。"布瑞之批评，未必完全正确，但可以作为重要参考。

以及民族学等进行云南牛耕的研究，就可能"改写"历史。

对于云南牛耕产生的讨论，和中原一样，也存在"战国起源说"和"东汉起源说"两种不同看法。目前多数学者主张"东汉起源说"，理由有以下几点：其一，在滇国青铜器众多的牛图像上，尚未发现穿牛鼻的案例，说明滇人还不会使用牛耕；其二，云南"耕牛"的记载，最早见于《华阳国志》和《三国志》，据此认为云南牛耕始于东汉之后而非战国西汉时代；① 其三，在滇国出土的青铜器中，有一类形制酷似犁铧的器物，分宽叶形和尖叶形两种，在祥云大波那等遗址中，数量多达近300件。对于此类器物，从事发掘的考古学者原来鉴定为铜犁铧，后来学者们又多认为是"铜锄"而非"铜犁"；② 其四，滇国的此类"铜锄"还可以从现实生活中得到印证，在大理白族使用的锄具中，就有一种平肩半月形锄头与之相似，白族的这种锄头很可能就是滇国锄具的传承；其五，认为像云南这样的莽荒之地，牛耕只可能是从邻近的蜀国和其他地方传来，所以时代不可能早，只有晚于中原等地才合逻辑。

针对"东汉起源论"的四条理由，"战国起源论"的论据似乎更为充分：其一，司马迁《史记·西南夷列传》说滇国"耕田，有邑聚""（地）方三百里，旁平地，肥饶数千里"，《后汉书、西南夷列传》说滇国"有盐池田鱼之饶，金银畜产之富"，如此发达繁荣，竟然没有牛耕，难以想象。其二，云南"耕牛"出自东汉文献，不等于牛耕产生于东汉，任何事物的产生跟广泛运用不可能是同一个时空，这应是常识。而且如果认为只有《华阳国志》和《三国志》记载了"耕牛"才有牛耕，而《史记》记载的"耕田"却非牛耕和犁耕，而是原始的刀耕和锄耕，也令人难以信服。其三，在滇国青铜器的动物图像中，牛的形象最多。以江川李家山墓地第一次发掘为例，出土的青铜器上共有各种动物图像296个，其中牛为96头，约占总数的34%（8张）。牛的图像有牧牛、缚牛、喂牛等情景，有悬挂牛头驱邪、供奉的场面，还有可以真切

---

① 常璩所著《华阳国志》载："（诸葛）亮收其俊杰建宁爨习、朱提孟琰及获为官属。习官至领军，琰辅汉将军，获御史中丞。出其金银丹漆耕牛战马给军国之用。"《三国志·蜀志·李恢传》载："（南中）赋出叟、濮耕牛、战马、金银、犀革，充继军资，于时费用不乏。"

② 李昆生：《云南牛耕的起源》，《考古》1980 年第 3 期。

地感受牛与人密切关系的人牛同住的房屋模型等，这些图像一方面说明牛在滇人的社会生活中所具有的十分重要的地位；另一方面也反映了滇人对牛的认知和利用已经达到了相当高的水平。其四，在滇国青铜器里，不乏武士骑马狩猎、巡游和战争的场面，滇人对马的利用水平如此之高，而对牛却不知道可用于耕田，岂非咄咄怪事。其五，观察滇国武士的战马，马嘴上竟然也没有笼头，如果我们据此认为滇人不懂得驯马骑马，那就大错特错了。滇人不使用马笼头，而是直接把缰绳勒于马嘴中，这是滇人驾驭马的独特方式，说明驯马骑马不一定非要使用笼头。以此类推，耕牛不穿鼻而使用别的方法驾驭也未尝不可。由图像可知，一些牛的牛角上捆绑着绳索，这也许就是滇人使用耕牛的特殊方法。其六，滇国出土的青铜犁铧，无论是铧的形状还是銎的构造，都与锄头不同，即便是白族使用的状似滇国铜铧的锄头，其銎的构造也与滇之铜铧相去甚远。至于青铜器上"播种图"中妇女肩扛的农具，乍一看像是锄头，但其柄端有横木，这种作为把手的横木通常只见于犁柄而未见于锄柄，且图中柄身被人身挡住，看不出具体结构，如果有犁辕，那就是犁而非锄了。目前在乡间田野，农民肩扛犁具的情况也不鲜见，与"播种图"十分相似。其七，作为西南夷的滇国，虽然闭塞，然而战国时楚国庄蹻曾带兵入滇，而且留在当地"变服从其俗"并当上了滇王，由此看来，滇国与中原的联系虽然不算密切，然而应该是存在的；另外，张骞出使西域曾在身毒（古代对今印度国名的译音）见到来自云南和四川的"蜀布""邛杖"，说明滇国和印度之间也有一定的贸易往来。中原和印度都是牛耕产生很早的地区，既然有联系和交流，也就不能排除印度在这方面可能对滇国产生的影响。其八，据报告，在越南东京地区的青铜时代的遗址中，考古学者也发现了青铜犁铧，时代为公元前16世纪。[1]有考古学者认为，滇国文化与越南北部的东山文化有类似之处，例如铜鼓即存在可比性。邻近云南的越南北部的牛犁耕作如此之早，而云南的牛犁耕作却晚至公元1世纪之后的东汉才出现，这是没有道理的。此

① ［英］布瑞：《中国农业史》上册，李学勇译，熊先举校阅，台湾商务印书馆1994年版，第240页。

外，所谓"牛耕"还不只牛力耕作一种，在东南亚、南亚和我国西南一带，还存在过被叫作"蹄耕"或"踏耕"的牛耕方法，笔者 20 世纪 80 年代在滇南乡间调查，曾见过傣族人驱赶牛群踩踏水田使土壤细化的"耕作"方式，同样的情景在广西历史博物馆也曾有照片陈列。不仅如此，云南等地还有"羊耕""猪耕"和古代的"象耕"等。[①] 所谓"踏耕"，亦称"蹄耕"，即驱赶牛群入田往复踩泥，从而使土壤细碎熟化的"耕作"方法。蹄耕是分布于南亚、东南亚和中国西南地区的一种古老的耕作方式。有的学者认为，牛力之耕便是从蹄耕演化而来的。就我国范围而言，蹄耕曾经存在于华南和西南的一些地方，如今蹄耕在云南虽已少见，但一些地方的农民还记得这种耕法，说明其消失的时间还不太长。而且，云南古代不仅有牛之蹄耕，甚至可能还有象的蹄耕。《唐书·南蛮传》说滇西南是"乘象之国"，《蛮书》卷四载滇西南的"茫蛮部落""象大如水牛""土俗养象以耕田"。很多人对"养象耕田"十分不解，怀疑是"养牛耕田"之误，其实不然。如前所述，云南既有"养羊耕作"之俗，又何以不能"养象耕田"呢？何况此类"象耕"不一定就是象拉犁耕，也可能是象蹄之耕。笔者在西双版纳就曾听说傣族过去有使象踏田之农法，可见象耕是不假的。滇国牛耕以及云南等地古代蹄耕、象耕等事例说明，跨学科的研究是十分有益的。

四　木犁的起源和演变

在传统农具中，相对而言，木犁的结构是比较复杂的，由此又引出了一个问题，木犁是否是由某种简单的工具演变而来？还是一开始便具备了现有的基本的形制？国内专家在这个问题上意见比较统一，认为木犁是掘土杖发展演变而来的。前辈专家王静茹先生所写的《论中国古代犁耕和田亩的发展》一文，代表了这种观点性："在原始农业时期，先民不过折断树枝用作刺土下种的工具。以后，因利用的方面不同，便有

---

① "羊耕"为洱海地区老人的记忆。"猪耕"是云南怒江山地 50 年代存在的做法——在耕地中残留一些块茎作物，让猪拱食，达到把土壤拱松散的效果。"象耕"参见尹绍亭《云南物质文化·农耕卷》（上），云南教育出版社 1996 年版，第 144 页。

了习于使用枝杈或习于使用树干的分歧。后来，树杈变成了鹤头锄，枝干进成了掘土杖。更后，鹤头锄的制造变成为两木相接，而掘土杖的尖端则曲度加大变成了钝角。它们的功用，不仅可以刺土，而且可以划沟。……这是犁耕发展的第一阶段。"

王文继而以世界一些地区的古犁演进的事例总结古犁的两种来源：第一种是由先民用的掘土杖发展演变而来，它的用处不过是刺地下种。现在农业落后地区的人民，如印第安人及布施曼（Bushman）人还有用它来做农具的。以后有了下端渐渐弯曲成钝角，如古爱尔兰人所用的角掘土杖出现，不仅可以松土，而且可以划沟。这个如由人力或畜拽，就变成古代的耕犁了。在瑞典铜器时代岩石刻像中，曾有双牛拽掘土杖之初步古犁。类似这种由掘土杖演进成的牛拽古犁，在丹麦铁器时代的得斯特鲁波（Dostrup）也有发现。

第二种古犁的来源，乃由鹤头锄演进而来。例如埃及、苏末尔、希腊等古犁的演进情况。[①] 根据对古籍文献的研究，我国木犁的源头名为"耒耜"。耒耜最早见于《易经》，该书说："神农氏作，斲木为耜，揉木为耒，耒耨之利，以教天下盖取诸益。"《说文》释耒字为："耒，耕曲木也，从木推丰。"耒耜的遗存，年代较早的见于距今约八千多年的河姆渡遗址，为骨耜；内蒙古林西遗址也曾发现不少大石耜；而木耒耜则发现于二里头遗址。[②]。关于耒耜的形制和用途，历代农书不乏记述，唐代陆龟蒙曾作专书《耒耜经》，元代王祯所著《农书》之"农器图谱"中有"耒耜门"一节。当代学者也多有考证，如徐中舒先生的《耒耜考》等。唐代陆龟蒙所著《耒耜经》，所言已不是原始的耒耜，而是当时使用的曲辕犁，由于此类犁形成于江南一带，所以被称为"江东犁"。王祯《农书》有江东犁的图谱，日本学者渡部武所著《唐、陆龟蒙的〈耒耜经〉和曲辕犁的形成》对江东犁进行了仔细考证，并绘制了复原图。江东犁由 11 个部件组成，具有以下几个优点：第一，犁辕短曲，操作灵巧省力；第二，具有使犁箭升降、借以调节深浅的犁评；第

---

① 王静茹：《论中国古代犁耕和田亩的发展》，《农业考古》1983 年第 1 期。
② 曹毓英：《中国牛耕的起源和发展》，《农业考古》1982 年第 2 期。

三，犁梢与犁底分开，可以根据犁梢摆动的幅度，调节耕垡的宽窄；第四，犁辕前面有能转动的犁槃，便于耕畜牵引时犁身自由摆动或改变方向；第五，犁壁竖于犁铧之上，两者不成连续曲面，既便于碎土，又便于形成窜垡。江东犁形制复杂，结构基本定型，此后再无发展变化，因此被认为是我国木犁发展的最后阶段。先有耒，耒发展为耜，耜再发展为犁，最早的犁为直辕犁，直辕犁继而进化为曲辕犁，曲辕犁最后定型为江东犁，这一耒—耜—直辕犁—曲辕犁—江东犁的排序，即为我国学界很多学者认定的木犁结构和形态历史进化的模式。

迄今为止，我国大凡研究传统木犁的著作，均奉唐代陆龟蒙的《耒耜经》和元代王祯的《农书》为经典，以两书所述所绘之犁为圭臬。王祯《农书》"农具图谱耒耜门"在沿袭陆龟蒙《耒耜经》记述的基础上有所补充，并绘制了以"江东犁"为基本形制的两种犁型图，此犁型图更是后人热衷引用的资料。木犁研究者言必陆龟蒙、王祯，只看重江东犁而无视其他，原因何在？布瑞对此也有论述："后世各种农书中均将陆氏之记述辗转引录，而不事增减及论述。此也可能由于此后各农书之著述者亦出自长江流域，认为陆氏之记述已足以表现犁具之结构；但也可能由于这些后世学者深知对数以百计之变体犁具难于一一详述。各农书中唯一对《耒耜经》有所补充之记述，乃成书于一三一三年（元仁宗皇庆二年）之王祯《农书》。书中曾于不同章节对犁镵及犁镜有所论述。"[1] 其实不只"后世各种农书"，包括当代绝大多数学者的相关著作，几乎都热衷于陆龟蒙和王祯记述的辗转引录。

中国木犁的形制演变其实并不止于历史文献的记载，也并非完全遵循东部或者江南的进化模式，而是呈现出多种形制多线并行的演变，是在悠久历史时空中多样化共存的状态。为何如此？道理极为简单。木犁的功能是翻耕土壤，某种形制的木犁，只适用于耕作某种环境的土地类型，也就是说，木犁的形制主要是由自然环境及其风土以及耕地形态决定的。我国国土广袤，自然环境十分复杂，土地类型千差万别，作物种

---

[1] 中国农业历史博物馆农史研究室：《中国古代农业科技史图说》，农业出版社 1989 年版，第 274 页。

植技术因地而异，加之各民族历史文化不尽相同，这样的状况，怎么可能只产生一种犁型，只按照一种进化模式演变?! 小地域的差异不说，大地域如西部的黄土高原、青藏高原、新疆绿洲、西南高原山地等的犁型就差别很大。如果再进行深入微观考察，情况更是复杂。为了说明问题，下面仅举笔者对云南木犁的调查以资参考。

根据笔者长期对云南木犁调查所获资料，可以把云南犁型分为五个系谱23种类型。五个系谱为：一，与长江下游流域的江东犁类似的四角框架曲辕犁；二，与华南和相邻东南亚半岛类似的三角框架曲辕犁；三，与黄河中上游流域和相邻南亚诸国相似的无框架长直辕犁；四，与南诏图传"牛耕图"的二牛抬杠犁完全相同的四角框架长直辕犁；五，小三角框架直辕犁。每个系谱之下又可分为多种类型，粗略划分计23种。主要犁型分布如下图所示。

云南犁型分布示意图（作者手绘）
Ⅰ.滇中上滇东北地区；Ⅱ.滇西北地区；Ⅲ.滇西南地区；
Ⅳ.元江流域；Ⅴ.滇东南地区

上述云南犁型的五个系谱，其中四个分别与东西南北相邻地域的犁型类似，那既是相似风土的作用，亦是文化交流的结果。一个系谱未见其他地域有类似犁型，说明是本土的创造。云南的犁型总的来看，南方和北方不同，东部和西部也不一样，地域和民族的差异十分显著。然而也有一些反常且有趣的现象：例如滇西北香格里拉县山区彝族制作的小三角框架宽犁身短辕犁，与紧邻藏族和纳西族的四角框架长直辕二牛抬杠犁差别很大，然而在千里之外的滇东南地区，却有与之完全相同的犁型；又如滇西北藏族和纳西族的犁，与滇中滇南的犁型相去甚远，然而却与黄河中上游汉晋时代画像砖和莫高窟壁画的牛耕图所绘犁型如出一辙；同样令人惊奇的是，泸沽湖畔摩梭人所使用的大四角框架二牛牵引曲辕犁，与相邻香格里拉和丽江的纳西族的犁型又不一样，然而却与滇池地区的汉族犁相类似，这种犁型不是普通的犁，非常类似唐代形成于长江下游的著名的"江东犁"。以上现象乍看起来是不可思议的，如果以单线进化论的眼光去看，肯定会感到莫名其妙。而如果能够打破仅就犁型进行研究的局限，将眼光放大到使用各种犁的人群之上，结合他们的历史文化进行综合考察，便能理解上述种种情况并不神秘。譬如滇西北的很多民族，本来就与古代甘青高原的氐羌族群有渊源，他们就是古代从北方迁徙来到云南的；又如云南存在数千里之外的"江东犁"，那更是不足为奇，因为从汉朝开始，汉族便陆续移民至滇中，明代汉族移民更众，且以来自长江下游的汉民居多；再如香格里拉彝族犁的南北分布，其原因也不难明白，彝族最早生活在滇西北及川藏交界一带，后来扩散到了滇中和滇东南等地，他们既然迁移到那里，那么他们发明的犁型自然也会尾随而去。可见，生态环境和民族文化的多样性是木犁犁型和演变多样性的成因，而民族迁移以及随之产生的文化传播，则是解释犁型南北东西异同之谜的一把钥匙。

结　语

　　本文回顾了我国犁耕和牛耕起源和演变研究的丰硕成果和不同观点。国内外学者的研究成果说明，该领域还存在进一步探索的空间。今后的研究应聚焦于以下几方面：一是应拓展国际视野，加强对国外成果的分析比较研究；二是应拓展跨学科的研究视野，注意进行包括农学、历史学、考古学、经济学、自然科学、民族学等学科在内的综合性研究；三是应加强田野调查，要积极抢救已经和即将消失的民间活态资料和记忆，尤其是西部地区民间的活态资料和记忆；四是应建立专题研究的数据库，使资料得以永久保存和利用。

（原载《中国农史》2018 年第 4 期）

我国梯田的起源与发展

何谓梯田？顾名思义，梯田即梯山而田——在山区坡地开发的呈阶梯形状层层累叠的农田。梯田少者数十层，多者达数千层。数百数千层梯田累叠于一山，景观壮丽奇绝，有"大地艺术""世界奇观"之誉。1995 年、2007 年和 2013 年，被称为"世界三大梯田"的菲律宾依富高梯田、瑞士拉沃葡萄园梯田和中国云南红河哈尼梯田分别入选联合国教科文组织的世界文化遗产名录。2005 年和 2010 年，菲律宾依富高梯田和云南红河梯田分别被联合国粮农组织列为"全球重要农业文化遗产"。[①] 文化遗产桂冠的加冕，使得梯田在传统农业事象的基础上，又凸显出若干崭新的现代性意义，其研究空间也随之豁然扩展。不过，相比时下诸多跨学科新颖角度的梯田研究，其起源和发展依然是绕不开的最基本的课题。有见于此，本文拟在前人研究的基础上进一步梳理探讨，以期对梯田的历史有更为清晰的认识。

一　梯田的分布和分类

梯田在世界上广为分布。东亚、东南亚、南亚、喜马拉雅山区、中东、地中海沿岸、非洲、南美全境等，均存在大量梯田。国外著名梯田有印度尼西亚巴厘岛的德格拉朗梯田、菲律宾吕宋岛北部的

---

① 卢勇、唐晓云、闵庆文主编：《广西龙胜龙脊梯田系统》，中国农业出版社 2017 年版，第 9 页。

依富高梯田、尼泊尔的高山梯田、不丹的幸福之道梯田、秘鲁马丘皮克丘印加人的石阶梯田等。我国是梯田大国，梯田分布面积广阔，黄土高原、云贵高原、江南山地丘陵均为梯田密集分布地区。我国规模宏大的代表性的梯田有甘肃和宁夏梯田、内蒙古赤峰梯田、广西龙脊梯田、湖南紫鹊界梯田、江西赣南地区崇义梯田和云南红河梯田等。

农田有"田"与"地"之分。"田"通常指水田，为灌溉耕种的农田；"地"为旱地，是没有水利设施灌溉的农地。旱地按不同形态分，有火耕地、轮歇地、固定耕地、水浇地、平原盆地旱地、山坡的坡地和台地等；水田按不同形态分，有平原盆地的水田、山地梯田、区田、圃田、柜田、架田（也称"葑田""浮田"）、沙田、围田（也称"圩田""柜田"）、涂田等。通常所说的梯田，其实是指水田，是水田中的一种类型，并不包括旱地。山坡上旱作的坡地和台地，由于也多有累叠如梯形垂直分布的景观，看上去和梯田无异，所以也常常被纳入梯田范畴，故统称之为梯田。

梯田的分类，首先可分为灌溉梯田和干旱梯田两大类，前者主要种植水稻；后者种植小米、麦子、玉米、马铃薯、豆类、水果、茶等作物。其次按田埂区分，主要有石埂梯田和泥埂梯田两类。再次按梯田形态区分，可分为三种类型：一是台阶式梯田。此类梯田是指在坡地上沿等高线筑成逐级升高的台阶形的田地，它包括水平梯田（梯田的田面呈水平）、坡式梯田（梯田的田面有一定坡度，耕作数年后可成为水平梯田）、反坡梯田（梯田的田面田呈反坡状，可增加田面的蓄水量）和隔坡梯田（水平梯田与坡式梯田的结合形式）四种。① 台阶式梯田主要分布在中国、日本及东南亚各国人多地少的地区。二是波浪式梯田。波浪式梯田又名"软埝"或"宽埂"梯田，是指在缓坡地上修筑的断面呈波浪式、保留原坡面的梯田，便于机耕，主要盛行于美国。此类梯田，其实并无显著梯田形态，称之为"坡地"也许更为恰当。三是复式梯田。所谓"复式梯田"乃是水平梯田、坡式梯田、隔坡梯田等多种形式的梯

---

① 参见贾恒义《中国梯田的探讨》，《农业考古》2003 年第 1 期。

田组合。①

二　梯田起源于新石器时代

　　梯田作为一种重要的农田形态，分布广，类型多，起源难以考证。关于我国梯田的起源，学界存在不同的看法。一些国外文化传播论者曾主张梯田起源于中东，最初为干旱梯田，其后扩展至欧亚各地，并根据各地的情况而加以改良。持此论的学者认为，源自中东的干旱梯田开发技术是迄今 2000 年前传播到中国南方的，经过东方的灌溉技术的改良，成为水稻梯田，继而再从华南传播、推广到亚洲各地。他们不同意灌溉梯田是由平地灌溉农田发展而成的观点，他们认为："依照东亚水田发展之顺序：从天然沼泽、河床地、水田、而至泥土梯田；进一步到石壁灌溉梯田；再到草泥田埂之灌溉梯田。假若以为中国之灌溉梯田为东方独立发展之田制，则在上述之顺序中似尚存有漏洞。我等以为天然沼泽地不可能为灌溉梯田之起点。从演变层次上看，亚洲之梯田观念整体由外界引入，始提供早期农民梯田之新方法，使水田之制度全部改观。"② 上述梯田中东起源传播论，迄今为止并没有可靠的证据支持，不过是主观的想象和推测，所以学界认同者并不多。

　　另外，有论者将我国古代文献记载的"山田"界定为"水田"，即"种植水稻的梯田"，进而又推论说，日本及东南亚印尼、菲律宾等国外的水稻梯田，亦当源自中国，而中国的水稻梯田则源于云南。此论同样没有可靠的证据支持，亦属想象推测，也不足取。③ 国内学者对梯田起源的探索，主要集中于本土起源之上。主张中国梯田本土起源，道理其实很简单，那就是中国农业历史十分悠久，作为公认的世界重要的农业

---

　　① 卢勇、唐晓云、闵庆文主编：《广西龙胜龙脊梯田系统》，中国农业出版社 2017 年版，第 9、10 页。

　　② ［英］布瑞：《中国农业史》（上册），李学勇译，熊先举校阅，台湾商务印书馆 1994 年版，第 182 页。

　　③ 张增祺：《洱海区域的古代文明——南诏大理时期》（下卷），云南教育出版社 2010 年版，第 169 页。

起源中心，既包含了若干栽培作物的起源，自然也包含了相应的农田的起源。

农业的起源最早发生于大河流域的谷地平原，已为众多史前遗址所证明。中国黄河和长江两河流域是世界农业的重要起源地，此为学界共识。世界上最早研究栽培植物起源的学者瑞士植物学家康德尔（A. de Candolle，1806—1893）在其1882年出版的著作《栽培植物的起源》中写道，世界农业最早起源于三个地区——中国、亚洲西南部（包括埃及）及美洲热带地区。苏联植物育种学家瓦维洛夫（Vavilov，N. I.，1887—1943）所著《作物的起源、变异、抗病性及育种》一书，提出世界重要栽培作物起源于八个独立的中心：中国、印度、中亚、近东、地中海地区、阿比尼西亚、墨西哥南部及中南美洲。该书认为世界上农业发展最早及最大的作物起源中心，包括中国中部与西部山区及邻近的低地。瓦维洛夫在其另一本著作《主要栽培植物的世界起源中心》中进一步说道，中国是"第一个最大的独立的世界农业发生发源地和栽培植物起源地"。上述论断，并非空穴来风，而是具有充分的考古资料可资证实。

先看黄河流域的史前农业。迄今为止，我国考古学者已经在河南、河北、山东、山西、内蒙古、陕西、甘肃、青海、新疆、西藏等省区的新时代遗址中，先后发现具有碳化粟粒、粟壳或粟的谷灰的农业遗址40多处，其中发现于内蒙古赤峰敖汉旗兴隆沟碳化粟农业遗址，年代距今8000—7500年，为最早的粟栽旱作农业遗址，是旱作农业起源于黄河流域的有力例证。再看长江流域的史前农业。迄今为止，我国考古学者发掘的新石器时代稻作农业遗址已近200处，分布于江苏、浙江、安徽、江西、湖北、湖南、福建、广东、广西、云南等省区。其中年代最早的是湖南道县玉蟾岩遗址、江西万年县仙人洞遗址、广东英德牛栏洞遗址，年代都在10000年以上。稍晚的湖南澧县彭头山稻作农业遗址，距今9200—8300年。湖南岳阳钱粮湖农场坟山堡、汨罗市附山园、华容县车轴山遗址以及河南贾湖稻作农业遗址，距今8000年。浙江罗家角稻作遗址，距今7100多年。浙江余姚河姆渡遗址出土的大量碳化稻谷和农作工具，尤为引人瞩目，距今也有7000年。上述遗址已经足够说明长江中下游流域是灌溉稻作农业的重要起源地。[①]

　　农业起源时期的农田应是零星的、小面积的，小规模的、不固定的、种植十分粗放的农田，而不可能是山地梯田。何故？在人烟十分稀少、土地极为广阔的蛮荒时代，人们完全没有必要，也没有相应的知识和技术去开垦山地梯田。虽然如此，但是作为梯田的雏形，却存在于早期定居农田之中。所谓"田"，尤其是稻田，为便于劳作、利于农作物生长和兼营水产品的养殖（指水田），尤其是为了保持水土，首先必须具备两个要素，一是必须努力平整土地使之达到水平状态；二是必须修筑田埂以拦蓄水土。在有利于农田开垦的盆地河谷，其实许多地方的地势并非绝对平坦，也多少存在着高低之差，所以也必须按水平维度整地，并修筑田埂，实际上这就是梯田的雏形或可称其为"原生态"，只不过由于河谷盆地地势高差不大，田畴面积又比较广阔，所以阶梯不是太明显罢了。在我国南方灌溉稻作地区，布满纵横交错田埂的、不规则的平地农田景观随处可见。这种景观也清晰地表现在我国陕西、四川、云南、广东等地出土的汉代陶制水田模型之中。纵横交错的田埂固然是农田灌溉、农田所属地界标志和水田养殖等的需要，不过依据地势维护田地平整，达到保土保水的目的才是其主要的功能。

　　由此可知，探索梯田的源头，虽然不至于到达农业起源的初期，但是却可以上溯到农田固定耕作的定居农业发展的初期。也就是说，梯田作为农田的一种派生形式，其起源并非孤立的事象，而不过是人们实现定居生活之后，实行固定农田（包括农地）耕作的产物。

三　唐朝以前是梯田缓慢发展时期

　　我国梯田起源于新石器时代，此后数千年直到唐代以前，是一个缓慢发展的过程，这从为数不多的历史文献记载当中可窥见其端倪。1938年至1940年，吴金鼎、曾昭燏等曾在云南省大理洱海西岸进行考古学

---

　　① 参见尹绍亭编著《中国西部民族文化通志·农耕卷》，云南人民出版社 2019 年版，第 10、11、13 页。

调查发掘，发现从新石器时代至南诏以前时期的遗址 32 处，主持发掘了数处，这些遗址分布在山坡或小山上，他们撰写的《云南苍洱境考古报告》说："苍山坡地，凡经古人居住之地，必有阶梯式之平台。台之周边，自数里以外，或高山顶上遥望之，极为清楚，至近反不易辨明。经发掘后，证明此类平台为古人住处及农田两类遗址。"① 此外，有的遗址还发现了比较明显的沟渠、红土台阶、堤坝、储水池等的遗存。李根蟠先生据此认为这些发现"理应视为原始的梯田，起码是梯田的萌芽"，并指出："云南多山，农业历史悠久，当地居民在长期山地耕作过程中首先创造了梯田这种土地利用方式的可能性很大。"② 王星光的《中国古代梯田浅探》一文，列举了殷墟甲骨文中的"𤰃"一字，认为此字形象地表现了"山上之田"，虽不能断然释为梯田，但与梯田的关系极为密切。王星光进一步推断，如果"结合殷商甲骨文的'𤰃'字，我们认为李先生（指李根蟠——作者注）对云南洱海新石器时代出现梯田的推测是可信的，尽管当时的梯田不如后来的梯田那样规整和典型"③。西周初年至春秋中期的诗集《诗经》中的"小雅·正月"诗言"瞻彼阪田，有菀其特"，农史学家梁家勉先生认为"阪是倾斜的山坡，阪田就是山坡上的田，就是梯田"④。又《诗经》"小雅·白桦"有"滮池北流，浸彼稻田"句，姚云峰、王礼先解释说，滮池在陕西秦岭以北渭水之南，为南高北低的旱坡地，欲进行灌溉，就必须把坡地修成梯田。诗文虽仅有八个字，却已说明西周时期我国黄土高原南部地区已经开始在坡地上兴修梯田了。⑤ 一些学者考察云南哈尼族源流及其梯田的源头，常引用《尚书·禹贡》对四川西南地区农业状况的描述："厥土青黎，厥田唯下上，厥赋下中三错。"认为"厥田唯下上"系指梯田，以此说

---

① 吴金鼎、曾昭燏、王介忱：《云南苍洱境考古报告》（复印本），中央博物院专刊1942年版。

② 李根蟠：《我国少数民族在农业科技史上的伟大贡献》（中篇），《农业考古》1985年第2期。

③ 王星光：《中国古代梯田浅探》，《郑州大学学报》（哲学社会科学版）1990年第3期。

④ 梁家勉：《中国的梯田出现及其发展》，《农史研究》1983年第1期。

⑤ 姚云峰、王礼先：《我国梯田的形成与发展》，《中国水土保持》1991年第6期。

明先秦时期分布于那里的哈尼族先民已经耕种梯田。战国时期楚襄王与宋玉游于云梦之台，望高唐之观，宋玉作《高唐赋》："长风至而波起兮，若骊山之孤田。"毛廷寿认为"孤田"可能是梯田，赋作时间在公元前293年至前263年之间，地点为今湖南。[①] 贾思勰在《齐民要术》中引《氾胜之书》（著作年代大约在公元前1世纪的西汉时期）描述"区田"云："汤有旱灾，伊尹作为区田。教民粪种，负水浇稼。区田以粪气为美，非必须良田也。诸山陵近邑高危倾陂及丘城上，皆可为区田。"区田因为施肥耕种，所以不必是平原的良田，而是可以在山地、丘陵、陡坡上开垦田地来种植。对此梁家勉先生考证说："在西汉末期（公元25年间），教田三辅（即今陕西省中部）的氾胜之，把区田方法应用于陕西黄土区的梯田上，可以说是梯田技术的一个显著进步。"[②] 东晋时期，苻坚曾发"三万人开泾水上源，凿山起垄，通渠引渎以溉冈卤之田"。梁家勉先生说，所云"凿山起垄"以溉的冈田当是梯田。[③] 上述历史文献说明，自新时代晚期至西汉末期，梯田已存在于在黄土高原、西南山地、长江流域等地区，不过因为那一时期总的来看，人口较少，人地关系相对宽松，所以梯田垦殖尚不发达，发展较为缓慢，这种状况一直延续到唐代。

　　唐代全国大部分地区依然很少梯田的明确记载，只有云南是一个例外。上文说李根蟠根据大理地区的考古发掘资料认为"云南多山，农业历史悠久，当地居民在长期山地耕作过程中首先创造了梯田这种土地利用方式的可能性很大"。如果说李根蟠依据的考古资料还带有不确定的因素，且关于早期大理梯田的论述还只是一种推测的话，那么到了唐代，情况就十分明朗了。《南诏德化碑》载："高原为稻黍之田，疏决陂池。"意思是高原上分布着种植稻黍的梯田，利用建在山坡上的陂池进行灌溉。唐代樊绰《蛮书》（又名《云南志》）其卷第七"云南管内物产"载："从曲靖州以南，滇池以西，土俗惟业水田。"又特别说道："蛮治山田，殊为精好……浇田均用源泉，水旱无损。"从《蛮书》的记

① 毛廷寿：《梯田史料》，《中国水土保持》1986年第1期。
② 梁家勉：《中国梯田考》，《华南农学院第二次科学讨论会论文汇刊》，1956年。
③ 梁家勉：《中国梯田的出现及其发展》，《农史研究》1983年第1期。

载看，"山田"系指梯田已明白无误，"殊为精好"说明其时云南梯田的规模和耕作技术已经相当可观。关于此，张增祺的论述值得参考：

张增祺认为：

> 据《蛮书·云南管内物产》载："蛮治山田，殊为精好"。说明山田是"治"出来的。是需要选择加工的。不仅有精好和粗劣之分，也有肥沃与贫瘠的区别。文中所说的"山田"，论者多谓之梯田，也有称之为水田，或"种植水稻的梯田"。山田、梯田、水田三者虽可通称为农田，但也有差别。如向达先生《蛮书校注》引《齐民要术》卷1称："山田种强苗以避风霜，泽田种弱苗以求华实也。《要术》所说之山田，当以此处（即《蛮书》）所称之山田同，亦即云贵一带所常见之梯田也。"《蛮书校注》中还引《农政全书》卷五"梯田"条云：梯田为梯山而田也。夫山多田少之处，除垒石及峭壁例同不毛，其余所在土山，下自横麓，上至危顶，一体之间，栽作重磴，即可种秋。如土石相伴，则必垒石相次，包土成田。又有山势峻急，不可展足，播种之际，人则伛偻蚁沿而上，耧土而种，蹑坎而耘。此山田不等，自下登陟，俱若梯磴，故总曰梯田。上有水源，则可种秔秫，如止陆种，亦宜粟麦。说明尽管山田种类较多，有的水种，也有的陆种，但仍可"总曰梯田"。[1]

四　宋元明清是梯田迅速发展时期

唐代云南梯田已经达到"殊为精好"的程度，领先于其他地区，原因在于地理环境。云南多山，山地占到全境总面积的95%左右，平地只占约5%。云南坝子（云南人称盆地为"坝子"）河谷少面积小，人口稍有增长，便会产生人地之间和人群之间的矛盾。为解决矛盾，要么迁

---

① 张增祺：《洱海区域的古代文明——南诏大理国时期》（下卷），云南教育出版社2010年版，第167页。

徙远方，要么就近向山坡要地，两相比较，后者自然更为省事简单。长江中下游流域，尤其是江南和华南，地理环境与云南恰好相反，平原广阔，山地较少。在人口缓慢增长的时期，广阔的平原有足够的土地可供长时段开发利用，不存在太大的人口和环境压力，住民自然不会也没必要花费大力气去山地垦殖梯田。所以，古代江南和华南梯田的开发和发展远比云南迟缓，这是符合逻辑的。韩茂莉关于梯田起源的观点与许多学者不同，认为梯田"一般不会早于宋代"，她指的应该就是江南和华南的情况："丘陵山区的开发史上，梯田的出现具有十分重要的意义。……大约北宋中后期是梯田的肇始时期，至南宋则已在南方各地推行。……但那时在一家一户为生产单位的自然经济状态下，还无力修筑水平面积较大的梯田，田面一般都较小。甚至元代梯田仍然'指十数级不能为一亩'，以致耕作的农民'不可展足，播殖之际，人则伛偻蚁沿而上，耧土而种，蹑坎而耘'。由于田面狭小，'快牛剡耜不得旋其间'，耕作主要还是靠人力。"①

在我国历史上，"梯田"一词最早出现在宋孝宗乾道八年（1172）范成大所著的《骖鸾录》中："出庙，三十里至仰山，缘山腹乔松之磴，甚危，岭阪上皆禾田，层层而上至顶，名梯田。"晚范成大《骖鸾录》百余年，元代王祯于1313年完成的《农书》对梯田有着更为详细的记述："梯田，谓梯山为田也。夫山多地少之处，除垒石及峭壁，例同不毛。其余所在土山，下自横麓，上至危颠，一体之间，裁作重磴，即可种艺。如土石相伴，垒石相次，包土成田。又有山势峻极，不可展足；播殖之际，人则伛偻，蚁沿而上。耧土而种，蹑坎而耘。此山田不等，自下登陟，俱若梯磴，故总曰梯田。上有水源，则可种秔秫；如止陆种，亦宜粟麦。"

宋、元之际梯田之名被载入史册，而且有了较为详细的记载，显然是其时江南华南梯田垦殖空前发展的反映。只有梯田在农田中的比例大幅上升，梯田作为人们生存的一种农业形态才能发挥出日益重要的作用，其价值和意义才会受到社会的广泛重视，继而"梯田"之名才得以

---

① 韩茂丽：《中国历史农业地理》（上），北京大学出版社2012年版，第66、67页。

问世，随之载入史册。

中国的梯田被认为最具代表性、最具规模的是广西龙胜龙脊梯田、新化紫鹊界梯田、江西赣南崇义梯田和红河哈尼梯田。宋元明清时期，我国梯田迅速发展的状况，也清晰地表现于四大梯田发展的历史脉络之中。

根据考古资料和历史文献记载综合推断，广西龙胜龙脊梯田形成于秦汉时代，距今至少有 2300 多年的历史。其大规模开发始于唐代，经宋、元、明三个朝代的发展，清代基本达到了现有规模——100 亩以上连片梯田 320 处，2000 亩以上的连片梯田 9 处，泗水梯田大峡谷的连片梯田 9560 亩，龙脊片区连片梯田 10734 亩。[①]

新化紫鹊界梯田初垦于秦汉。唐宋时期，朝廷积极鼓励种植"高田"。所谓"山田""高田"因依山层起为阶级，俗称"梯田"。宋熙宁年间，新化王化以后，随着"给牛贷种使开垦，植桑种稻输缗钱"等政策的推动，山区耕地面积大幅飙升，梯田稻作得到空前发展。明清时期官府奖励垦荒，新化田亩大增，梯田规模更为壮大。目前该区梯田面积多达 821764 亩，主要为明清时期的开发。[②]

江西赣南地区的崇义梯田在客家梯田中占有突出的地位。崇义客家梯田最迟于南宋就已存在，至今至少有 800 年的历史。南宋时，崇义居民开垦的梯田主要为山麓及沟谷中较低缓的坡地，梯田只是一些零星分布的局部小块，地势高的坡地尚未开垦。这一时期被称为"客家梯田的雏形阶段"。明清时期，梯田开垦面积迅速扩大，使崇义成为客家梯田的典型代表。目前崇义仅核心区的梯田面积为 2024.5 公顷（30367.5 亩），和新化紫鹊界梯田一样，也主要是明清时期开发的结果。[③]

一些学者推断红河哈尼梯田至少有 1300 多年的历史。关于红河哈尼梯田的明确记载见于清代中期的嘉庆《临安府志》卷十八"土司志"之

---

① 卢勇、唐晓云、闵庆文主编：《广西龙胜龙脊梯田系统》，中国农业出版社 2017 年版，第 15 页。

② 白艳莹、闵庆文、左志锋主编：《湖南新化紫鹊界梯田》，中国农业出版社 2017 年版，第 10、19 页。

③ 杨波、闵庆文、刘春香主编：《江西崇义客家梯田系统》，中国农业出版社 2017 年版，第 19、20 页。

中。明洪武年间哈尼头人率民众开山："左能亦旧思陀属也，后以其地有左能山，故曰左能寨。洪武中，有夷民吴蚌颇开辟荒山，众推为长。寻调御安南有功，即以所开辟地另为一甸，授长官司，世袭，隶临安。"又据雍正《云南通志》卷二十四《土司传中·纳更山土巡检》下说："明洪武中，龙咀以开荒有功，给冠带，管理地方。寻授土巡检，传子龙政。"明代《土官底簿》"纳更山巡检司巡检"条说："龙政，车人寨冠带火头，系和泥人……"① 嘉庆《临安府志》卷十八"土司志"条有梯田的描述："依山麓平旷处，开凿田园，层层相间，远望如画。至山势峻极，蹑坎而登，有石梯磴，名曰梯田。水源高者，通以略彴（涧槽），数里不绝。"从这段文字来看，哈尼梯田在明清时期已经达到开发的高峰。目前，红河流域的哈尼族的梯田主要分布在滇南哀牢山脉中下段的元江（红河）流域、藤条江流域、把边江（李仙江）流域。据不完全统计，总面积达 140 万亩，如此大规模的梯田，是在明清梯田的基础上发展起来的。

五　宋元明清梯田快速发展的原因

梯田在宋元明清得以迅速发展，原因何在？关于此，其时古人已经做了很好的回答。请看王祯《农书》，该书不仅较为详细地解说了何为梯田，更为难得的是，还揭示出梯田垦殖的原因。为此他先讲述梯田垦殖的艰辛："山乡细民，必求垦田，犹胜不稼。其人力所至，雨露所养，不无少获。然力田至此，未免艰食，又复租税随之，良可悯也。"山地梯田耕种的艰辛，数倍于平地水田，这是常识。那么人们为什么非要开发耕种呢？"田尽而地，地尽而山"，这就是王祯《农书》的回答。② "田尽而地"指平旷处再没地方开发水田了，只能去耕种无法灌溉的荒地；"地尽而山"指平旷处的荒地也开发完了，只好去山坡垦殖。欧阳修也有类似的关于人地关系的记述："河东山险，地土平阔处少，高山

---

① 参见《哈尼族简史》，云南人民出版社 1985 年版，第 112—113 页。
② 王祯撰，缪启愉、缪桂龙译注：《东鲁王氏农书·农器图谱集之一》，上海古籍出版社 2008 年版，第 366、367 页。

峻坂，并为人户耕种。"① 平原土地不够耕种，高山峻坂也多被垦殖，人地关系如此紧张，根源不在于地，而在于人，在于人口的增长。这样的情况不只发生在中国，世界凡有梯田之地也都一样。环境史家约阿西姆·拉德卡曾说："人们一般认为，梯田的位置和种植是这样的困难，因此，只有当人口的稠密迫使人们利用山坡上的土地精耕细作时，才会吃这样的苦。"② 农史学家布瑞亦言："由于构筑梯田需要大量的劳工，故梯田的开辟必为适应自然条件及应对人口压力之结果。并非仅以扩展领土所能解释。"③ 为缓解人口压力，人们不只是上山开发梯田，还向湖泊海岸要田，王祯《农书》里和梯田一起记述的还有几种特殊农田：区田、圃田、围田（又有圩田，类似围田）、柜田、架田（也称"葑田""浮田"）、涂田和沙田。④ 这些农田的形成均为人口压力的产物。明末徐光启《农政全书》卷五《田制·农叠诀田志篇》，将上述7种农田一起列为中国农田史上的七种田制，并对梯田耕作情景做了生动的描写："世间田制多等夷，有田世外谁名题；非水非陆何所兮，危颠峻麓无田蹊。层蹬横削高为梯，举手扪之足始跻；伛偻前向防颠挤，佃作有具仍兼携。"清乾隆以后，人多地少成了一个全国性、全局性的问题。乾隆时人赵翼在一首诗中说："海角山头已遍耕，别无余地可资生。只应钩盾田犹旷，可惜高空种不成。"⑤

关于唐宋时期丘陵山区开发与人口增长关系的情况，韩茂丽所著《中国历史农业地理》（上）第二章"中国农业空间拓展进程"第三节"移民山区与山区开发"有具体论述：

> 隋唐两宋时期山区开发重点仍然在东南丘陵山区。这时中国古

---

① 《欧阳修全集》，中国书店1986年版，第931页。

② ［德］约阿西姆·拉德卡：《自然与权力——世界环境史》，王国豫、付天海译，河北大学出版社2004年版，第118页。

③ ［英］布瑞：《中国农业史》上册，李学勇译，熊先举校阅，台湾商务印书馆1994年版，第184页。

④ 王祯撰，缪启愉、缪桂龙译注：《东鲁王氏农书·农器图谱集之一》，上海古籍出版社2008年版，第356—369页。

⑤ （清）赵翼：《北欧诗钞》，引自闵宗殿主编《中国农业通史》（明清卷），中国农业出版社2016年版，第12页。

代经济中心已经逐渐由北方移向南方，这一切进一步促进了南方经济发展与东南丘陵的开发。虽然自两晋以来，东南地区就进入了全面开发阶段，但那时人口与后代相比还不算多，人们的经济活动主要集中在平原地区，丘陵山区人口还很有限。唐至两宋时期东南地区人口激增，人们虽然采取了围水造田和深化精耕细作等方式来提高平原地区的土地承载力，仍然无法缓解平原地区的人口压力。在这种情况下，人们自然要走向丘陵山区，开拓新的土地。①

该书还列举了严州的案例。严州位于浙闽丘陵北部，即今浙江省淳安、建德、桐庐一带。严州在晋武帝时人口为5560户，至南宋景定四年（1263）达到119267户，一千年内严州人口增长了118000多户。斯波义信曾对唐中期至北宋中期这段时间内，中国各地的人口变化情况进行了统计。统计指出，东南地区人口增长率达到1000%的有泉、漳、汀、建四州；400%—999%的有吉、袁、福三州；300%—399%的有洪、江、衢、信、饶、婺、黄、蕲、苏九州和南康军；200%—299%的有虔、庐、楚、濠、泗、滁六州；100%—199%的有歙、温、处、光、明、台六州。在这些人口增长率超过100%的州军中，80%以上处于丘陵山区。②

又据闵宗殿先生等的研究，据历代官方统计的数字，在明代以前，中国人口大致是5000万—6000万，最高数是西汉平帝元始二年（2），为5900多万。进入明代以后，中国的人口一直不断增加。明洪武十四年（1381），中国的人口已超过西汉平帝元始二年时的数字，达到59873305人，永乐元年（1403）时更达到66598337人。中国人口突破1亿大关是在清乾隆六年（1741）。是年，据《清实录》记载，中国人口达到14000万人，24年后，即到乾隆三十年（1765），人口增加到2亿，到乾隆五十五年（1790），人口又增加到3亿，至道光十五年（1835）人口又猛增到4亿。耕地情况，明洪武十四年（1381）为3.6

---

① 韩茂丽：《中国历史农业地理》（上），北京大学出版2012年版，第64页。

② （清）赵翼：《北欧诗钞》，引自闵宗殿主编《中国农业通史》（明清卷），中国农业出版社2016年版，第63页。

亿亩，洪武二十年（1387）为 8.5 亿亩，清雍正四年（1726）为 8.9 亿亩。从洪武十四年到雍正四年，前后共 345 年，耕地共增加 491884168亩，即增加了 147%；如以近代前夕的嘉庆十七年（1812）的耕地面积计算，前后共 431 年，耕地增加了 394865819 亩，即增加了 118%。①

从前述中国四大梯田的形成过程看，人口压力也起了决定性的作用。广西龙胜龙脊梯田的开发缘于移民，壮族系从低地桂中的宜州一带迁来，红瑶人先民最早是从中原一带迁来，后来的红瑶人是从湖南洞庭、五溪一带迁来，移民中还有汉族等民族。② 据文献记载，新化紫鹊界大规模梯田的形成，原因一是宋熙宁年间新化王化以后汉民大量迁入；原因二是明清时期官府积极招徕流亡，奖励垦荒。③ 江西赣南地区崇义大规模梯田的形成，先是唐宋时期客家先民迁入，明代饱受战乱之苦的闽粤客家人为躲避倭患纷纷迁入，清朝闽粤移民迁入本境的人数达到最高峰，梯田开垦规模随之扩大，使崇义客家梯田成为客家梯田的典型代表。④ 云南红河哀牢山，唐代以前乃是烟瘴千里、野兽出没、荒无人烟的地区。哈尼族等大约于 1000 年前迁入该区，初始阶段依赖刀耕火种采集狩猎为生，后来转而开垦经营梯田农业。促成刀耕火种向梯田农业演化的最主要的动因，不是别的，同样是人口繁衍与人口压力不断升级。

结　语

综上所述，可知我国梯田源头、演变的脉络和发展的动因。说到梯田的起源或者说梯田的雏形，可上溯新石器时代人类实行定居农业的时期。如此，则可以认为中国的梯田乃是本土起源，所谓"中东起源论"不过是一种无根据的想象。不过，我国梯田起源时代虽然很早，然而自

---

① 闵宗殿主编：《中国农业通史》（明清卷），中国农业出版社 2016 年版，第 6—8 页。
② 黄中警、吴金敏主编：《精彩龙脊》，书海出版社 2005 年版，第 11—13 页。
③ 白艳莹、闵庆文、左志锋主编：《湖南新化紫鹊界梯田》，中国农业出版社 2017 年版，第 10、19 页。
④ 杨波、闵庆文、刘春香主编：《江西崇义客家梯田系统》，中国农业出版社 2017 年版，第 19、20 页。

新石器时代至唐代以前数千年间，由于人地关系的松弛，其发展却是一个十分缓慢的过程。我国梯田作为农业的一种重要农田形态开始被社会认知和重视，即山地梯田的垦殖开始呈现出规模化态势，在全国广大山区迅速发展，其时代当在唐宋之后，明清达到鼎盛。而唐宋之后促使南方山地梯田迅速开发的原因，则主要在于人口的增长。人口增长有自然繁衍，更有因经济中心的转移以及战乱、灾害等因素造成的人口流动性增长。人口增长必然加剧人地关系的紧张状态，河谷平地人满为患，可供选择的生态调适策略便是迁往山区，开发山地，营造和发展梯田。被誉为"大地艺术"和"世界奇观"的当代世界和我国的著名梯田，虽然都是梯田农民智慧勤劳的象征，然而在智慧勤劳的背后，却隐藏着人口压力那只无形操弄的巨手。

（原载《云南文史》2021 年第 1 期）

云南农耕低湿地水稻起源考

云南原始农耕发轫于稻作农业，因有考古学的实证而被学术界公认；云南近年来被认为是亚洲栽培稻起源中心的重要组成部分，这一起源说亦由于不同学科和不同国家学者的有力论证而越来越受到重视和支持。然而，稻作有低湿地水田稻作和山地刀耕火种稻作之分，这是迥然不同的两个农耕文化类型。由此引出的问题是，在稻作起源之初，人们究竟是在低湿地栽培水稻还是在山地以刀耕火种方式种植陆稻？这是稻作起源研究进一步深化的问题。对此，学术界有两种截然不同的见解：一是认为稻作山地刀耕火种陆稻起源；二是主张稻作低湿地水稻起源。从云南的事实出发，笔者赞同后者。然而需要说明的是，本文论证的低湿地，乃是指分布于云南山地之中的河谷和坝子（盆地）。

一　有关云南的亚洲栽培稻起源诸说

仅从云南局部地域探讨稻作起源的具体环境和种属似乎是不科学的，行政区域不等于自然和文化区域是起码的常识，然而由于云南作为亚洲栽培稻起源地的一部分已得到越来越多学者的承认，这样本文的研究便有了基本的前提。在进入实质性考证之前，有必要把栽培稻云南起源诸说作简略的介绍。

主张亚洲栽培稻起源于云南一带的有国内外不同领域的学者。国内最重要的研究当推柳子明先生的"云贵高原起源说"。柳子明在其名为

《中国栽培稻的起源及传播》① 的论文中，在国内首次提出了中国栽培稻起源于云贵高原的大胆论断，这对于学术界传统的江南、华南起源论无疑是一个不小的冲击。他认为在"第四纪地质学年代，中国各民族的祖先住在黄土高原和云贵高原，当时黄河、长江、西江等流域平原地区，曾经为浅海所淹没。因此不能设想稻种和其他任何栽培植物起源于这些河流的中下流平原地区，它们只能起源于云贵高原或黄土高原"。在根据野生稻分布和历史文献记载等论证之后，柳子明进而指出栽培稻的传播："起源于云贵高原的稻种沿着西江、长江及其他发源于云贵高原的河流顺流而下，分布于其流域平原地区各处。"他最后强调："稻种起源于云贵高原，对华中、华南，以及印度支那和东南亚各地的农业发展起了决定性的作用。"②

继柳子明的研究之后，近似的起源说相继发表，游汝杰的研究是独特的，他从语言地理学和历史语言学的角度，比较研究以壮侗语系为主的14种语言的"稻""田""那"三词的语音。结果发现三词同音地域均未超出普通野生稻分布圈，于是他将三词同音地域相互重合的地区确定为亚洲栽培稻的起源地，其中包括桂中、西部，滇西、南部，越南北部，老挝北部，泰国北部和缅甸东北部。

云南考古学者李昆声在综合前人研究的基础上，进一步从云南复杂的地理条件、丰富的植物资源、考古发掘古稻、野生稻以及文献记载等进行研究，指出"亚洲栽培稻起源于从中国浙江、福建、江西、台湾、广东、广西、云南到中南半岛越南北部、缅甸北部（主要是掸邦）、老挝北部、印度阿萨姆这一广阔的弧形地带"③。结论所划范围虽然辽阔，然而其论证对象主要是云南却是非常明确的。

对于国外学者的研究，首先应该介绍日本京都大学渡部忠世教授的亚洲栽培稻"阿萨姆—云南起源说"。渡部忠世实地调查了阿萨姆的野

---

① 柳子明：《中国栽培稻的起源及传播》，《遗传学报》1975年第2卷第1期。
② 游汝杰：《从语言地理学和历史语言学试论亚洲栽培稻的起源和传布》，《中央民族学院学报》1980年第3期。
③ 李昆声：《云南在亚洲栽培稻起源研究中的地位》，《云南社会科学》1981年第1期；《亚洲稻作文化的起源》，《云南文物》第15期。

生稻，对云南也做过短期考察，尤其是多次到东南亚和印度进行古稻壳的考古发掘，他认为："如果追寻亚洲大陆稻米传播的道路，那么，所有道路的源头都将回归到阿萨姆和云南山地，由此可以导出不同于以往常识的结论，即印度型稻米和日本型稻米以及其他种类的稻米都是起源于这一带。"无独有偶，渡部忠世也如柳子明一样，将汇集于云南的几条江河视为栽培传播的天然通道，认为沿伊洛瓦底江、萨尔温江和湄公河，栽培稻从云南传播到印度支那半岛；沿长江、西江传播到长江中下游平原和华南以至日本。[①]

　　持同样起源说的日本学者还有中川原先生。他根据遗传学的研究提出亚洲栽培稻的基因中心是在包括云南、缅甸、泰国、印度阿萨姆这一"东南亚山地"，而其推论的传播路线，亦与柳子明的观点基本吻合。[②]

　　国际稻作研究所的张德慈博士圈划的亚洲栽培稻起源也基本上是上述"东南亚山地"，他认为："亚洲稻种约在一个广大的地带由一种一年生植物祖先进化而来。此广大地带是自喜马拉雅山麓东边小丘下方之恒河平原开始延伸，横越缅甸北部、泰国北部和寮国，以至越南北部与中国南部。而驯化现象即在此地带之内部或边界许多处所同时并分别发生。从这些中心或非中心的群集，稻极可能系自尼泊尔—阿萨姆—云南地区经由云南引入黄河流域，且自越南经由海路引入长江下游盆地。"[③]

　　以上即为涉及云南的亚洲栽培稻起源诸说，基于这些起源说，下文将从野生稻、历史文献、考古材料（史前农业遗址）以及民族生态等角度考证栽培稻起源的具体环境和种属。

二　从野生稻生态环境及生态特性看低湿地水稻起源

　　云南被认为是栽培稻起源地的重要依据之一是有大量野生稻分布，

　　① ［日］渡部忠世：《稻の道》，尹绍亭等译，程侃声校，云南人民出版社1982年版。
　　② ［日］中川原：《生物科学的遗传》（7），捷洋、吴尧鹏译，云南人民出版社1977年版，第21—23页。
　　③ 张德慈：《早期稻作栽培史》，《伦敦皇家学会哲学会报》B类275，第143—157页，转引自《农业考古》1983年第2期。

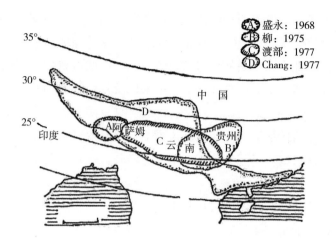

图1　亚洲栽培稻起源地诸说图（转引自渡部忠世《稻作的起源和展开》）

迄今为止云南收集的栽培稻种达五千余份①，据云南省农业科学院程侃声先生等的研究，部分品种在性状、同工酶谱和染色体核型方面表现出较多的原始性，与野生稻的亲缘关系十分明显。如昆明的"李子黄"品种便与疣粒野生稻（O. meyeriana）相似。② 既然栽培稻起源于野生稻，那么根据野生稻的生态环境和生态特性探讨最早的栽培稻，便不失为一条有效的途径。

云南野生稻，系普洱县农具站全崇礼同志于1958年在普洱云仙公社芦山大队等处首次发现。继此之后，原中国农业科学院水稻生态研究室于1964年派出考察组对云南省西双版纳等地进行了考察，该考察组在景洪发现了野生稻。1965年再度组织专业考察组，调查范围扩大到思茅、西双版纳、红河、临沧、德宏等地、州，结果在景洪、勐腊、耿马、双江、永德、普洱、澜沧等县均发现有野生稻。由云南农业科学院组织，由中国农科院，江苏、浙江、湖南、上海、杭州、广东、四川、福建等农科院（农学院）学者参加的考察组，又于1978年、1979年至1980年两次考察了临沧、保山、德宏、红河、文山、玉溪、思茅、西双

①　据云南省农业科学研究院情报所资料。
②　程侃声的研究，特引自丁颖《中国栽培稻种的起源及其演变》，载《农史研究》第一辑，中国农业出版社1980年版。

版纳等地、州。通过上述农科界多年的考察和研究，获得了关于云南野生稻分布范围和规律以及生态环境和特性等大量珍贵材料。

云南野生稻，根据从不同地区 101 个采集点所获材料的初步鉴定结果，可分为普通野生稻（O. Sativa f. sponltanea）、药用野生稻（O. officinalis）、疣粒野生稻（O. meyeriana）三个种七个类群。据迄今为止的统计，普通野生稻的分布主要是在景洪市的景洪坝、大勐笼坝和勐罕坝三地，此外，在元江县亦有发现；药用野生稻分布有 12 处，地跨三个地区五个县；疣粒野生稻在云南分布最广，达 65 个分布点，地跨 9 个地州 18 个县（详见图 2 云南野生稻分布示意图）。总的分布范围是东经 97°40′—102°09′，北纬 21°29′—24°55′，即红河以西包括德宏、保山、临沧、思茅、西双版纳五个专区、州及红河州南部这一云南西南部弧形地带。①

关于野生稻的生态特性，我国著名农学家丁颖先生首先指出其为沼泽生植物。广东农林学院农学系根据在我国南方各省考察研究总结出如下野生稻分布的规律：普通野生稻分布于沼泽地、草塘和溪河沿岸；药用野生稻分布于寡照的山谷水湿地；疣粒野生稻则生长在山地、丘陵或河谷两岸荫蔽的灌木丛林中。三种野生稻均生长在热带、亚热带的江河流域附近，要求一定的水湿条件。②

云南普通野生稻的生态环境是坝子的荒水塘和水沟中，海拔分布为 552.7—621.8 米；药用野生稻多生长在山谷沼泽湿草地或较高山地的"牛滚塘"中，一般周围都有高大乔木或灌木荫蔽，海拔分布为 520—1000 米；疣粒野生稻的生态环境多为山谷潮湿竹林（大多是野生黄竹）或竹林与乔木、灌木混交林中，海拔分布可达 1000 米左右。③

据上可知，水湿条件是野生稻生存的决定性因素。需要强调的是，在三种野生稻之中，一般认为普通野生稻与栽培稻亲缘关系最近，而普通野生稻则比其他两种野生稻要求水湿条件更高，纯系长年水生植物。

① 云南省农业科学院：《云南省野生稻种及其地理分布》铅印本，1984 年。
② 广东农林学院农学系：《我国野生稻的种类及其地理分布》，《遗传学报》1975 年第 2 卷第 1 期。
③ 云南省农科院：《云南省野生稻种及其地理分布》铅印本，1984 年。

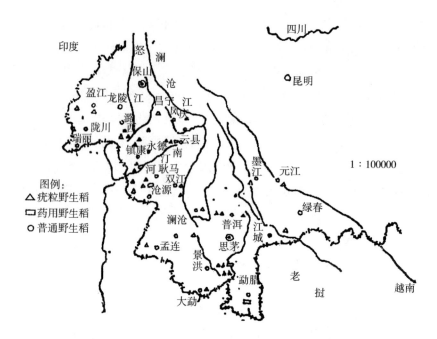

图2　云南省野生稻分布示意图（转引自云南省农科院《云南野稻种及其地理分布》）

由此可能得出的合乎逻辑的推论是，当原始人类认识到野生稻可供食用之后，其采集活动就是在低湿环境中进行的；由于原始人类还远远谈不上改造自然，因此最早的野生稻人工驯化必然离不开低湿环境。那么，稻作起源就只可能是低湿地的水稻农业了。

三　从历史文献记载看低湿地水稻起源

稻作农业低湿地水稻起源，不仅可由野生稻的生态环境和特性导出，而且还可以从我国古代文献记载中得到证实。

我国历史文献记稻颇早。全文"稻嬺敦"的稻字左侧下方从水，象征着它是水稻。①《诗经·白华》言"滮池北流，浸波稻田"，说的就是水田稻作。《战国策》言："东周欲为稻，西周不下水，东周患之。"表

---
① 陈祖槼：《中国文献上的水稻栽培》，载《农史研究集刊》，科学出版社1960年版。

明了东周种植的䄏系水稻。《吕氏春秋·乐成篇》言"决漳水，灌邺旁，终古斥卤，生之稻粱"，是以漳水灌溉种植水稻。《周礼·地官》言"稻人掌稼下地"，郑玄注云"以水泽之地种谷也"。《神农书》言"稻生于柳"。《淮南子·地形训》言"江水肥仁而宜稻"，又说"南方阳气之所积，暑湿居之……其地宜稻"。《说山训》言："稻生于水而不能生于湍濑之流。"此外，《史记·夏本纪》言："禹……以开九州、通九道、陂九泽、度九山，令益予众庶稻，可种卑湿"。《说苑》亦言："山川污泽，陵陆丘阜，五土之宜。圣王就其势，因其便，不失其性。高者黍，中者稷，下者秔。"

以上所举秦汉以前的文献，说的都是水稻，谈到种植，不是言水利之必不可少，便是言须之于卑湿。而秦汉时谈到陆稻的只有两处：一处在《礼记·内则》："淳熬煎醢加于陆稻上"；另一处在《管子·地员篇》："穀土之次曰五凫，五凫之状，坚而不骼，其种陵稻。"唐尹知章注："陵稻谓陆生稻。"农史学家陈祖椝先生说："陆稻、陵稻这些名词，是从稻字上发展来的，可知是后起的。有了稻以后，方在稻字上加专陆字或陵字，以与原来的稻（水稻）区别。后来说的水稻，也在稻字上加个水字，而稻字成为水、陆稻共名了。"[1]

云南农业最早记载见于《史记·西南夷列传》，其文载："西南夷君长以什数，夜郎最大；其西靡莫之属以什数，滇最大；自滇以北君长以什数，邛都最大；此皆椎结、耕田有邑聚。"又载："蹻至滇池，方三百里，旁平地，肥饶数千里。"两段史料均未明言种稻，然考古学材料说明滇中远在新石器时代便已种稻了[2]，肥饶数千里乃是远古稻作业一脉相承发展的结果。至于言"耕田"而非言"畲田"，是"有邑聚"的定耕农业而非游耕，且是"平地"而非山地，显然是种植水稻无疑。《后汉书》载西汉末年益州郡太守文齐"起造陂池，开通灌溉，垦田二千余顷"，呈贡县小松山汉墓也确曾发现过陶制水田模型。[3] 这说明秦汉之

---

[1] 陈祖椝：《中国文献上的水稻栽培》，载《农史研究集刊》，科学出版社 1960 年版。

[2] 云南省博物馆：《元谋大墩子新石器时代遗址》，《考古学报》1977 年第 1 期；云南省文物工作队：《云南滇池周围新石器时代遗址调查简报》，《考古》1961 年第 1 期。

[3] 胡绍锦：《呈贡小松山水田模型的年代》，《云南文物》第 8 期。

际滇中水稻农业已相当发达。而云南山地刀耕火种农业的最早记载却是在东晋常璩所撰《华阳国志》之中,《华阳国志·南中志》载:"牂柯郡……俗好鬼巫,多禁忌。畲山为田,无蚕桑。"两汉牂柯郡包括云南东南部分地区;而所谓"畲山为田",唐诗人刘禹锡《竹枝词》云:"银钏金钗来负水,长刀短笠去烧畲。"温庭筠《烧歌》云:"起来望南山,山火烧山田……自言楚越俗,烧畲为旱田。"可知其即为刀耕火种。山地刀耕火种陆稻农业晚于低湿地水稻农业,不仅在我国江南和中原,云南也同样如此。

四　从史前农业遗址看低湿地水稻起源

　　云南史前农业遗址的立地环境,从另一个角度支持了稻作农业低湿地水稻起源的论断。

　　云南新石器文化遗址,迄今已发现近百个地点,分布遍及全省三分之一的县市范围内。[①] 其中有五个地点发现了古代稻谷,它们基本上反映了史前滇池地区、洱海地区、滇中地区及滇西南地区的农耕文化面貌。洱海地区是云南新石器文化遗址较为密集的地区,目前已发现遗址三十余处,其中的宾川白羊村遗址出土了古稻谷粉末并发现稻壳和稻秆的痕迹。该遗址早期 F9 第二号柱洞木炭的 C_{14} 年代为 1820 ± 85BC,为云南所出古稻之最早者。白羊村为村落遗址,遗址中发现房屋建筑十一座,遗址位于平坝之中。[②] 洱海区剑川海门口为铜石并用时代遗址,年代晚于白羊村,C_{14} 年代为 1150 ± 90BC。在该遗址中曾发现四处稻穗遗存和谷物凝块。遗址濒临剑湖,其遗存的大量木柱现有不少已没入水中。[③] 元谋大墩子遗址可为滇中近十个遗址的代表,其稻谷遗存出自早期的地层中,一是在 H_1 中出土大量灰白色的稻叶和谷壳粉末,一是在 K_7 的三个陶罐内发现大量碳化稻粒。同期 F_5 木炭的 C_{14} 年代为 1260 ±

① 肖秋、李昆声:《云南新石器文化概论》,《研究集刊》1980 年第 2 期。
② 云南省博物馆:《云南宾川白羊村遗址》,《考古学报》1981 年第 3 期。
③ 云南省博物馆筹备处:《剑川海门口古文遗址清理简报》,《考古通讯》1957 年第 6 期。

90BC。遗址发现十五座房屋基址，且该遗址位于一条干涸的河道旁台地上。[①] 滇池地区是新石器文化遗址密集的又一地区，迄今已发现二十多处。在滇池东岸，与大量贝丘共存的是为数极多的泥质红陶等残片，在这些陶器残片上，清晰地夹有稻谷壳和谷穗芒的印迹[②]。滇池遗址群年代距今约 3000 年。[③] 该遗址多分布于坝子中或滨湖低矮的小丘上。滇西南为新石器时代考古发掘薄弱地区，近年发现的耿马南碧桥和石佛洞两个相距极近的洞穴遗址皆遗存着大量古稻凝块。南碧桥遗址所出炭化（原文为"炭化"而非"碳化"，特此标明）稻经放射性碳素测定年代距今 2820±75 年，树轮较正年代距今 2925±110 年；石佛洞遗址年代亦基本与此吻合。南碧桥洞穴遗址位于南碧河西岸，高出河面 15 米；石佛洞遗址洞前为沧源县之勐省河谷地区，洞址位于小黑江北岸高出江面 25 米处。[④] 除了上述五个地点，曲靖珠街董家村和普洱凤阳民安亦出土过炭化稻。董家村古稻年代目前尚无鉴定结果，民安的年代则较晚。云南新石器文化遗址的栽培植物遗存，除剑川海门口铜石并用文化遗址可能杂有麦和粟（未经鉴定，无法确认）之外都是稻谷。而古稻遗址的立地环境，则全是在诸如滨湖临河的坝子边缘、台地及小丘等较低湿的地方。

如果类比我国南方新石器时代诸稻作文化遗址，则情况会更为明朗。年代距今 7170±45 年，为目前亚洲发现古稻最早的浙江桐乡罗家谷遗址，坐落地海拔仅 5 米。年代距今 6960±90 年的浙江河姆渡遗址，据浙江考古研究所牟永抗先生考证，地质为大陆东南海滨沉积，古陆相实系沼泽。江苏吴县（注：1995 年撤销）草鞋山及上海青浦崧泽遗址，前者年代为 3415±45BC，后者年代为 3395±45BC，地理位置均在太湖东北，属潟湖淀积，现海拔约 20 米左右。江西修水山背及新干界阜战国粮仓，前者距今 4315 年，后者距今 2500 年左右，两处遗址均属赣江

① 云南省博物馆：《元谋大墩子新石器时代遗址》，《考古学报》1977 年第 1 期。
② 云南省文物工作队：《云南滇池周围新石器时代遗址调查简报》，《考古》1961 年第 1 期。
③ 李昆声：《云南曲靖发现炭化古稻》，《农业考古》1983 年第 2 期。
④ 阚勇：《云南耿马石佛洞遗址出土炭化古稻》，《农业考古》1983 年第 2 期。

流域冲积，海拔 40—75 米。① 此外，在长江中下游、珠江流域、黄淮流域发现过古稻遗迹的遗址还有江苏无锡仙蠡墩、南京庙山、浙江吴兴钱山漾、杭州水田畈、安徽潜山薛家岗、湖北京山屈家岭、天门石家河、武昌洪山放鹰台、宜都红花套等二十几处。这些遗址绝大部分也是古代的湖泊沿岸和沼泽地带，现在已有许多文化层降于潜水面以下，有些遗址的孢粉分析表明附近曾有许多水生植物。②

　　如上所述，不论是云南还是我国南方，新石器时代稻作文化遗址的立地环境都是相同的。在这样的环境中，很难想象人类最早进行的是山地刀耕火种陆稻农业而非水田稻作农业。

五　从稻作民族生态环境及文化生态特征看低湿地水稻起源

　　欲从稻作民族生态环境及文化生态特征探讨云南稻作农业的起源，首先需要搞清楚哪些民族是云南最早的稻作民族。

　　云南农耕起源时代的民族形势，根据考古学材料和文献记载，有越、濮、氐羌三大原始族群。关于氐羌，系自甘青高原南下的民族，早在新石器时代已活动于云南西北一带。考古学所见文化遗存，有维西县戈登村腊普河东岸新石器时代文化遗址③，以及德钦县纳古、永芝等地发现的青铜时代石棺墓文化。④ 维西县戈登遗址出土的磨光圆柱形石斧、长方形磨光石刀以及半月形单孔石刀等，均与云南其他地区出土的石器不同；而其陶器的质地和器形，都接近甘青高原的寺注文化和卡约文化。⑤ 纳古、永芝等地的石棺墓文化和西藏东部，四川西部巴塘、新龙、义敦、石渠、芒康、贡觉等地的石棺墓为同一系统，出土的双耳陶罐、弧背铜刀和曲柄青铜短剑等，具有明显的北方草原文化特征。⑥ 秦汉时，这一族群被称之为"巂""昆明"，分布范围扩大到"西自桐师，北至

① 周季维：《长江中下游出土古稻考察报告》，《云南农业科技》1981 年第 6 期。
② 严文明：《中国稻作农业的起源》，《农业考古》1982 年第 1 期。
③ 熊瑛：《维西县发现新石器时代居住山洞》，《文物参考资料》1958 年第 10 期。
④ 云南省博物馆：《云南德钦永芝发现的古墓葬》，《考古》1975 年第 4 期。
⑤ 李昆声：《试论云南新石器文化与黄河流域的关系》，《云南文物》第 12 期。
⑥ 张增祺：《昆明说》，《云南文物》第 12 期。

榡榆""地方可数千里"的整个滇西北地区。从新石器时代历青铜时代以迄秦汉，该族群的分布发展脉络清晰，而其文化特征则是"随畜迁徙，毋常处，毋君长"，为典型的游牧民族，他们显然与云南的稻作起源无关。

新石器时代，越人和濮人交错杂居于除滇西北以外的云南其他地区，他们是《史记·西南夷列传》所说的"魋结民族"，《史记·大宛列传》所说的"滇越"，《华阳国志·南中志》所说的"南中在昔盖夷、越之地"的"越"的先民。越人、濮人文化近似，故构成新石器时代区别于氐羌族群的又一文化类型区域。其代表性文化遗存为滇池周围遗址，云县芒怀遗址、景洪市遗址、麻栗坡小河洞遗址、鲁甸马厂遗址等，这些遗址出土的绳纹粗陶、有肩石斧、靴形石斧、有段石锛等①虽有地区和时代的差异，但基本特征是相同的，而且与我国南方百越民族分布地带的新石器文化类似。② 云南越、濮两大族群的分布区域，覆盖了云南野生稻的分布范围，而且包括了云南出土古稻的所有遗址，因此，这两个族群当是云南最早的稻作民族。

"一种具有特点的栽培植物的育成往往与那个民族的生活习惯是联系在一起的。"③ 栽培稻的起源，与越、濮民族，特别是与越民族的生境和文化具有密不可分的关系。越人的生境，不论古今皆为低湿热之地。《汉书·严助传》记载淮南王安谏阻汉武帝征伐闽越的上书中说："越，方外之地，劗发文身之民也。……臣闻越非有城郭邑里也，处溪谷之间，篁竹之中，习于水斗，便于用舟，地深昧而多水险。"云南史籍亦多此类记载。谢肇淛《滇略·夷略》说："僰耐湿好居卑"，又说："大伯夷……居喜近水，男女皆祖浴于河"。李元阳《云南通志》说："僰夷，……性耐暑热，所居多在卑湿生棘之地。"万历《云南通志》说："僰性柔怯，……僰耐热好居卑。"《天启滇志》说："僰夷，在江川、路南者，构竹楼，临水而居。"朱孟震《西南夷风土记》说："炎荒酷热，百夷家多临水。"严

---

① 汪宁生：《云南考古》，云南人民出版社 1980 年版，第 11—23 页。
② 李昆声、肖秋：《论云南与我国东南地区新石器文化的关系》，《云南文物》第 11 期。
③ ［英］勃基尔：《人的习惯与旧世界栽培植物的起源》，胡先译，转引自李庆仁《栽培植物发展史》，科学出版社 1984 年版，第 20 页。

从简《殊域周咨录·云南百夷篇》说："其俗濒江为竹楼以居，一日数浴。"《伯麟图说》说："花摆夷，性柔软，嗜辛酸，居临水，以渔稼。"《楚雄府志》说："僰夷，性畏寒而喜暑，近水而居，或漆其齿，或漆其身。"《普洱府志》说："水摆夷，思茅、威远、宁洱有之。性情柔懦，居多近水，结草棚居之，男女皆浴于河。"

　　古代濮人发展不平衡，文化先进的不少部落与越人部落一样，亦居于河谷坝子。据民族调查，西双版纳勐海县的布朗族原先有不少是居住于景洪等坝区的，由于不堪傣族土司的残酷剥削压迫，才逃往山区定居。① 双江县旧称"勐猛"，是傣族名，意思是猛人居住的坝子。② 佤族在不少地方被称为"本人"，意即最早的土著。据德宏州调查，各地一致传说德昂族是该区最早的坝区民族，他们曾在坝区留下了大量寨址、茶树、水田等生活遗迹。③ 濮人由坝迁山，多是迫于外族的侵夺。《元史·地理志》载："威远州（今景谷，古开南地），其川有六，昔朴、和泥二蛮所居，……其后为金齿白夷酋阿只步夺其地。"又载："开南州、昔朴、和泥二蛮所居也。至蒙氏兴，立银生府。后为金齿白夷所陷。"万历《云南通志》卷四载："古西南极边地，濮洛杂蛮所居，唐时南诏蒙氏为银生府之地。其后金齿白夷侵夺之，宋时大理段氏莫能复。"明江俊《四夷馆考》《明史·土司传》等亦有类似记载。

　　暑热低湿的生态环境孕育了越人和部分濮人独特的文化。表现于住居上，是因"土气多瘴疠，山有毒草及沙虱、蝮蛇"，且"其地下潦上雾，四时热毒"，所以居干栏房屋；表现于衣着上，男子"皆衣青布短袴露骭，妇人披五色娑罗笼"；表现于食物上，是为"解烦热"而喜嗜生、冷、辛酸之食；表现于习俗上，是为"避蛟龙之害"而"剪发文身""漆齿"，是为"消暑防热病"而"居多临江""酷好沐浴"；表现于生理上，则是"畏寒喜暑""性耐暑热"；表现于性格上，由于"陆事寡而水事重"，因而形成"水"民族所特有的柔软性格；表现于生存

---

① "民族问题五种丛书"云南省编辑委员会：《布朗族社会历史调查》（一）（二），云南人民出版社 1981 年版。

② 桑耀华：《茫蛮和金齿族属试论》，《云南社会科学》1983 年第 3 期。

③ 同上。

方式上，便主要是靠种植水稻了。

越、濮民族的这些文化生态特征，并非是互不相干的文化要素的堆积，它们是有机联系并具共同性质的文化结丛。而其内在有机联系与同质，则是源于该民族对于特定低湿热环境的适应性。栽培稻的出现，无疑是越、濮人适应其生境的产物。具体说，就是居于低湿热地、谙熟水生植物特性的越人和部分濮人，对于作为其生境因素的野生稻的适应利用结果。

六　稻作农业起源阶段的原始耕作方式

稻作农业山地刀耕火种陆稻起源者认为，刀耕火种为稻作农业的原始耕作方式，这其实是一种误解。诚然，在人类的童年时代，火无疑是人类最重要和最有效的"武器"和"工具"。《管子·揆度》说："黄帝之王……不利其器，烧山林，破增薮，焚沛泽，逐禽兽。"古代云南热带、亚热带河谷坝子，丛林密布、蛇蝎遍野、虎豹横行、瘴疠浸盛，人类为防毒蛇猛兽侵害，为获取动、植物食物，都离不开火。一句话，原始社会稀少的人类之所以能够在充满万物激烈生存斗争的异常严酷的自然中生存并发展下来，火确实发挥了不可估量的巨大作用。当人类跨入文明的门槛，即当人类终于懂得了农业的时候，比石器更为有效的"工具"仍然是火，即便是云南低湿热地起源的水稻农业，当每一块稻田最初开辟之时，也一定是以石木工具及火去清除森林和杂草的。然而，水田稻作毕竟没有必要经历一个所谓的"刀耕火种"阶段，这是因为，河谷台地及坝子地势平缓，水土不易流失，且土壤堆积深厚，土质肥沃，所以一经开荒之后，即不必年年易地轮歇以求恢复地力，亦不必岁岁砍焚森林以图补偿灰肥。还有一个极为重要的原因，那就是作为云南发明水稻农业的越、濮民族，本来便主要是依靠采集和渔捞生存的民族，他们不同于逐兽而迁的狩猎民族和随畜而徙的游牧民族，具有较大的定着特性，而这种民族定着特性与山地刀耕火种"人随地走，地随山转"的游耕方式是不相统一的。那么，云南低湿地起源的水田稻作农业的原始阶段是以何种方式进行的呢？根据有关文献记载以及民族学材料的比较分析，笔者认为它应该是原始的"火耕而水耨"方式。

《史记·货殖列传》载："楚越之地，地广人稀，饭稻羹鱼，或火耕而水耨。"《汉书·地理志》载："楚有江汉川泽之饶；江南地广，或火耕水耨。民食鱼稻，以渔猎山伐为业。"《晋书·食货志》载："江西良田，旷废未久，火耕水耨，为功差易。"《隋书·地理志》亦载："江南之俗，火耕水耨，食鱼与稻，以渔猎为生。"据上可知，"火耕水耨"为古代百越部落普遍盛行的原始耕作方法。然而，关于"火耕水耨"的具体含义，诸家解释又不一致。《汉书·武帝记》载"江南之地，火耕水耨"注引应劭曰："烧草下水、种稻，草与稻并生，高七八寸，因悉耨去，复下水灌之，草死，独稻长，所谓'火耕水耨'也。"沈钦韩《汉书疏证》卷二云："火耕者，刈稻了，烧其稿以肥田，然后粗之，粗稻人职，夏以水殄草而芟夷之。"唐张守节《史记·货殖列传》正义解："言凤草下种，苗生大而草生小，以水灌之，则草死而苗无损也。耨，除草也。"最近郭成仁先生又有新解，他认为"火耕水耨"实指两种农耕类型：火耕系指山地刀耕火种，是适应南方山区、丘陵区因地制宜的有效方法；水耨则指水田稻作。① 日本学者对"火耕水耨"的探讨亦值得注意。如中井积德先生的《史记雕题》是这样解释的："禾苗长出之时，草与苗共生，以火烧田，苗草尽去，于是灌水，则草死苗长，田亦增肥，此谓火耕水耨。"② 而泷川龟太郎在《史记会注考证》中则这样认为："先以火烧草，接着耕植田秧，然后灌溉，如此土肥苗长，杂草可除。"③ 西嶋定先生和天野元之助先生对以上诸说作过认真的分析，前者认为唯应劭解释妥当，后者则赞同应劭和沈钦韩的释义。④

综观上述解释，笔者以为认识稻作起源阶段的火耕水耨法需把握以下三个问题：

第一，农事火助，自古迄今不绝。然既言火耕，其实是无耕，所谓"耕"，仅仅只是以火烧去树木（开荒田）和杂草（熟荒田），其时尚远

---

① 郭成仁：《楚国农业考辨总题》，载《求实》1954 年第 1 期。

② 载于［日］饭沼二郎《日本的古代农业革命》，筑摩书房 1980 年版，第 84—96 页。

③ 同上。

④ 同上。

无铁工具和耕作技术可言。因此，如沈氏《疏证》所云"烧草以肥水，然后耙之"，清代蒲松龄《农桑经》所云"垦荒，先纵火烧草，然后深耕"之类的记载，其烧草不过是以耙翻土和以犁深耕之前的备耕工序，显然已不能称之为火耕了。至于今天云南很多地方在秋收之后或春耕之前要把田里残留的作物枝秆烧掉，这种习惯至多只可能视为远古火耕的遗风。

第二，关于水耨之法，应劭解"烧草下水，种稻，草与稻井生，高七八寸，因悉耨去，复下水灌之，草死，独稻长"。这可能是水耨的一种方法，或者说已非原始的水耨法。《周礼·稻人》云："凡稼泽，夏以水殄草而芟夷之。"并不如应劭说先"悉耨去，复下水灌之"，而纯粹以水耨草。司马贞《索隐》言："姚氏案《广州记》云：交趾有骆田仰潮水上下，人食其田。""仰潮水上下"恐不只是灌溉之利，当含有水耨的功效。据笔者在西双版纳地区调查，现傣族所行农田灌溉尚明确具有耨草的目的。傣农强调在春耕晒垡之后要灌水淹过垡顶，这样可以泡烂翻于垡下的杂草，防止其再行长出；当苗长至七八寸时，要特别注意在田中保持较高的水位，以达到抑制杂草生长的目的。当然，傣族地区现行的是水耨和薅草相结合的方法，而原始稻作时期的除草，则纯系以水芟夷的粗放之法，因此，"火耕水耨"之"水耨"实应指人工薅草的前阶段。

第三，"火耕水耨"的火耕，应有别于山地刀耕火种。山地刀耕火种由于地多陡斜，水土流失严重，地力消耗极快，故需频繁易地，且要选择林木茂盛者砍烧，其特点是"伐木而树谷""刀耕而火耨"，即砍烧的对象主要是林木；而"火耕而水耨"的火耕，除了不经常性的开荒之外，多数场合则是焚烧以手、石刀和竹刀等摘割去穗头后残留于田中的稻秆或杂草。而且，历史文献及民族学材料都说明，刀耕火种在山地盛行是在铁器产生之后，从时间上说它远远晚于原始稻作的"火耕水耨"。因此，如果将两种农耕类型混为一谈，或者将后者作为前者的先导，那是很不妥当的。

"热带的'刀耕火种'方式如果土地不长期休闲肥力就不足，而中国的黄土高原具有著名的自肥能力，所以仰韶农业制度不是通常意义的

'刀耕火种'，甚至在它创立之初也不是。"① 何炳棣先生的这一结论亦适合于云南。云南农耕的起源非自山地刀耕火种始，而是发生于低湿地以原始"火耕水耨"方式进行的水田稻作，这便是本文的主旨。

此文成稿后，曾得到游修龄、徐云峰两位先生指教，谨此致谢！

（原载《中国农史》1987 年第 2 期）

---

① 何炳棣：《中国农业的本土起源》，马中译，《农业考古》1985 年第 1 期。

傣族的木机榨糖技术

甘蔗是云南热带、亚热带地区普遍栽种的经济作物。过去，在甘蔗种植地区各民族大都使用传统的自制木机榨制红糖。笔者少年时代曾在滇西的德宏傣族景颇族自治州生活过，对于那里牛拉木机榨糖的情景记忆犹新。随着现代化糖厂的建设，各地传统制糖方式多被淘汰，目前仅存在于一些交通不便的边远村寨或甘蔗种植不多且没有条件建立糖厂的地区了。

传统榨糖技术尽管不能与现代榨糖技术同日而语，但其在科技史、文化史方面的意义却是毋庸置疑的。近年来，由于现代化进程的加快，民间物质文化遗产正以惊人的速度消失，所以，及时抢救此类文化遗产已是刻不容缓的工作。笔者于 1989 年 11 月到滇西耿马傣族佤族自治县的孟定地区调查，在名为"滚乃"的傣族村寨收集到一台从别村运来的弃置了数年的双轴蜗杆式榨机。后来又在名为"下坝"的傣族村寨查访到一台拆卸于甘蔗地中，但还将继续使用的三轴弧形齿轮式榨机。1989年 7 月，日本东海大学副教授渡部武和岗山就实女子大学讲师唐立（Chrstian Daniela）访问云南，曾告知在西双版纳傣族自治州勐海县滞留期间见到过傣族的榨糖木机。所以，当笔者从耿马县返昆途经版纳时，便嘱托在当地工作的友人王陆建和李晓凝代为寻访尚使用木机榨糖的村寨。1990 年 1 月，专攻科技史和经济史的唐立先生为了解傣族传统榨糖技术再次访问云南，与笔者一同前往西双版纳共同考察。在西双版纳州外事办公室王陆建同志的安排和熟知西双版纳风尚的李晓凝同志的帮助下，我们分别在景洪县勐龙乡曼海村和曼景迈乡的曼景村观察了水力、牛力、人力木机榨糖的过程。本文即根据上述两次考察资料整理而成，而其中主要内容则是与唐立先生一起收集的。

一　榨机的材质和类型

在傣语之中，榨糖和榨糖机、传统木机榨糖和现代机器榨糖，皆称之为"tfa i yai"。水力榨机有所区别，在"i yai"之后缀一个"nan"（水）字，叫作"i yai nan"。

傣族榨机各构件都使用木材制造。不言而喻，选做榨机滚轴的木料必须具有较高的强度，方能承受传动和挤压之力。在孟定滚乃收集的蜗杆式榨机滚轴，使用了多年，蜗杆轮廓有较大程度的磨损，而且长期弃置于露天之下，经风吹雨淋日晒。木质已经发黑，然而整体尚无腐朽之处，敲打之下，咚咚有声，可见材质之优良。下坝寨拆卸于甘蔗地中的榨机滚轴，使用年代似乎不长，木质本色未变，齿轮轮廓清晰，与景洪市所见榨机滚轴一样，犹如金属所制一般。在景洪市考察时，曾询问傣民选用何种木材制造榨机滚轴，答曰需采用傣语称为"mei xi kin"的树木制作。据说"met xi kin"似乎是汉族俗称的"桂花木"，但未能确定。后经西双版纳勐仑热带植物园邹寿青先生指教，才知"met xi kin"乃是长叶榆（Ulmus lanceaefolia Roxb. exwall）。这种树木理交错，材质坚硬，在西双版纳地区一般分布于低中山沟谷密林中。选做榨机滚轴的长叶榆，必须直而无杈，加工时还要去其表层，用树芯制作，以避免表层缺陷而影响质量。榨机制造的关键在于齿轮加工，选材不善或加工不良，齿轮极易崩坏，反之则经久耐用，寿命可长达十余年。长叶榆本身具有抗虫蛀蚀的优点，因而砍伐季节不受限制。除滚轴之外，榨机的其余装置一般采用栎木制作。

傣族榨机的类型，可按不同的标准分类。如按驱动动力划分，可分为人力、牛力、水力三类；按安装形式划分，可分为立式和卧式两类；按固定方式划分，有二柱固定和四柱固定之别；按滚轴数量分，有二轴式和三轴式两种；按传动齿轮的形状划分，则有如图1所示的几种形式。

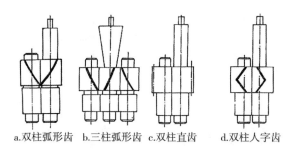

a.双柱弧形齿　b.三柱弧形齿　c.双柱直齿　　d.双柱人字齿

图 1　传动齿轮类型图（作者手绘）

二　榨机结构

傣族榨机种类较多，但人力和牛力榨机结构基本相同，而水力榨机结构却有较大差别。本部分剖析两类榨机结构，首先是曼景的牛力（也可使用人力）立式二轴人字齿榨机（tʃa i yai），其次是曼海的水力卧式二轴人字齿榨机（i yai nan）。

（一）曼景牛力（或人力）立式二轴人字齿榨机结构

该机安装于曼景村边公路向水田倾斜的台地之上。台地面积约 50 平方米。机旁不远处挖有两口用于熬糖的土灶。

该机由三个装置组成（见图 2）。

1. 固定及调整装置。深埋于土中的四根立柱构成支撑框架；夹持杆连接立柱，以夹持定位板，同时起到增强立柱稳定性的作用；松紧调整楔，定位板可作横向移动，从而获得满意的滚轴间隙。

2. 传动及工作装置。该装置结构如图：

以水牛或黄牛拉动横杆；通过传动块的作用主动轴转动；在齿轮的带动下，被动轮同时转动工作。

牛力榨机亦可以人力驱动。动力不同，拉杆结构也有区别。

3. 接收装置。甘蔗受滚轴挤压，蔗汁沿滚轴流入底部接槽，通过簸箕过滤，淌入深置于土坑中的铁锅中。

（二）曼海水力卧式二轴人字齿榨机结构

该机安装于河岸平地上。河流距村寨约一里之遥，河流与村寨之间

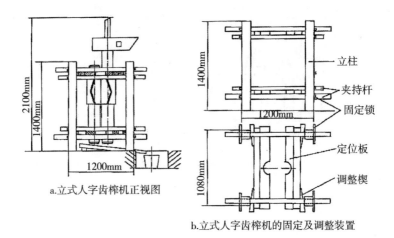

a.立式人字齿榨机正视图

b.立式人字齿榨机的固定及调整装置

图2 立式二轴人字齿榨机测绘图（作者手绘）

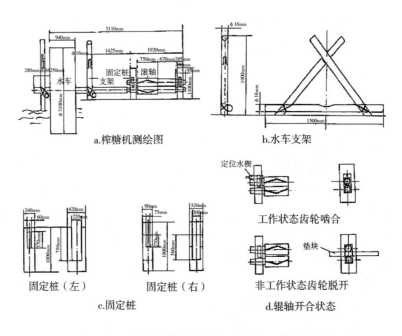

a.榨糖机测绘图

b.水车支架

固定桩（左）　　　固定桩（右）

c.固定桩

工作状态齿轮啮合

非工作状态齿轮脱开

d.辊轴开合状态

图3 水力卧式二轴人字齿榨机测绘图（作者手绘）

是大片甘蔗地。

水力榨机尺寸如图3。

1. 固定及调整装置。从图 3 可知，该机滚轴由固定桩支撑固定，水车则由支架支撑。

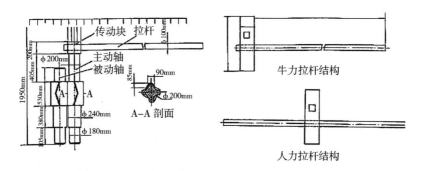

图4　立式人字齿榨机的传动及工作装置图（作者手绘）

水力榨机主动（滚）轴不移动，被动（滚）轴可上下移动。不工作时，将被动（滚）轴抬起，下垫木条，两滚轴脱开，主动（滚）轴空转；工作时抽掉木条，使被动（滚）轴降下与主动（滚）轴啮合，再加木楔定位。

2. 传动装置。水车是水力榨机的动力装置。安装水力榨机，要选择河岸平坦、河床较深的地点。为了增加流量提高水力，首先要在河中打桩拦坝。水车固定于主动（滚）轴一端，水流冲动水车，主动（滚）轴便随之转动，再通过齿轮带动被动（滚）轴。

3. 接收装置。卧式榨机为防止所榨蔗汁四处流淌，故在滚轴上刻有浅槽，起导流作用。曼海水力榨机的接收装置也与曼景的不同，操作者先在滚轴底部铺垫一排竹槽，再在每两段槽接缝上覆盖凹面朝下的竹槽，犹如房屋瓦状，蔗汁便不会渗漏。全部竹槽向一端倾斜，使蔗汁流向低端横置的竹槽之中，最后注入置于地坑中的桶内。

关于榨机的制造情况，根据在曼海的了解，一个工匠一天可完成一个滚轴的齿轮加工。全机从制造到安装完毕，如按 5 个工匠计算，一共需要工作十天左右。曼海寨目前尚掌握榨机制作技术的工匠仅剩 3 个男性长者了。我们看到的这一台水力榨机，已经连续使用了 6 年，目前尚完好无损。

三　榨糖过程

傣族的榨糖过程可分为 6 个步骤。

1. 砍运甘蔗。不论是孟定还是景洪，榨机多安装于甘蔗地附近，以节省运输劳力。

2. 调整定位。调整木楔，使齿轮啮合，并固定滚轴。

3. 清洗。清洗滚轴，并打扫周围环境。

4. 连接动力。牛力榨机套牛，连档套上之后，将牵牛鼻绳稍微拉紧拴于拉杆内侧，使牛头偏向榨机，牛即自动绕榨机转圈，不必人为导向，但人仍须跟在牛后监视。水力榨机安装完毕，水车即带动主动轴日夜转动，使用时降下被动（滚）轴使齿轮啮合即可工作。

5. 开榨。将甘蔗插入滚轴间，为了方便插入，甘蔗头部一般削成长尖状。甘蔗受滚轴滚压，蔗汁下流，蔗渣传送至对面。加料和接料分别有 1—2 人。甘蔗一般要反复压榨 4—5 次。由于滚轴间隙不变，故加料量必须逐次增多。第一次置入 4—5 根，最后一次可增加至 20—30 根，而且尽可能使之重叠在一起，以增加压榨力。曼景傣族在最后一次过榨之前，需洒清水于甘蔗渣上，这也是尽可能榨取糖分的方法。由于榨糖工作一般在冬季枯水季节进行，水力榨机往往会因水力不足而难以满负荷运转，因此，水车边一般要增设一人，当水车难以转动之时，即助以人力。

6. 熬糖。熬糖可在榨机旁进行，也可将蔗汁挑回家中熬制。熬糖在土灶加热的铁锅中进行，边熬边用竹具搅动。为了使糖便于凝固，可放入少许石灰。待熬至糊状，即可将糖稀倒入木槽或木模之中成形。孟定傣族的木模，系用大块木板制成，所铸红糖呈碗形。景洪傣族的木槽呈长方形。为便于取出干后的红糖，事先垫上芭蕉叶。糖稀注入木槽后，可根据所需要的长度，用木片插入木槽将其分割成小块砖状。成糖之后，以箬叶包扎存放。

四　使用效率和出糖率

根据现场记录，曼景牛力榨机滚轴负载时的转速，每分钟约 2 转，每小时约为 120 转；曼海水力榨机空转转速每分钟约为 5.3 转，而在负载正常运转时则大致为每分钟 2 转。

曼海寨计有甘蔗地 35 亩，甘蔗 2 月栽种 12 月收获，收获后土地可继续种蔬菜。每亩地每年可产甘蔗 2000—2500 公斤，除一部分作为水果直接食用之外，大部分用于榨糖。该寨水力榨机每年约使用 20—30 天，开榨期间每天安排几家轮流使用。如以每天使用 12 小时计，该机一天至少可榨 2000 公斤甘蔗，最多不超过 2500 公斤。曼景寨甘蔗种植量较少，从 1989 年 12 月开榨到 1990 年 1 月我们调查之日止，共榨汁 22 次，每次甘蔗榨量约为 15—20 公斤。

关于水力榨机所榨甘蔗的出汁率，我们观察之日曾试榨约 35 公斤甘蔗，反复榨了 4 次，获汁 17.3 公斤，则出汁率约为 21%。曼景计量的数字比曼海准确一些，甘蔗重量 66 公斤，共榨 5 次，所得蔗汁重 34.2 公斤，甘蔗渣重 36.5 公斤。因最后一次榨前曾往甘蔗上浇水，故不能以蔗汁计而应以蔗渣计算，结果出汁率约为 45%。据曼海村长岩扁等人的经验，100 公斤甘蔗可榨制 7.5 公斤红糖。目前市场上红糖的出售价格为每公斤约为 4 元。

由于榨量较少，甘蔗渣一般抛弃不用，不过在曼景也看到过人们用新鲜甘蔗渣喂牛的情景。

五 消费方式

傣族所制红糖，有的仅供自己食用，有的则作为商品出售。

红糖是傣家日常生活不可缺少的食品。其宗教祭祀的供品中有红糖；有客自远方来，必盛一碗红糖水招待以表心意；红糖拌糯米饭可谓家常便饭；过年过节所做的糯米粑粑等，都是加红糖的甜食。此次在曼景榨糖处，还看到傣族妇女制作的一种特殊食品。榨糖之前，妇女们就在榨机旁埋锅煮饭，煮熟后将白米饭倒入竹箩，提到水沟里淘洗降温，然后盛于碗中，待榨出甘蔗汁，滤去渣滓，浇到碗中凉饭之上即可食用。这种食品傣语叫"hau sei"。"hau sei"只用饭米做而不用糯米，糯米黏，且冷后变硬，不好吃。"hau sei"是年节期间的特殊食品，当然，只有在榨糖季节才能使用新鲜蔗汁，而在其他季节就只能用红糖水了。在景洪等市集上，不仅常看到傣族妇女在销售笋叶包装的红糖，有时还会看到卖"hau sei"的小摊。

六　有待探索的问题

笔者的孟定之行和唐立先生的考察，都是在傣族地区。傣族具有如此水平的木机榨糖技术，并能使之传承至今，这在云南各民族中大概是绝无仅有的。于是我们自然会想到一个问题：傣族的木机榨糖技术是从何而来的？

这一饶有兴味的问题又属于科学技术史的范畴了。唐立先生是专攻科技史的。他根据所掌握的资料分析，中国古代文献关于汉民族榨糖木机的记载，仅有直齿轮而无涡轮、弧形轮，仅有二轴式结构而无三轴式结构，而古代印度则是使用涡轮较多的地区。那么，傣族的榨糖技术是否是从印度传来的呢？

笔者对科技史从无所涉，认为唐立先生的分析有一定道理。不过在探讨这一问题的时候，似觉得还应该注意几个问题。

首先，傣族是热带民族，甘蔗是喜温作物，今天云南傣族的分布地域正是云南甘蔗的主要产地。从这个角度看，傣族拥有较丰富的木机榨糖技术也许是不足为奇的。因此，在尚无充分论据的情况下，为开阔思路，我们既要重视榨糖技术外来之推测，也可以提出其源自傣族的假说。

其次，从历史文化圈的角度看，古代的傣族并不属于印度文化圈，也不属于中原的汉文化圈，而是属于中国南方的百越文化圈。自然，在历史发展的过程中，随着百越文化对外的传播和渗透，傣族文化也不可避免地受到了上述两个文化圈的影响，源于印度而经泰国、缅甸传入并盛行于傣族地区的南传上座部佛教，就是一个突出的例子。因此，今天的傣族文化可以说是以本民族文化为基础并部分吸收了汉文化和印度文化的复合文化。那么，其榨糖技术是否是本族文化与外文化复合的结晶呢？在笔者看来也有很大的可能性。

最后，关键的问题在于追溯傣族栽培甘蔗的历史。通常的历史考证，一是求助于考古学的发现；二是依赖于文献记载。然而对于云南的少数民族来说，两种手段的使用都存在着困难。我们知道，云南少数民族地区的考古工作并未广泛开展；由于少数民族文字产生较晚，汉文献对少数民族的记载又极为有限，尤其是偏见导致的对少数民族文化的鄙视，他们的各种物质文化更是极少见诸经传。因此，如果仅凭考古资料和汉文献进行研究，无疑是存在严重缺陷的。对于傣族榨糖技术起源问题的探索，笔者认为只有将其置于世界甘蔗种植史和榨糖技术发展史的背景之下，置于东亚各产糖民族的对比研究之中，也许才会有新的发现。对此，我们期待着唐立先生以及关注此问题的学者们的研究结果。

（原载云南省民族研究所《民族调查研究》1990 年第 1 期）

西部在粟稻起源研究中的地位

中国历史悠久，农业发端早，是世界重要的农业起源地之一，也是许多农作物的起源中心。瑞士植物学家康德尔（A. de Candolle，1806—1893）是世界上最早研究栽培植物起源的学者，他根据作物的野生种存在、历史文献、语言和考古资料等进行研究，于 1882 年出版其著作《栽培植物的起源》，涉及 247 种栽培植物，认为世界农业最早起源于三个地区：中国、亚洲西南部（包括埃及）以及美洲热带地区。[①] 苏联植物育种学家瓦维洛夫（Vavilov，N. I.，1887—1943）依据"遗传变异最多的地区即为栽培植物起源中心"的认识，于 19 世纪二三十年代对世界各地植物进行广泛调查，写出《作物的起源、变异、抗病性及育种》一书，提出世界重要栽培作物起源于八个独立的中心：中国、印度、中亚、近东、地中海地区、阿比尼西亚、墨西哥南部以及中南美洲。瓦维洛夫认为世界上农业发展最早及最大的作物起源中心，包括中国中部与西部山区及邻近的低地。瓦维洛夫在其另一本著作《主要栽培植物的世界起源中心》中进一步说道，中国是"第一个最大的独立的世界农业发生发源地和栽培植物起源地"[②]。关于栽培植物的起源，中国学者也进行了大量研究，获得许多成果，他们统计了世界上 667 种主要栽培植物，其中起源于中国的有粟、黍、稻、大豆、萝卜、白菜、葱、杏、梅、山

---

① 彭世奖：《中国作物栽培简史》，中国农业出版社 2012 年版，第 1—3 页。
② ［英］布瑞：《中国农业史》上册，李学勇译，熊先举校阅，台湾商务印书馆 1994 年版，第 44—46 页。

楂、银杏、茶等 136 种，占比 20.4%，居世界第二位，这是中华民族为人类的生存与文明做出的重大贡献。① 起源于中国的 136 种作物，有的起源地在北方，有的起源于南方，如我国起源作物中最为重要的两种作物粟和稻，就有"北粟南稻"的说法。粟在古代是五谷之首，稻后来者居上，成为大江南北居于首位的粮食作物。游修龄先生在其所著《中华农耕文化漫谈》一书中说，中华民族 5000 年的文明史，秦汉以前 3000年主要是在黄河流域，长江流域是从唐朝起才接过黄河流域的班，继续大发展，后来居上，两河流域先后共同发展，形成整体的中华文明大国。② 游先生所言中华文明在两河流域的先后大发展，说的就是以粟作农耕文化和稻作农耕文化为根基的中华文明的先后发展与繁荣。中国的两河流域不仅哺育了中华民族 5000 年的文明史，还是史前东亚两类农耕文化的摇篮。黄河流域是粟作农耕文化的发源地，与其并驾齐驱，长江流域则是稻作文化的重要起源中心。南北之分自古为我国栽培作物和农业类型考察的一个习惯视角，不过，即如笔者在《我国农耕文化研究刍议》一文中指出的那样，虽然说的是南北，然而视野往往只是南北的东部，西部常处于被忽视的地位，即存在"重东轻西"的倾向，这是需要注意和解决的问题。为此，本文将详细检视前人关于粟和稻起源的考察和研究，特别是西部的考察和研究，以强调西部在粟稻起源研究中的地位。

西部的自然环境

中国历来有南北东西之分，不过这种划分只是一个笼统的区域概念，并无严格准确的划分界限。本文所说的西部，既是地理的相对的概念，亦是针对社会经济发展差异进行的地域区划，《国务院关于实施西部大开发若干政策措施的通知》中规定，中国西部大开发的政策适用范围，包括重庆、四川、贵州、云南、西藏、陕西、甘肃、宁夏、青海、

---

① 中国农业博物馆农史研究室编：《中国农业科技史图说》，农业出版社 1989 年版，第 16、17 页。

② 游修龄：《中华农耕文化漫谈》，浙江大学出版社 2014 年版，第 24 页。

新疆、内蒙古、广西 12 个省（区、市）。按国务院通知的划分，西部地域十分广阔，我国国土面积 960 万平方千米，西部为 686 平方千米，占了三分之二以上。从自然环境来看，我国地貌、气候、生态的复杂性和多样性亦主要存在于西部。

　　我国地貌通常按海拔高度分为三个阶梯级别，第一级阶梯是青藏高原，为世界屋脊，有"地球第三极"之称，青藏高原高山纵横、雪原绵亘，地势多在海拔 4000 米以上，拥有"世界第一高峰"之称的喜马拉雅山脉纵贯高原南部，其平均海拔到达 6000 千米，8000 米以上的高峰多达 7 座。青藏高原包括西藏自治区、青海省以及四川省、云南省的一部分。第二级阶梯为青藏高原向北、东、南的延伸地带，地势较青藏高原显著降低，虽不乏海拔 3000 米以上的山脉，但大部分山地、高原海拔高度为 1000—2500 米，一些戈壁、草原、盆地、河谷则低至 1000 米以下，地域范围包括新疆全境、甘陕黄土高原、内蒙古和鄂尔多斯高原、四川盆地和周边山区、云贵高原以及广西喀斯特山地等。第三级阶梯是第二级阶梯向东向南的延伸，海拔大幅降低，其山地海拔多在 1000 米以下，平原 500 米以下，该区地貌以平原为主，著名的大平原有黄河、长江、珠江、黑龙江和辽河等大河冲积形成的华北平原、长江中下游平原和华南平原、东北平原等。上述我国的地貌，如果以本文所说的东西部划分，那么"西部"说的就是第一级和第二级阶梯地域，"东部"则主要是指沿海分布的第三级地域。

　　众所周知，地球上影响气候的因素主要是纬度、海拔高度和地形。我国纬度范围为 3°51′N 至 53°33′N，最北端在黑龙江省漠河乌苏里浅滩黑龙江主航道中心线上（53°33′47″N），最南端在南海的南沙群岛中的曾母暗沙西南约 15 海里（3°51′N，112°16′E），从北至南纵跨 5 个气候带：温带大陆性气候、青藏高原高寒气候、温带季风气候、亚热带季风气候、热带季风气候。我国西部地区 5 个气候带俱全，比东部气候类型多。不仅如此，由于西部地势、海拔差异极大，在一个大的气候带内，往往又有多种气候存在，许多地方甚至是"一山分四季，十里不同天"，此即气候复杂多变的生动写照，乃是纬度、季风、地形、坡向、植被等综合作用的结果。

西部地貌、气候复杂，必然造就多样性的生态环境。粗略统计，从北到南包括有寒温针叶林区、温带草原区、温带荒原区、青藏高原高寒植被区、暖温带落叶阔叶林区、亚热带常绿阔叶林、热带季雨林、热带雨林区。而在北部温带草原区，又分布着大面积戈壁、沙漠；在温带荒原区内，则有无数绿洲分布；在青藏高原高寒植被区和海拔 4000 米以上山原的高寒针叶林分布带之上，有高山高寒草原或草甸、高山荒漠以及阿尔泰山苔原等；在喜马拉雅山脉、横断山脉等山地中，从河谷到高山海拔差距数千米，形成从热带河谷到高山冰雪带垂直分布的多样性富集的生态环境。

西部与栽培粟的起源

粟在中国古代的农作物中占有极其重要的地位。如果说黄河流域是中华民族诞生的摇篮，那么粟就是哺育中华民族的乳汁。粟在中华文明的产生和形成过程中，曾经发挥过其他作物无可替代的重要作用。粟在植物分类上属禾本科的"狗尾草属"（Setaria），栽培粟的学名为 Setaria italica。粟又称"谷"或"谷子"，去皮后称作"小米"，植株称"禾"。粟喜湿暖，耐旱，对土壤要求不高，适应性强，春播夏播皆宜，因此特别适合在黄河流域种植。粟是中国北方原始农业中最早驯化的谷类作物之一，栽培历史至少有 8000 年。

关于栽培粟的起源，国内外学界曾有不同的观点，有埃及起源说、印度起源说、中美洲起源说等，主张埃及和印度起源说的学者认为，粟是自埃及或印度起源之后传入中国的。不过上述说法由于缺乏明确充足的证据而受到质疑。目前国内外学者大多认为，粟是我国黄河流域于新石器时代早期独立驯化的主要农作物，中国作为粟的起源中心已无异议。能够说明粟起源于中国，最有力的证据是黄河流域诸多史前遗址发掘出土的粟的遗存。迄今为止，我国考古学者已经在河南、河北、山东、山西、辽宁、黑龙江、内蒙古、陕西、甘肃、青海、新疆、西藏、云南等省区的新时代遗址中，先后发现碳化粟粒、粟壳或粟的谷灰 40 多处，其中发现于西部内蒙古赤峰敖汉旗兴隆沟遗址的碳化粟，年代距今 8000—7500 年，是目前所知最早的粟作遗存。[①] 考古资料说明，早在远古时代，粟就已成为黄河流域乃至中国西部和北部广大地区的主要粮食作物。

黄河流域遗存有粟作的新石器时代遗址，属于东部的黄河下游流域具有代表性的重要遗址是山东省胶县三里河遗址、河北省武安县磁山遗址和河南裴李岗文化遗址。三里河遗址属大汶口文化晚期，距今 4800—4200 年。河北省武安县磁山遗址共发现 476 个灰坑，其中有 88 个存有粮食。磁山遗址经 C_{14} 测定，年代为公元前 5405 ± 100 年和公元前 5285 ± 105 年。树轮校正后为公元前 6005—前 5948 年，比半坡遗址早 1000 多年。与磁山遗址同等重要的河南裴李岗文化遗址中也发现粟的遗存。裴李岗文化是以河南省新郑市裴李岗遗址为代表的早于仰韶文化而与磁山文化相当的一种文化遗存，主要分布在河南省境内。属于裴李岗文化的新郑市小乔乡的沙窝李遗址所发现的粟的碳化颗粒，年代经 C_{14} 测定为公元前 5220 ± 105 年（未经树轮校正）。

属于西部的黄河中游流域粟作遗存的新石器时代遗址，重要的有山西万荣县荆村瓦渣斜遗址、陕西西安半坡遗址等。山西万荣县荆村瓦渣斜遗址发现于 20 世纪 30 年代，是黄河流域最早出土粟的重要遗址，其时代为仰韶文化时期至龙山文化时期。继荆村瓦渣斜遗址之后，陕西省西安市郊半坡村仰韶文化遗址也发现了大量粟的遗存。半坡遗址 F37 出土的陶缸中有腐朽的粟粒壳；F2 门道口有一个双耳大瓮，内有腐朽灰白色谷物粉末；T8 出土的储藏罐（编号为 P4716），罐口用一皿状器作盖，其中装盛保存完好的粟粒；M152 压在女性儿童左脚上的 5 号和 6 号钵也装有粟粒，两钵内壁也黏附许多粟壳；F88 房内东北角有一个小窖穴，深不到 1 米，底径约 1 米，内有粟粒朽灰堆积，显系为一储藏粟米的粮窖；H115 窖穴亦堆积厚达 18 厘米谷物朽灰，呈灰白色的半透明状。粟粒不但发现于窖穴，还发现于墓葬中，成为随葬品，可见粟在半坡人的生活中占有重要地位。半坡遗址经 C_{14} 测定其年代为公元前 4800—前

---

① 中国农业博物馆农史研究室编：《中国农业科技史图说》，农业出版社 1989 年版，第 16、17 页。

4300 年。①

位于更西部的黄河上游流域粟作遗存的新石器时代遗址，重要的有甘肃秦安县大地湾遗址、青海马家窑文化和齐家文化遗址等。甘肃先秦农业考古资料说明，粟是该区新石器时代最主要的农作物。该省秦安县大地湾遗址为新石器时代早期农业遗址，遗址下层发现了早于仰韶文化的另一种遗存，年代经 C_{14} 测定，最早者为公元前 5200±90 年，树轮校正为公元前 5850 年，与中原地区早期磁山裴李岗文化年代相近。重要遗址有房址、墓葬、窖穴三大类，出土遗物有生产工具、生活用具、粮食以及装饰品等。此外，在墓葬中还发现了以家畜随葬的事例。这些情况真实反映出当时居民已过着比较稳定的以农业、畜牧业为主要经济结构的生活。在第四发掘区 T303 号探方内发现的 F374 号房子内有一窖穴，圆形直壁，底部存有已碳化的粮食颗粒，经鉴定是稷和油菜籽。在 H219 的底部发现有一层厚约 0.2 厘米的碳化粟粒。此外，一些陶器上彩绘图案中也间接地反映了当时的农作物状况。马家窑文化是甘肃另一重要的新石器文化，初步统计发现遗址四百多处，分布地域很广。根据底层叠压和年代测定又可分为若干不同类型，有石岭下、马家窑、半山、马厂四个类型，主要遗存有房子、墓葬、窖穴、制陶遗址等。出土遗物六万余件，直接与农业相关者有生产工具、粮食作物、窖穴以及反应农业生产的彩陶绘画。粮食作物主要是粟，均以陶罐或窖穴储存，储存规模最大的是齐家文化。齐家文化储粮窖穴有长方、圆形直壁、圆形尖底、椭圆、袋状等种类。建筑工艺细致规整，有的内壁涂抹草拌泥或红胶泥，上部用圆木搭盖屋顶，向北开门修筑斜坡门道，门口两侧对立圆木构成门框，形成半地穴式的仓房。室内置放若干陶罐，罐内装粟。广河齐家坪第一号窖穴，70 多个陶罐重叠放置，每罐装粟大约 15 斤，一次可储粟 1000 斤左右。大河庄遗址共发现 12 座房子，15 个窖穴，储粮约 15000 斤，说明当地粟作农业生产已处于较为稳定的阶段。②

此外，在西部的青海等地，一些新石器时代遗址也有与中原地区近

---

① 陈文华：《漫谈出土文物中的古代农作物》，《农业考古》1990 年第 2 期。
② 何双全：《甘肃先秦农业考古概述》，《农业考古》1987 年第 1 期。

似的农业遗存，目前已被大量发现的马家窑文化（包括马家窑、半山、马厂三个时期）和齐家文化遗址都确认存在农耕遗迹。在青海东部地区，尚有时代稍早于马家窑文化的仰韶文化晚期的农耕文化。在青海诸多新石器时代文化中，以马家窑文化半山类型至齐家文化阶段的资料最为丰富。在这些资料中又以柳湾墓地的资料最完整，该墓地先后发掘了半山、马厂、齐家、辛店文化的墓葬1730座，由青海省文物管理处考古队和中国社会科学院考古研究所撰写的《青海柳湾》整理发表了其中1号至1500号墓葬资料。柳湾墓地位于青海东部的湟水流域，那里自然条件较好，至今仍然是重要的农业生产区。柳湾墓地有粮食随葬习俗，粮食被置放于粗陶瓮或陶罐内，柳湾墓地墓葬原始登记表中记录了17座墓葬粮食随葬的资料，依据实物鉴定得知，当时的粮食作物主要是粟。①

　　上述考古资料说明，西部的黄河中上游流域及其周边，遗存有粟的新石器时代遗址远多于东部的黄河下游流域，而且年代相当久远，说明西部在我国粟作文明起源过程中具有十分重要的地位，应给予足够的重视。

西部与栽培稻的起源

　　稻（Oryza satiua L.）是世界第一大粮食作物。今天，稻米已成为全球30多个国家居民的主食，世界上有一半以上的人口以稻米为主食。在亚洲，有20亿人从大米及大米产品中摄取60%—70%的热量和20%的蛋白质。中国是世界上最大的稻米生产国，产量占世界的35%。② 稻自古就是我国最重要的粮食作物之一，其驯化和栽培的历史，可达万年。迄今为止，我国考古学者发掘的新石器时代稻作遗存已近200处，分布于江苏、浙江、安徽、江西、湖北、湖南、福建、广东、广西、云南、河南、陕西等省和自治区。其中最早的是湖南道县玉蟾岩遗址、江

---

① 尚民杰：《青海原始农业考古概述》，《农业考古》1987年第1期。
② 曾雄生、陈沐、杜新豪：《中国农业与世界的对话》，贵州出版集团、贵州民族出版社2013年版，第101页。

西万年县仙人洞遗址、广东英德牛栏洞遗址，年代都在 10000 年以上。

稍晚的湖南澧县彭头山遗址发掘的水稻遗存，年代距今 9200—8300 年。湖南岳阳钱粮湖农场坟山堡、汨罗市附山园、华容县车轱山遗址以及河南贾湖遗址的稻作遗存，年代距今 8000 年。浙江罗家角的稻作遗存，距今 7100 多年。浙江余姚河姆渡遗址出土的大量碳化稻谷和农作工具，尤为引人注目，距今也有 7000 年。^① 以上遗址，均为世界上最早的稻谷遗存。从其分布地点来看，有的是在东部的长江下游流域，有的是在西部的长江中游流域的湖南和珠江流域的广东、广西。根据考古遗存、野生稻分布和稻谷遗传资源等因素，国内外学者对稻作起源做过不少研究，结果出现了几种不同的栽培稻起源论，它们都涉及我国西部或东部，兹简要叙述于下。

第一是国外学者瓦维洛夫、盛永俊太郎、张德慈的"喜马拉雅山东部稻作起源说"。此说的稻起源中心包括我国西南地区。较早提倡此说的学者是瓦维洛夫，他主张亚洲栽培稻起源于喜马拉雅山山麓，而他同时也把奥里萨和马德拉斯作为亚洲栽培稻的起源中心地。日本盛永俊太郎依据他对锡金和大吉岭两地原有的稻谷品种与亚洲各地的各种生态类型进行杂交试验的结果，也提出亚洲栽培稻的起源中心地是喜马拉雅山东部的结论。盛永俊太郎的论据如下：喜马拉雅山的稻种群（锡金和大吉岭的品种群）与日本、奥斯、波罗、阿曼、且惹、布鲁六种生态型品种不同，杂交的实验结果表明，喜马拉雅山稻种与它们既不太近缘也不太疏缘，稔性常在约 60% 之间。从这个结果来看，他认为喜马拉雅山的稻谷至今还继续保存着稻种的未分化遗传因子复合（isoreagents）的状态。因此他认为上述六种生态型稻谷是喜马拉雅山的遗传性复合离开了原中心地喜马拉雅山东部各自传到不同的地区栽培，后来因受这些地区的气温、土壤或者生物因素的作用，失去了各自的遗传因子，而保存了某些新产生的突变遗传因子，因此形成了各不相同的生态型。在起源中心地，生态因子是极其复杂的，容易发生各种突然变异。并且，起源中

---

① 中国农业博物馆农史研究室编：《中国农业科技史图说》，农业出版社 1989 年版，第 16、17 页。

心地是适于保存它们的遗传因子的地域。[1] 同样主张栽培稻起源于喜马拉雅山东麓的学者还有张德慈博士。张慈德是位于菲律宾马尼拉郊外的国际稻作研究所（IRRI）的创建者之一，长期致力于稻谷遗传资源的收集和保存。1976 年，他在荷兰的 *Euphytica* 杂志发表论文提出"亚洲栽培稻起源于喜马拉雅山南麓"的论断，后来他又发表《作物的历史和遗传资源保存——稻谷的事例》论文（chang，1985，1995），系统论述其观点。张氏的分析先是根据经济学的重要性来看起源，其次再谈分布。同为属内相互近缘的稻种，今日为何会分布于相距很远的亚洲、非洲和澳洲等地？张氏对世界稻谷分布之谜做了解释，认为那是因为远古超大陆的扩展导致其四散分离，起源于喜马拉雅南麓的栽培稻随着几块大陆漂移，便形成了今日的分布局面。张氏认为，在距今 10000—15000 年前，在喜马拉雅山南部地带，在干期和雨期的交替过程中，出现了一年性栽培稻的先祖。先产生了"印度型"品种，后来在布拉马普特拉河流域和中国接境地带形成了"日本型"品种，在其东部则产生了"爪哇型"品种。随着稻谷栽培从湿润热带向亚热带和温带扩展，促进了稻种生理或形态学的变化，加之不同族群对口味的选择，作为稻种新系谱的深水稻和陆稻便出现了。而且对应于不同的栽培期、水利和土壤，稻谷品种也随之发生相应的变化。张氏起源地划定的范围较大，包括喜马拉雅山山麓的恒河沿岸、上缅甸、泰国北部和老挝、越南北部、中国西南部这一幅员辽阔的地带。[2]

第二是"印度起源说"。此说为日本京都大学原教授中尾佐助的主张。中尾氏最早讨论稻谷起源的书见于其著作《热带干旱草原的农耕文化》，该书对印度和非洲的热带干旱草原的农耕文化进行了比较，认为非洲撒哈拉沙漠南部的热带干旱草原是杂谷农耕的第一次起源地，印度的杂谷农耕文化是从非洲传播而来的。当人们能够从大量野生的可食用的稻科植物中驯化出一年生的稻谷，就出现了农业。1966 年中尾氏出版《栽培植物和农耕的起源》，该书的"稻谷的发端"一章如此叙述："懂

---

① ［日］渡部忠世：《稻の道》，尹绍亭等译，云南人民出版社 1981 年版，第 55 页。
② ［日］池橋宏：《稻作の起源——從稻學到考古學的挑戰》（日文版），講談社 2005 年版，第 6 页。

得采集野生稻科的草粒食用的人们，从热带干旱草原地带迁移到雨量多的地区生存，新的居住地和他们原来居住的地区不同，让他们接触到许多可食用的湿生的稻科植物群落，这些植物中人们选择的、品性优良的、能够在所谓水田那样的新的栽培地栽培的杂谷，就是稻谷。因此，作为分布于热带干草原两端的接近土耳其斯坦的西非和印度东部显然是稻谷栽培历史最早的地区。印度起源的栽培稻，后来向湿热的缅甸方向传播进入阿萨姆山地。阿萨姆山地原是利用掘土棒耕作的薯类栽培的根栽农耕文化地带，那里的人们一旦知道了稻谷这一新的作物，便在原本栽种薯类的山坡烧垦地栽种稻谷，形成了使用掘棒点播栽培陆稻和薯类等作物的烧垦复合农耕文化。"中尾氏继而认为，"东南亚的稻作农业先有山地陆稻的栽培，在根栽农耕文化的基础上，从烧垦农业向梯田和平地水田农业发展，后来平地出现大规模水田农业，显示出国家的力量，形成了第二阶段的稻作农业"。中尾氏的上述稻作起源的论断，在其后1976年的著作《续照叶树林文化》中有所变更，基本上放弃了稻作印度起源的观点，而把稻谷的起源地定位在中国西南和印度之间的照叶树林地带。[①]

第三是"阿萨姆—云南起源说"。此为京都大学东南亚研究中心作物学家渡部忠世教授的主张。渡部早先曾在泰国北部清迈近郊的稻作试验场工作，研究从泰国北部至老挝一带的糯稻。后来多年奔波于亚洲各地的古代遗址，根据各地出土的稻谷谷粒遗存，分析粒型的变迁，鉴定品种的系谱，考证时代的先后，同时结合野生稻的考察，并参考其他学科的研究成果，得出"栽培稻起源于印度阿萨姆至中国云南一带"的论断。渡部于1972年出版《稻の道》一书，从植物学、遗传学、农学、考古学、民族学等角度全面考证探索论述了亚洲栽培稻阿萨姆—云南起源及其传播的途径，结果认为："探索出稻谷在亚洲大陆上的传播途径，就能够判断亚洲栽培稻的起源地。在亚洲大陆，稻谷从热带诸国传向南方、东方和西方的复杂途径，追根寻源，无不起源于阿萨姆和云南，这

---

① ［日］中尾佐助：《栽培植物と農耕の起源》（日文版），岩波书店1971年版，第118—119页。

是很清楚的。""如果追寻亚洲大陆稻米传播的道路，那么所有道路的源头都将回归到阿萨姆和云南山地，由此可以导出不同于以往常识的结论，即印度型稻米和日本型稻米以及其他种类的稻米都是起源于这一带。"① 渡部的"阿萨姆—云南起源说"，得到一些日本学者的支持，如佐佐木高明先生认为："把阿萨姆和云南山地作为中心地带，它不仅是联系东亚和南亚的交通要道，而且也是各方民族迁徙和文化交流的重要十字路口。所以我认为，在这样一个多民族的历史中心的地区，对于研究稻种的形成，对于研究稻种形成以后的亚洲的文化史，无疑是具有非常重要的意义的。""东南亚的大河流，都以云南的山地为中心，呈放射状流向四方。这些大河流的河谷以及夹于河谷之间的隘道，自古以来就是民族迁徙的通道。"② 渡部根据稻谷品种流变推断稻谷传播的路线，认为于阿萨姆起源的稻谷，向西和向南传播到印度大陆和孟加拉一带，形成了"孟加拉系列"水稻群。云南起源的稻谷，有三条重要的"稻米之路"：一是沿金沙江等河流传向长江中下游流域乃至日本等地，形成"扬子江系列"水稻群；二是沿珠江等河流传播到华南等地；三是是沿着湄公河等河流由北向南传播到老挝、泰国等地，形成了"湄公河系列"水稻群。渡部在提出阿萨姆—云南起源说的基础上，又提出"原农耕圈"和"糯稻栽培圈"的概念。渡部指出，在美国、中南美洲、澳大利亚和欧洲各国等稻作历史比较短的地区，几乎没有糯稻的栽培，非洲也没有糯稻分布。在亚洲的大部分地区，糯稻也只是属于少量栽培的品种。而在老挝、泰国的北部和东北部，缅甸掸邦何克钦邦的一部分，中国的云南和广西的一部分，印度阿萨姆的东部等地区，则主要栽培糯稻并以糯稻为主食。渡部认为，在全世界，仅有这个地带存在"糯稻栽培圈"，不仅农学，就是从各种角度来进一步研究，都是很有意义的。以糯米为主食的族群，又伴有嗜茶的习俗，而茶树的起源地与"糯稻栽培圈"的范围大部分相重合，这是偶然的现象还是别有原因，也值得研究。

第四是"云贵高原起源说"。和渡部忠世的观点相近，柳子明认为

---

① ［日］渡部忠世：《稻の道》，尹绍亭等译，云南人民出版社 1981 年版，第 146 页。

② ［日］佐佐木高明编：《日本農耕文化の源流》（日文版），日本放送出版協會 1983 年版，第 176 页。

栽培稻起源于中国的云贵高原。1975 年，柳子明在其名为"中国栽培稻的起源及传播"的论文中，在国内首次提出了亚洲栽培稻大约于公元前6000 年起源于云贵高原的大胆论断。他认为在"第四纪地质学年代，中国各民族的祖先住在黄土高原和云贵高原，当时黄河、长江、西江等流域平原地区，曾经为浅海所淹没，因此不能设想稻种和其他任何其他栽培植物起源于这些河流的中下游平原地区，它们只能起源于云贵高原或黄土高原"。在根据野生稻的分布和历史文献记载等的论证之后，柳子明进而指出栽培稻的传播，"起源于云贵高原的稻种沿着西江、长江及其他发源于云贵高原的河流顺流而下，分布于其流域平原地区各处"。他最后强调："稻种起源于云贵高原，对华中、华南，以及印度支那和东南亚各地的农业发展起了决定性的作用。"①

第五是"中越老泰缅相邻地区起源说"。游汝杰从语言地理学和历史语言学的角度比较研究以壮侗语系为主的 14 种语言的"稻""田""那"三个词汇的语音。壮侗语族属于中国南方古老的百越族群，百越族群最显著的文化特征就是种植稻米。游汝杰的上述语言对比研究发现，14 种语言的三个词汇同音的地域都是在普通野生稻的分布圈内，于是他将三词同音地域相互重合的地区确定为亚种栽培稻的起源地，其范围包括广西中西部、云南西南部、越南北部、老挝北部、泰国北部和缅甸东北部。②

第六是从野生稻和古老稻谷品种研究稻作起源。著名农学家丁颖先生和程侃声先生从对稻谷品种生态型的研究探索稻谷起源。丁颖和程侃声都重视籼稻和粳稻的区别和分布，程侃声的研究说明："云南的稻谷，既有籼稻，也有粳稻。在大多数情况下可以把籼稻和粳稻明确地区分开来，而在有的品种上则难以明确区分。籼稻分布于海拔低的地区，粳稻分布于海拔高的地区，这是可以明确区分的，但是在海拔 1750 米至2000 米之间的地区，两者互相交错，情况较为复杂，从形态上看，在这一地区存在着典型的籼稻、粳稻以及若干中间型。"据云南省农业科学

---

① 尹绍亭：《云南农耕低湿地水稻起源考》，《中国农史》1987 年第 2 期。

② 同上。

研究院情报所资料统计，云南收集到的栽培稻品种多达 5000 余份，程侃声先生等的研究表明，籼稻粳稻未分化的中间型的部分品种在性状、同工酶谱和染色体核型方面表现出较多的原始性，与野生稻的亲缘关系十分明显。如昆明的"李子黄"品种便与疣粒野生稻（O. meyeriana）相似。云南除了存在水陆未分化的原始稻谷品种之外，还是野生稻比较密集的分布地。经原中国农业科学院等单位科研人员的多次考察，获得了云南野生稻分布范围、分布规律、生态环境和生态特性等大量珍贵资料。其分布范围主要在红河以西与缅甸、泰国、老挝、越南接壤的滇西南弧形地带。根据从不同地区 101 个采集点所获样本的初步鉴定结果，云南的野生稻可分为普通野生稻（O. sativa f. spontanea）、药用野生稻（O. officinalis）和疣粒野生稻（O. meyerana）三个种七个类型。云南存在原始的水陆未分化稻谷品种，又有大量野生稻的分布，所以程侃声认为云南很可能是栽培稻的起源地之一。[①]

第七是"我国东部长江中下游起源说"。此说是目前我国学界的主流意见。主张此说的代表学者是考古学家严文明先生。严文明的观点系统表述于 1982 年发表的《中国稻作农业的起源》一文中。严文明同意栽培稻是由野生稻培育成功的，同时认为，野生稻不止一种，栽培稻品系更为复杂，所以要探索栽培稻的起源，特别是某一地区是否是起源中心，除了在那里必须发现有较早的栽培稻遗存以外，还必须有（或历史上曾经有过）野生稻的分布，而那种野生稻同当地最早的栽培稻又必须在遗传学上具有最密切的亲缘关系。为此，他系统考察了我国野生稻历史分布的资料，对于我国目前所知野生稻分布地与迄今所发现的最早栽培稻遗存分布地不相符合的情况，做出如下解释：根据古气候的研究和最早栽培稻遗存遗址的孢粉分析，距今四五千年前长江下游的气候要比现在温热和潮湿，与适于野生稻生存地区的气候相似，所以古代野生稻不可能只限于现在的分布地，长江下游地区也应该有野生稻的分布。据此，他提出以下论点：（1）中国史前有丰富的栽培稻遗存，集中的产地是长江中下游，年代最早的则在杭州湾和长江三角洲近海一侧；（2）长

---

① 尹绍亭：《云南农耕低湿地水稻起源考》，《中国农史》1987 年第 2 期。

江下游等地在公元前四五千年及其以前的一个时期，气候比现在温热潮湿，最适宜野生稻的生长繁殖。进入历史时期以后，那里仍有许多关于野生稻的记载，现在也还存在着野生的"浮稻"，由此可以推断，那里在史前时代应是野生稻繁殖的重要地区之一；（3）长江下游等地在史前时代主要是低湿的湖泊沼泽带，正是普通野生稻所要求的水生开阳的生态环境，故那里应以自生的普通野生稻为主，当然也还会有其他类型的品种，"浮稻"就是其中之一；（4）把迄今获得的考古资料按照时间先后来进行排比，最早的水稻仅限于杭州湾和长江三角洲近海一代侧，然后像波浪一样，逐级地扩展到长江中游、江淮平原、珠江流域、长江上游和黄河中下游，最后完成了今天水稻分布的格局，这就清楚地说明了长江下游及其附近乃是我国栽培稻起源的一个重要的中心。严文明同时指出："正如怀特等人所说的那样，既然适于栽培的野生稻在中国、印度和东南亚等许多地方都有分布，那么栽培稻也就可能在许多地方较早地独立发生。中国的水稻固然不必到外国去找根源，而中国本身也不必只有一个栽培稻起源的中心。"[1] 1989 年，严文明通过《再论中国稻作农业的起源》一文，再次补充论述了自己的观点。该文强调了以下几点：1. 直到目前，在中国境内所发现的大约 70 处史前栽培稻遗存中，除个别有待进一步研究之外，仍以浙江余姚河姆渡第四层的年代最早（大约 5000—4000BC）。可见长江下游及其附近应是中国稻作农业的一个最重要的传播中心。2. 河姆渡稻作遗存不但年代较早，而且数量巨大，形态成熟，并已分化为籼型和粳型两个亚种，同出的水田农具也很发达。而近年在长江中下游发现普通野生稻的事实，恰好为当地起源说提供了十分有力的支持。3. 人们在探索稻作农业起源时所十分关注的云南地区缺乏上述地区的条件。云南不是普通野生稻分布的中心，而只是印支半岛分布区的北部边界。云南史前栽培稻的年代较晚，而当地史前文化也没有发展到对周围文化产生重大影响的程度，不可能把稻作农业传播到广大地区。云南水稻品系复杂可能是不同起源的水稻相互交汇的结果，不同生态环境的影响也是一个重要原因。4. 中国栽培稻产生以后

---

[1] 严文明：《中国稻作农业的起源（续）》，《农业考古》1982 年第 2 期。

不但在国内传播，而且直接影响到邻近各国和各地区。丁颖认为菲律宾的稻种和修梯田的方法是从中国传入的。俞履圻也指出东南亚各国及尼泊尔和印度阿萨姆地区的粳稻都是从中国南部和云南传入的。渡部忠世认为水稻起源于印度阿萨姆和云南地区，然后向印度、印度支那半岛和中国南部传播。张德慈则认为中国栽培稻是从印度通过不同途径传入的……这些说法在现实中还都难以确证。①

　　以上七种有影响的栽培稻起源论，均有各自不同的依据和论证，值得重视和参考。七种起源论，一种定位于我国东部长江中下游流域，六种涉及我国西部的西南地区，由此可见，西部在稻作起源研究中的重要地位。当然，如果仅依赖考古发现之稻谷遗存进行考察，那么虽然国外考古学者在靠近云南的泰国北部也曾发现过距今 7000 多年的稻作遗存，然而其遗址数量和年代均不可与长江中下游同日而语，长江中下游流域起源论无疑是最为可靠的。

　　以上通过对栽培粟史前遗址的考察和多种稻作起源论的介绍，基本上勾勒出我国两种最为重要最为古老的栽培作物的起源地带。两种作物的起源地，既包括黄河和长江的中下游流域，也包括两河的中上游流域；既包括我国的东部，也包括我国的西部。所以，研究粟稻的起源，不仅需要有南北的视野，还必须兼顾东西。此外，除粟稻之外，起源于我国的栽培作物尚有 134 种，关于它们的起源地的研究，同样需要采取科学、整体、不带偏见的态度。只有这样，才能避免以往农史和农耕文化研究的缺陷和不足。

（原载《原生态民族文化学刊》2016 年第 8 期）

---

① 严文明：《再论中国稻作农业的起源》，《农业考古》1989 年第 2 期。

西部在栽培作物传播研究中的地位

我国西部地区不仅在重要栽培作物起源研究中不可忽视，而且在古代世界农作物的传播交汇过程中，作为通道和平台也发挥了不可替代的、极为重要的作用。本文将以粟、麦、玉米等栽培作物为例，利用考古资料和历史文献资料，考察其传播途径，以此说明西部在古代栽培作物传播过程中所处的重要地位。

粟 的 传 播

起源于黄河流域的粟，经过几千年的漫长岁月，传播到了亚洲、欧洲广大地域。从黄河流域向西的传播，是经过我国西北新疆等地而至中亚、西亚继而进入欧洲，这条传播路线被称为"粟之路"，它比"丝绸之路"早了几千年。新疆考古资料说明，粟曾经是新疆地区古代栽种比较多的一种粮食作物。据王炳华报告，新疆最早的粟类标本，见于距今3000年左右的哈密五堡古墓地。此外，新疆发现过粟的遗址还有民丰县尼雅遗址、楼兰遗址，吐鲁番市晋唐时期古墓内发现多量瓶装、袋装的小米、陶碗内盛着的小米饭以及"付麦、粟账"文书残纸。焉耆县内，萨尔墩旧城遗址中有许多圆形坑穴，直径大小不一，小者一米左右，坑内均为粮食，可以清楚看出是小米。唐王城内也发现过小米。① 另据张玉忠报告，粟的遗迹在天山南北都有发现，以天山以南为多。在天山以北的东部地区，

---

① 王炳华：《新疆农业考古概述》，《农业考古》1983年第1期。

1977 年考古工作者在木垒哈萨克自治县东城公社四道沟发掘了一处原始社会晚期的村落遗址，出土文物中有似为粟的谷物。此外，在哈密市五堡公社水库附近的一处原始社会晚期的古墓区发掘的墓葬随葬品中，常有一种用小米做的厚约 3—5 厘米的饼子。在天山以南发现粟的地点有：和硕县新塔拉含有彩陶的新石器时代遗址出土的已经碳化的粟，轮台着果特沁古城中轮台县拉依苏烽燧堡遗址属于南北朝时期的文化层出土的朽粟壳，若羌县米兰古堡出土的粟穗等。[1] 被认为是栽培粟起源中心的黄河中下游流域，迄今为止发现的最早的粟作遗址年代为距今 8000 余年，上述新疆地区发现的诸多粟作遗存新石器时代遗址的年代则较晚，大都在距今 4000 年以内，说明栽培粟向西传播是一个缓慢的过程。

粟向南的传播，很可能是经过西部青藏和云贵高原进入东南亚的。澜沧江上游的西藏昌都卡若遗址，距今 5555—4750 年，曾发现大量粟类谷物。关于卡若文化的渊源，童恩正先生曾指出"卡若文化与黄河上游的原始文化，特别是与其时代相近的马家窑、半山、马厂系统的文化""有较密切的关系"，"卡若文化的粟米很可能就是从马家窑系统文化传播而来"。晚于卡若文化遗址的西藏贡嘎县昌果乡新石器时代晚期的昌果沟遗址，也发现过粟、青稞、小麦、燕麦等碳化粒，年代距今约 3500 年。[2] 此外，在岷江上游秦汉时代石棺葬中，也有粟的发现。[3] 往南，云南省剑川海门口遗址，曾出土了成把的粟穗，其年代为公元前 1150 年。粟的南传甚至到达了海峡彼岸的台湾，台湾粟遗迹发现于台南市牛稠子贝丘遗址，台中县清水镇牛骂头遗址也发现有粟秆的压痕，其年代可能比海门口略晚些，距今不超过 3000 年，相当于中原的商周时期。[4] 古代栽培粟向世界各地传播，主要是三个方向的途径：一条东传之路，是从我国东部传播到朝鲜半岛和日本列岛；另外两条就是上面所说的从西部向西和向南的传播之路。

---

① 王柄华：《新疆出土的古代农作物简介》，《农业考古》1083 年第 1 期。
② 王健林、陈崇凯：《西藏农牧史》，社会科学文献出版社 2014 年版，第 50 页。
③ 曾雄生：《中国农业与世界对话》，贵州出版集团、贵州民族出版社 2013 年版，第 106—108 页。
④ 陈文华：《漫谈出土文物中的古代农作物》，《农业考古》1990 年第 2 期。

麦的传播

其次说麦的传播。我国"麦"字的产生，源头在甲骨文。甲骨文中有"𠈼""𡟰"两字，是"麦"字的初文。《诗经》中"来""麦"并用，且有"来""牟"之分。大麦称"牟"，后又写作"麰"，以示属于麦类。"来"指小麦，"小麦"之名广泛应用，是随着大麦、燕麦等麦类作物的推广种植，为了便于区别，才专称"小麦"。麦为中国古老和重要的粮食作物，亦是我国西部最早栽培的农作物之一。国际学界认为，大麦和小麦均非中国原产的作物，但随着历史的发展，麦类的重要性日益显现，其种植在许多地区大大超过了我国原产之作物粟黍等。现在小麦已成为中国仅次于稻米的第二项最重要的谷物。关于我国麦类作物的起源，有诸多意见。李约瑟主编《中国之科学与文明》之《中国农业史》的作者布瑞对此有较为详细的论述。布瑞说道："中国将大麦及小麦合称为'麦'。此两种麦均非中国原产之作物，但二者重要性之增加在许多地区却已超过中国原产之作物（小米及黍）……小麦及大麦均源自近东。中东各地均能找到小麦及大麦之野生祖先；更多集中于拉凡特地区（Levant，译注：为中东沿地中海一带）及托鲁斯山脉（Tauros，译注：土耳其南部山地）与扎格洛斯山脉（Zagros，译注：今伊朗中部山地），麦类驯化之事，或已于西元前8000年即在此一地区开始进行。最先驯化之大麦及小麦为（大约9000年前）吉里柯新石器时代以前遗址中发现之二例大麦（Hordeum vulgare）及安康小麦（Triticum monococcum）；其次为自伊朗南部阿里库什（Ali Kosh）所发现之安康小麦，爱默（Emmer）小麦（为二粒小麦 Triticum dicoccum）及大麦（大约9500年前至8750年前）；土耳其南部凯约奴（Cayonu）约9500年前至8500年前遗址中之安康小麦及爱默小麦。此两种麦类之栽培大约在5000年前即迅速扩展至中东各地，再至埃及与北非，克里地及巴尔干半岛，又经阿富汗向南而达到巴基斯坦。印度早期之摩罕鸠达洛文明及哈拉帕文明也均以小麦及大麦为其基础。有关中国大麦及小麦之起源，已有数种不同之学说。至今尚无有关此两种作物可信之史前遗迹。但依据商代甲骨文之资料，认为麦类约在西元前 1500 年左右传入中国，但此一假说却因安徽龙山文化遗址中发现有 1 公斤碳化谷粒而开始动摇。杨建芳曾在 1963 年认为此等谷粒可能为新石器时代后期之物。因盛装谷粒之容器具有标准之周代型式。此说业经其后所作之碳素定时技术所证实。故可认为麦类之传入当在战国时代。日人天野认为大麦较小麦传入中国时期更早。实则大麦或为单独在中国驯化者。而小麦也仅于汉代始日渐重要。吾人应认为栽培小麦与大麦乃共同自西方传入中国者，其时或在新石器时代之末期。故载有秋植谷物（小麦，或大麦，甚或二者）之甲骨遗物曾发现于中国商代数处不同之地区，此亦意谓当时二麦已非新近传入之作物。此类疏植、小穗、夏季收割作物之传入中国，或正与收割工具镰刀之出现恰相结合。故可将传入之时期推算至龙山文化时期，即公元前 3000 年。此一时期若与两种中东麦类传入埃及欧洲之时期相较，已相当落后。而此落后之时间恰与中国小麦尽皆六元体之事实极为符合。六元体小麦也即演进最迟出现之面包小麦（T. arstivum）。"① 如上所言，布瑞认为，大麦和小麦乃共同自西方传入中国，时代或新石器时代之末期。

　　对此我国学者有不同看法。迄今为止，考古资料说明我国小麦栽培的历史已有 5000 多年。1985—1986 年，甘肃民乐县六坝乡东灰山新石器时代遗址发现了大麦、小麦、高粱、粟、稷五种碳化籽粒。其中小麦籽粒有数百粒，可分为大粒型、普通型和小粒型三种。大型粒平均粒长 5.70 毫米、宽 3.75 毫米，厚与宽接近。形状为椭圆形或卵圆形，胚部与腹沟都清晰可辨，子粒尾端圆；普通型平均粒长 4.90 毫米、宽 2.95 毫米，厚与宽接近，籽粒形状为短圆形或卵圆形，胚部与腹沟都清晰可辨。这些麦粒均与普通栽培小麦粒型十分相似，属于普通小麦种（Triticum aestivum）出土的大麦粒呈纺锤形，两头尖，胚部与腹沟很清楚，绝大多处为裸粒，平均粒长 5.21 毫米、宽 3 毫米，厚与宽接近。它们与现代西北种植的青稞形状十分相似，属于栽培型的青稞麦（Hordeum

----

① ［英］布瑞：《中国农业史》（下册），李学勇译，熊先举校阅，台湾商务印书馆 1994 年版，第 596—603 页。

Vulgare Varnuda）。此外，还可能有少数的皮大麦和黑麦籽粒。东灰山遗址的年代经 C_{14} 测定为距今 5000±159 年。在新石器时代，还有不少麦类遗存见于我国西北遗址。前述西藏贡嘎县昌果乡新石器时代晚期的昌果沟遗址发现的粟、青稞、小麦、燕麦等碳化粒，年代距今约 3500 年。20 世纪 60 年代发现的新疆巴里坤县石人子乡新石器时代遗址出土颗粒完好的碳化小麦，绝对年代距今 2800 年左右。1979 年在新疆塔里木盆地东端的罗布泊西北约 70 公里的孔雀河下游北岸的古墓中出土了一批小麦粒，经四川农学院农学系鉴定为普通小麦和圆锥小麦，年代距今 4000 年左右。1968 年在新疆哈密市五堡乡克孜尔确卡古墓中发现墓口盖板上填复植物茎秆里有大麦植株和穗子，经 C_{14} 测定年代为距今 3200 年左右。[1] 甘肃民乐县六坝乡西灰山遗址出土的碳化小麦，距今也近 4000 年。此外，在云南剑川海门口和安徽亳县也发现了 3000 多年前的碳化小麦。大麦分有稃大麦和裸大麦两大类，通常所称的大麦主要指有稃大麦。裸大麦因地区不同名称各异，如北方称"米麦"，长江流域称"元麦"，淮北称"淮麦"，青藏高原称"青稞"等。

我国发现的最早的大麦遗存距今约 5000 年。自 20 世纪 70 年代以来，我国学者多次对西藏、青海和四川西部的野生大麦进行联合考察，发现青藏高原几乎存在包括野生二棱大麦在内的世界上已发现的各种近缘野生大麦及其一些变种，我国学者据此认为青藏高原应是世界大麦的起源中心之一。特别是裸大麦，青藏高原可能是主要发源地。[2] 我国学者关于大麦本土起源的新见解，有一定根据，值得进一步研究。

至于小麦的起源，由于中近东地区所发现的麦类的历史遗存其年代大大早于我国的同类发现，所以传来说仍然为学界所坚持。而小麦的传来，不言而喻，最早进入的地区就是西部。从考古发掘资料看，新石器时代中晚期小麦的栽培主要分布于西北、黄河中上游流域以及西南地区。从《诗经》所反映的情况看，公元前 6 世纪以前，小麦栽培地域扩大至黄淮流域。春秋战国时期，栽培地区继续扩大，据《周礼·职方

---

① 陈文华：《漫谈出土文物中的古代作物》，《农业考古》1990 年第 2 期。
② 参见《中国农业百科全书》（农业历史卷），农业出版社 1995 年版，第 32、351 页。

氏》记载，除黄、淮流域外，已扩展到内蒙古南部。另据《越绝书》记载，春秋时的吴越也已种麦。战国时发明的石转磨在汉代得到推广，使小麦可以加工成面粉，改善了小麦的食用方法，从而促进了小麦栽培的发展。据《晋书·行志》记载，晋大兴二年，吴郡、悟性、东阳等地禾麦无收，造成饥荒，说明当时江浙一带已有较大规模的小麦栽培。其后由于中原地区累遭战乱，北方人民大量南迁，江南麦的需要量大增，更刺激了小麦生产的发展。据《蛮书》记载，唐代云南各地也种小麦。宋代，南方的小麦生产发展更快，岭南地区也推广种麦。到明代小麦栽培几乎遍及全国，在粮食生产中的地位仅次于水稻而跃居全国第二，但其主要产地北方，正如《天工开物》所说，在北方"燕、秦、豫、齐、鲁诸道，丞民粒食，小麦居半"，而在南方种小麦者仅有"二十分而一"。①布瑞亦言："汉代以前，小麦甚且为贵族食品中之精美者。至十七世纪中叶，（约当明末）宋应星曾估计华北中国人之主食中，小麦已占百分之五十；但华南之农民却仅有百分之五种植小麦。如今，小麦为仅次于稻米之第二项最重要谷类。在华北平原上，小麦占各种谷类生产量三分之二，在华中约占三分之一。"②

自古至今，研究农业的学者，都沿袭"华北""华南"的分区概念，宋应星的《天工开物》如此，当代布瑞的《中国农业史》也是这样，而且习惯上所言的"华北""华南"重心都放在两"华"的东部，西北和西南似乎成了可有可无，这显然是长期形成的偏颇思维定式。麦类作物或者说小麦的传来与发展，不是华北华南的概念，而是外来之麦首先为西部所接受，在西部被驯化、培育、进化、发展，形成选种育种、耕作整地、播种移栽、轮作间作套种复种、施肥灌溉、中耕除草、收获储藏、加工制作等一整套丰富多样的技术体系和相应的习俗、信仰等文化体系，进而逐渐推广到东方、南方和北方，从而成为与稻作并驾齐驱的麦作农耕文化。

---

① 参见《中国农业百科全书》（农业历史卷），农业出版社1995年版，第32、351页。
② 曹隆恭:《小麦栽培史》，载《中国农业百科全书》（农业历史卷），农业出版社1995年版，第351页。

玉米的传播

第三说玉米的传播。玉米是我国仅次于稻、麦的第三大粮食作物。说玉米的传播，首先得谈其起源。国外关于玉米起源较为系统的梳理，可看布瑞的著述。布瑞曾引述堪德尔氏于公元 1855 年的观点："玉米原产美洲，在新大陆发现之后始传入旧大陆。虽仍有若干学者反对此议。我认为此一主张应受支持。"布瑞就此说道，此问题自 16 世纪以来即为争论之焦点，且此争议延至今日仍未解决。争论之基本问题当为玉米之地理起源。栽培之玉米（Zea mays）为高度发展之作物，与美洲任何其他黍草科（旧称禾本科）植物均不相近；反之却与一种旧大陆远古即已驯化栽培之薏米（Coix lacryma-jobi）具有许多相似之特征。故若干植物学家依据此一事实而推论玉米必也源自旧大陆。自美洲发现玉米近缘植物 teosinte 及指状黍（Tripsacum）之后，若干植物学家均认为 teosinte 为栽培玉米之祖先。[①] 而另有植物学家（尤以孟格斯多夫为代表）则相信栽培玉米之祖先为一种现已灭绝之野生玉米。然无论何种假说，玉米原产美洲之说法，似已无可怀疑。

其次则为玉米究于何时传至旧大陆之问题。曾有学者提出玉米在哥伦布发现新大陆之前传至旧大陆之可能性。斯徒纳及安德森于公元 1949 年曾记述印度阿萨姆山地土著所种植之"原始玉米"，并宣称必为哥伦布之前所传来者。塔帕也曾根据《本草纲目》早期版本之图片及喜马拉雅山东部各地于收获前将玉米穗轴在祭祀中呈现给神祇之习俗，认为玉米确在哥伦布之前为亚洲所获悉。更有一些仍甚可疑之考古证据，指出玉米早在亚洲即已存在。导致玉米起源混乱或传入旧大陆时代混乱之最早原因实乃由于名称讹误之影响。中国人对玉米也有各种名称，如"御麦""玉麦"，最常用者有"玉米""包谷""玉蜀黍"。但诸种名称均指玉米。公元 16 世纪（明代）之文献如《本草纲目》，或早之《刘青日

---

① ［英］布瑞：《中国农业史》（下册），李学勇译，熊先举校阅，台湾商务印书馆 1994 年版，第 596—603 页。

札》均指出玉米初至中国时，被称为"番麦"。中国人以为玉米来自西方诸国也，此即劳夫尔（Laufer）以玉米自印度及缅甸经陆路传入中国之假说所根据者。何炳棣曾指出劳夫尔对记述玉米之明代云南地志并不熟悉。如《大理府志》及《云南通志》均记述玉米曾种植于云南北部及西部六县二镇；该属已达长江、湄公河及萨尔温江上游矣。此外，在华东各省之地志中（如安徽、河南、江苏、浙江、福建等省）均有玉米更早之记录。最早之记录为明正德六年（1511）之《颍州志》，颍州位于安徽北部。万国鼎相信玉米乃自沿海一带传入安徽者。日本人天野也赞成此说。但王毓湖却根据另一安徽地志《乾隆霍山县志》而反对此说。第一次简述玉米栽培技术者乃四川人之著作《三农记》，书中称："玉蜀黍应植于山坡地。每年三月下种，穴距约三尺，每穴播种子二三粒。俟苗高六七寸时，即应除草并将弱苗除去，每穴留健壮者一株。三月植者，八月九月可收。收后将玉米穗携归，铺于木架上使其干燥。以置室内为佳，且须将门窗紧闭；直至拍打时无水分渗出。于入仓前再于日光下曝干。"华格纳曾指出，在公元1930年代，虽在四川西部、云南及广西各处山地已将玉米作为主食，但在所有少数民族较多之地区及以玉米磨粉为用途之地区均未见以玉米粉制作食物者。各处之玉米多仅当作蔬菜，或将半熟之玉米整穗烤食。玉米之种植主要只限于边疆少数民族。李时珍也称玉米之栽培颇为"罕见"。多数早年地方志书所记述者，可能仅限边疆少数民族。玉米此后在中国农民间之传播似乎颇为缓慢，正与劳夫尔之假说相反。玉米在中国最早大量栽培之事例，始自18世纪。当时长江流域之过多人口纷向四川、云南及汉江上游（包括陕西南部、湖北西部及河南西南部）山区逃荒移居。玉米似为此一地区最易种植之农作。[①]

　　我国学者对玉米起源也做过不少研究。先说章楷、李根蟠对玉米的起源和传入中国的时间和途径所做的研究：玉米的原产地在中美或南美，这是世界所公认的。1492年，哥伦布发现新大陆，1496年以后，

---

　　① ［英］布瑞：《中国农业史》（下册），李学勇译，熊先举校阅，台湾商务印书馆1994年版，第596—603页。

玉米便由新大陆被带到欧洲，然后又由欧洲传遍全世界。玉米传入我国的路线有三种说法：其一，从西班牙传到麦加，再由麦加经中亚西亚引种到我国西北地区；其二，先由欧洲传到印度、缅甸等地，再由印、缅引种到我国的西南地区；其三，先从欧洲传到菲律宾，后由葡萄牙人或在菲律宾等地经商的中国商人经海路传到中国。在上述三条路线中，很可能都曾有玉米被带到中国来，不过时代有先后而已。

玉米较广泛的栽培，成为人们的主要粮食，首先是从山区开始的。大约在17世纪前期，贵阳绥阳县知县母扬祖在他写的《利民条例》中说："县中平地居民只知种稻，山间民只种秋禾、玉米、粱稗、菽豆、大麦等物。"据此可知，那时候贵州绥阳已有较多的山田种玉米，它和秋禾、粱稗、菽豆、大麦等同为山民用以果腹的杂粮。玉米在有些地方也被称为"玉麦"。1563年纂修的《云南大理府志》上就有"玉麦"这一名词。1574年纂修的《云南通志》中谈到全省有七府二州产玉麦。这些志书中对"玉麦"未有性状的描述，但估计说的就是玉米。（据笔者所知，云南很多地方就是称玉米为玉麦）《云南通志》中说的产玉米的州县，有几个是离缅甸很近的，看来云南种玉米不会比福建晚。云南邻接缅甸，云南种的玉米很可能最初是从缅甸传入的。贵州绥县种的玉米，大概又是直接或间接从云南传去的。玉米是适应性相当强的作物，只要天气不太干旱，山区种玉米都能有一定的收成；玉米成熟期早于其他粮食作物。而且玉米在没有完全成熟之前也能采收煮食，这是其他粮食作物所不及的。夏秋之交，正值粮食青黄不接，玉米能在其他粮食作物之前首先登场，解救了山区贫苦人民口粮上的燃眉之急。吃玉米比吃大米或面粉耐饥。玉米的播种和苗期田间管理都比其他粮食作物简单、省力。玉米成熟后不像其他谷类作物谷粒容易脱落，迟些采收，亦不致造成损失。采收后脱粒加工也比其他粮食作物方便些。容易储藏。正因为玉米有上述诸多突出优点，所以一旦传入我国，不长时期即迅速发展，成为缓解我国粮食短缺、人地矛盾的一大法宝。明清时期，我国人口的迅速增加，据史家研究，清朝建国之初，全国人口约在六七千万，后经数十年的抚辑流亡，休养生息，人口增至1.23亿。17世纪后期起的百多年间，正是清代的所谓太平盛世，生齿日繁时期，到18世纪之末，全国人口即突破三亿大关。[①]

　　咸金山所撰《玉米栽培史》除了肯定玉米系自南美传来，同时也注意到我国本土的古老玉米种质资源，值得参考。咸认为玉米原产南美洲，约于16世纪中叶传入中国，发展成为重要的粮食和饲料作物。我国西部是最早引入玉米栽培的地区。西部地貌复杂，许多交通不便、土地贫瘠、缺少灌溉设施的山地、丘陵、河谷，非常适宜栽种玉米。所以16世纪中叶，玉米一旦引入，便迅速扩展，成为西部的重要栽培作物。到了20世纪，玉米进而成为我国仅次于稻、麦的第三大粮食作物。玉米又名"番麦、御麦、玉麦、包米、包谷、珍珠米、棒子"等，名目繁多。1476年以前写成的《滇南本草》已有记载，嘉靖三十四年（1555）《巩县志》中也有"玉麦"之名，但对玉米的详细描述却首见于甘肃《平凉府志》（1560）："番麦，一曰西天麦，苗叶如蓖秫而肥短，未有穗如稻而非实，实如塔，如桐子大，生节间；花垂红绒在塔末，长五六寸。三月种，八月收。"此后，明代田艺衡《留青日扎》、李时珍《本草纲目》及16世纪中叶部分地区的方志中均有记载。玉米自美洲传来，已是定说，不过还应注意本土资源。在中国西南山区和高寒地带，分布着一种植株低矮、实穗很小的土产小玉米，这种小玉米包括糯粒型、爆粒型和有稃型三大类。它们的地方种名称有"巴地黄""雪玉米""七皮叶""四行糯"等等，其中还有多穗的类型，此外还发现与玉米亲缘密切的类玉蜀黍和野生薏苡等。西南僻远山区的少数民族栽培食用玉米应该有悠久的历史。

　　而且在1492年哥伦布发现新大陆之前成书的《滇南本草》已有关于"玉麦须"，即玉米雌蕊花丝可以入药的记载。所以，中国玉米的起源除了从国外引入以外，似乎还可能有自己的演化过程。例如著名的糯质玉米（亦称"蜡质种"，俗称"糯玉米"），就被国外学者公认为中国起源，素有"中国蜡质种"之称。中国原始玉米和中国南美洲原始玉米二者的关系如何，有待进一步研究。1492年哥伦布发现新大陆之后，玉米在世界各地迅速传播，美洲玉米传入中国的时间据已掌握的资料，不

---

①　章楷、李根蟠：《玉米在我国粮食作物中地位的变化》，《农业考古》1983年第2期。

迟于 16 世纪中叶。

玉米传入中国的途径大致有三条：1. 西北路，经中亚西亚的丝绸之路传入中国西北地区。2. 西南路，由欧洲传入印度、缅甸，再传入中国西南地区。3. 东南沿海，经中国商人或葡萄牙人由海路传入中国东南沿海地区。玉米在中国内地的传播大致是先西部后东部，先边疆后内地；先山地丘陵后盆地平原。其传播大致可分为三个时期：1. 明际仅甘肃、云南、陕西、贵州、河南、山东、河北、浙江、江苏、福建、安徽等省的方志中有零星记载在粮食生产中尚无地位，属引种时期。2. 清楚初至乾隆时期，湖北、湖南、江西、四川、山西、广东、辽宁、台湾、广西九省区相继引进，全国绝大多数省份已有栽培，尤其在四川、贵州、云南、湖南、湖北、陕西、安徽、浙江、江西等省的山区种植规模较大，北方各地也逐步推广，属发展时期。3. 嘉庆以后至民国期间，玉米已传遍全国，在北方平川地区逐步取代了原有的地产作物，南方不宜种植水稻的山地丘陵地带也广泛种植，在一些地区跃居粮食作物之首，成为当地人民的主粮。如前所述，20 世纪以后，玉米在全国粮食作物中仅次于稻麦而跃居第三位，为普及时期。玉米引进的初期，往往被视为消遣作物，多在田头屋角或菜园中"偶种一二，以娱孩稚"。后来发现玉米高产、耐饥，适应性强，适合山区人民的要求，所以首先在山区广泛种植，成为山民的主粮。①

以上引用国内外学者的研究，意在彰显三点：一是玉米最早传入中国，并最早成为玉米主要产地的地区是西部。上述学者考证玉米传入中国有三条途径——西北路、西南路、东南沿海。三条传播途径中有两条在西部。西部多山少平地，玉米最适于山地种植和满足山民们的需求，所以玉米一经传入，便在广大西部山区迅速发展，可以说西部山地乃是我国玉米农耕的发祥地和促使其兴盛发达之地。二是玉米传入我国西部并迅速发展，对中国历史产生了重大影响。明清两朝，中国东部的汉族以及苗族、瑶族等不断移民西部，移民包括军队、商贾、流民等，数量

---

① 咸金山：《玉米栽培史》，载《中国农业百科全书》（农业历史卷），农业出版社 1995 年版，第 394—395 页。

极多。大量东部移民到达西部，对于开拓西部疆土、巩固疆域、民族融合、文化交流，促进西部社会经济的发展，缓解东部社会和人地矛盾等，意义重大。而作为促进和支撑大量移民的一个重要条件，便是玉米种植。西部能够接纳东部大量移民，主要靠山地开发，山地得以大规模开发利用，仰赖的主要就是玉米的种植。三是玉米传入中国极大地丰富了中国农耕文化的内涵。众所周知，目前学界研究农耕文化，所注意的几乎都是本土起源的稻作和粟作。诚然，稻作文化和粟作文化乃是我国最为古老悠久、最为深厚丰富的根基文化，可是几百年来，我国各民族，尤其是西部各民族在玉米农作方面也创造和积累了不少物质和精神的财富，不过遗憾的是，目前还很少有人去关注这方面的内容，这应该说是一个很大的偏见和疏忽。玉米作为我国栽培作物中"外来的晚辈"，目前在我国已成为稻、麦之后的第三大粮食作物，仅此一点，它就有资格跻身于"农耕文化"的大雅之堂，这无疑是今后有待开拓的重要领域之一。

高粱、棉花等的传播

和中国一样，美洲、非洲以及西亚等地也是世界栽培作物的重要起源中心，从这些地区经我国西部传入中国的作物，除了上述所说的麦和玉米之外，还有高粱、棉花、葡萄、辣椒、茄子、大蒜、芒果、西瓜、丝瓜、南瓜、烟草等。

高粱［Sorghumbicolor（L.）Moenech］也是我国古代主要粮食作物之一。其起源大致有两种说法，一种认为起源于中国；另一种认为起源于非洲，经印度传入中国。目前认为从非洲经印度引入的可能性较大，巴蜀地区被认为是最早引种的地区，时间可能早至魏晋时期。

棉花（Gossypium L.）栽培种包括草棉、亚洲棉、陆地棉和海岛棉，其中栽培最广泛的是陆地棉。草棉起源于非洲；亚洲棉起源于亚洲的阿拉伯地区和印度的班格尔和阿萨姆高地；陆地棉和海岛棉则起源于中南美洲及邻近岛屿。历史资料说明，新疆早在1500多年前就已种植非洲棉。非洲棉又称"草棉"或"小棉"，是由中东经"丝绸之路"传入新疆，后发展至河西走廊。南宋中叶以后，亚洲棉从印度传入云南、两广、福建和海南岛，后逐步发展到长江流域和黄河流域。

葡萄（Vitis uinifera L.）是世界上重要的水果之一，其栽培面积和产量长期位居水果生产的首位。葡萄原产地中海东岸以及小亚、中亚地区。我国中原地区种植葡萄始于西汉时期。《史记·大宛列传》载张骞出使西域，说"汉使取其食来，于是天子始种苜蓿、蒲陶肥饶地"。说明葡萄是西汉时由张骞经西域引进中原栽种的。但也有人认为，新疆地区栽种葡萄的历史更早，只是《史记》没有说明罢了。

大蒜（Allium sativum L.）。一般认为中亚（包括中国新疆的天山东部地区）是大蒜的第一起源地，地中海盆地为其第二起源地。《太平御览》引《正部》说："张骞使还，始得大蒜苜蓿。"说明大蒜也是汉武帝时张骞出使西域带回来的。

辣椒（Capsicum frutescens L.）起源于中南美洲热带地区的墨西哥、秘鲁、玻利维亚等地，明代传入我国，传入的途径有两条：一是经丝绸之路传入甘肃、陕西等地栽培；二是经由东南亚海路传入广东、广西、云南等地栽培。

西瓜［Citrullus lanatus（Thunb.）Matsum et Nakai］。多数学者认为西瓜起源于非洲南部的卡拉哈里沙漠，早在五六千年前古埃及便已有了西瓜栽培。公元前5世纪希腊和意大利等国也开始种植西瓜，然后从海路由欧洲传到印度，再到东南亚、西亚，然后再从陆路传到西域回纥（今新疆）。《金五代史·四夷附录》云：胡矫入契丹，"遂入平川，多草木，始食西瓜，云契丹破回纥得此种，以牛粪覆棚而种，大如中国冬瓜而味甘"。可见西瓜传入中国的时间大约是在五代（907—960）时期。

此外，诸如起源于中南美洲、非洲、印度和东南亚热带地区等地的丝瓜、南瓜、茄子、扁豆、芝麻、芒果、烟草等作物，亦被认为是经过我国西北或西南而引入中国各地的。①

本文以粟、麦、玉米等多种作物的传播为例，说明我国西部在古代

① 本部分高粱等作物的起源与传播，主要参考彭世奖《中国作物栽培简史》，中国农业出版社2012年版。

栽培作物传播过程中所处的重要地位。诚然，古代栽培作物的传播，不唯西部，东部的重要性亦不言而喻。拙文有意彰显西部，并非是狭隘的"西部本位"主义的表现，而是意在强调对于我国农耕文化的研究，必须树立东西观照、统筹全局的"整体观"。

（原载《云南文史》2017 年第 1 期，尹绍亭主编：《中国西部民族文化通志·农耕卷》，云南人民出版社 2019 年版）

西部在我国水利灌溉研究中的地位

水利和灌溉是农业的命脉。世界上有多种农业类型，水资源的差异是形成不同农业类型的根本原因。正因为如此，水资源的认知、收纳、利用、管理便成为农耕文化的重要内涵和突出特色，成为农业史研究历来最受重视的内容之一。那么，西部在我国乃至世界上的水利灌溉研究中具有什么样的位置呢？下面将以西部古代重要水利工程和西部民族传统水利灌溉方式进行说明。

古代西部的重要水利工程

春秋战国时期，铁器生产工具得到推广，为挖渠筑坝、兴修水利创造了条件，因此一些大型农田水利工程便在各诸侯国先后兴建起来。自春秋战国至秦汉，东部著名的大型水利工程主要有以下几项：

1. 芍陂。位于今安徽省寿县，兴建于楚庄王时（公元前 613 年至公元前 591 年），由孙叔敖主持兴建。

2. 漳水十二渠。位于魏国邺地，今河北磁县和临漳县一带，为邺令西门豹于魏文侯二十五年（公元前 422 年）率领民众开凿，它是我国战国初年第一个兴建的大型多首制引水工程。

3. 南阳水利工程。汉元帝时，南阳太守召信臣于建昭五年（公元前 34 年）主持兴建六门堨（又称"六门陂"），灌区面积 5000 余顷。

4. 浙江鉴湖。鉴湖又称"镜湖"，位于今绍兴境内，为东汉永和五年（公元 140 年）会稽太守马臻主持兴建，可灌溉 9000 余顷农田。

5. 华北戾陵堰工程。戾陵堰位于北京地区梁山（今石景山）附近，为嘉平二年（公元 250 年）刘靖所建，可灌溉农田 1 万余亩。

6. 淮河流域的水利建设。为魏晋时期兴建的鸿隙陂、茹陂、吴塘、白水塘等。

相对于东部，古代西部的大型水利建设更为著名，重要工程如下：

1. 都江堰。都江堰位于四川省成都市都江堰市城西，坐落在成都平原西北部岷江上游边沿，始建于秦昭襄王五十一年（公元前 256 年），是蜀郡太守李冰父子组织修建的一座大型水利工程。工程主要由"鱼嘴"分水堤、"飞沙堰"溢洪道、"宝瓶口"进水口三大部分和百丈堤、人字堤等附属工程构成。都江堰的建设，保证了大约 300 万亩良田的灌溉，使成都平原成为旱涝保收、水旱从人、沃野千里的天府之国。都江堰历经 2200 多年而不衰，一直发挥着防洪灌溉的作用。中华人民共和国成立后，都江堰灌区范围已从古代的 12 个县扩大到 30 余个县市，灌溉面积也由过去的 300 多万亩增加到近千万亩。都江堰是全世界迄今为止，年代最久，以无坝引水为特征的宏大水利工程。它开创了中国古代水利史上的新纪元，在世界水利史上写下了光辉篇章，成为世界水资源利用的典范。2000 年，在第 24 届联合国世界遗产委员会上，都江堰被正式确定为世界文化遗产。①

2. 郑国渠。郑国渠建于秦王政元年（公元前 246 年）。郑国渠包括拦水坝、引水坝、总干渠等工程。干渠西引渭水支流泾水，向东注入洛水，长达 300 余里，灌溉今泾阳、三原、高陵等县农田，灌溉面积达 280 万亩，成为中国水利史上跨流域输水的先例，对促进关中平原农业生产的发展和秦国统一中国发挥了重要作用。秦以后，历代继续完善该区水利设施，汉代的白公渠、唐代的三白渠、宋代的丰利渠、元代的王御史渠、明代的广惠渠和通济渠、清代的龙洞渠等都是在它的基础上修建的。

3. 白渠。汉代有民谣："田於何所？池阳、谷口。郑国在前，白渠起后。举锸为云，决渠为雨。泾水一石，其泥数斗，且溉且粪，长我禾

① 参见中国农业博物馆农史研究室编《中国古代农业科技史图说》，农业出版社 1989 年版，第 111—115 页。

黍。衣食京师，亿万之口。"称颂的就是郑国渠和白渠这两项伟大的引泾工程。①

4. 灵渠。灵渠位于广西壮族自治区兴安县境内，约开凿于始皇二十六年至三十三年（公元前221—前214年）之间，古称"秦凿渠、零渠、陡河、兴安运河、湘桂运河"，是秦朝时期修建的三大水利工程之一。秦始皇三十三年（公元前214年），灵渠凿成，秦始皇迅速统一岭南。灵渠是世界上最古老的运河之一，有着"世界古代水利建筑明珠"的美誉。灵渠主体工程由铧嘴、大天平、小天平、南渠、北渠、泄水天平、水涵、陡门、堰坝、秦堤、桥梁等部分组成。灵渠的凿通，沟通了湘江、漓江，打通了南北水上通道，为秦王朝统一岭南提供了重要的保证，大批粮草经水路运往岭南，有了充足的物资供应。公元前214年，即灵渠凿成通航的当年，秦兵就攻克岭南，随即设立桂林、象郡、南海3郡，将岭南正式纳入秦王朝的版图。灵渠对巩固国家的统一，加强南北政治、经济、文化的交流，密切各族人民的往来以及田畴灌溉都起到了积极作用。②

5. 坎儿井。坎儿井是荒漠地区特殊的地下水渠灌溉系统，分布地区为亚欧大陆中部、北非、阿拉伯半岛、伊朗、阿富汗、巴基斯坦等干旱地带，在我国主要分布于新疆等地。我国坎儿井创始于西汉，《史记》有其记载，时称"井渠"。坎儿井为地下暗渠输水，不受季节、风沙影响，蒸发量小，流量稳定，可以常年自流灌溉。据1962年统计，新疆共有坎儿井约1700多条，总流量约为26立方米/秒，灌溉面积50多万亩。20世纪50年代吐鲁番盆地有坎儿井1100多条，全长约5000公里，总流量达18立方米/秒，灌溉面积47万亩，占该盆地总耕地面积70万亩的67%。坎儿井结构巧妙，由竖井、暗渠、明渠和涝坝四部分组成，其构造原理是在高山雪水潜流处，寻其水源，在一定间隔打一深浅不等的竖井，然后再依地势高下在井底修通暗渠，沟通各井，引水下流，出

---

① 参见中国农业博物馆农史研究室编《中国古代农业科技史图说》，农业出版社1989年版，第116—117页；泾阳县编纂委员会《泾阳县志·水利志》，第二章"引泾灌溉"第一节"古渠"，陕西人民出版社2001年版。

② 参见李都安、赵炳清《历史时期灵渠水利工程功能变迁考》，《三峡论坛》2012年第二期；新华网《广西拟立法保护世界上最古老运河之一灵渠》，引用日期2013年10月8日。

水口与地面渠道相连接。坎儿井被誉为新疆沙漠戈壁之中的"生命之泉"，正是因为有了坎儿井，才能使沙漠变成绿洲，人民才得以生存。坎儿井与万里长城、京杭大运河并称为"中国古代三大工程"。①

西部传统水利灌溉

　　西部的水利灌溉，除了以上介绍的大型水利工程之外，更多的是根据各地农业类型和水资源的条件因地制宜所创造的诸多水利灌溉方式。概括而言，西部基本的水利灌溉设施和工具与东部是大致相同的，例如挖堰塘、筑陂池、建大坝以蓄水，借地势修水渠、架渡槽引泉水，利用筒车、龙骨车等工具提水等，都是常见的灌溉方式。不过，由于自然条件的不同，即使灌溉原理相同，也会产生形式、技术等方面的很大差异。下面选择西部几个独特的水利灌溉案例简述于下。

　　1. 陂池灌溉

　　陂池是最早也是最方便建筑的蓄水灌溉设施，东西部均无例外。陂池的历史可以追溯到新石器时代。在我国新石器时代最早的农业遗址良渚文化和河姆渡文化遗址里，就有陂池存在。前述兴建于楚庄王时芍陂和兴建于魏晋时期的鸿隙陂、茹陂、吴塘、白水塘等，均说明东部古代陂池灌溉的盛行。西部古代陂池遗址也不少，例如在云南大理苍山之麓，考古学者发现过陂池遗址。苍山高耸入云，峰峦叠嶂，冬季冰封雪裹，夏季冰雪消融，溪水涓涓。陂池遗址在山麓缓坡，筑有堤坝，可截留雨水和自高山流下之雪水，用以浇灌田园。② 唐代《南诏德化碑》载："（苍洱地区）厄塞流潦，高原为稻黍之田；疏决陂池，下隰树园林之业。"《南诏野史》亦载："高河，大理府点苍山玉局峰顶之南……蒙氏丰祐遣军将晟君潴山为池，导山泉泄流为川，灌田数万，源民得耕种之利，是名高河，一名冯河。岩壁耸削，潭嵌以石板，皆人力为止之者。"

　　广东、云南、四川等地有关灌溉较早的陂池考古资料，见于东汉时

---

　　① 参见《干旱地区坎儿井灌溉国际学术讨论会文集》，新疆人民出版社、香港文化教育出版社 1993 年版；钟兴麒、储怀贞《吐鲁番坎儿井》，新疆大学出版社 1991 年版。
　　② 吴金鼎等：《云南苍洱境考古报告》甲编，重庆李庄 1942 年版。

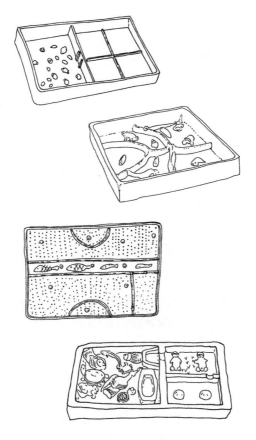

**图 1　从上至下分别为陕西省汉中和勉县出土、四川省新津县
和彭山县出土的水田陂池模型（渡部武，1991）**

期的陶质水田模型。滇池东岸呈贡县小松山东汉早期墓出土的陶质水田
模型，呈长方形，长 320 毫米，宽 200 毫米。一端是大方格，表示蓄水
池；另一端为大小不等的 12 个小方格，代表水田。池田之间有沟相
连。① 另一个发现于呈贡县七步场东汉墓中的水田模型，水池中增加莲
蓬、水鸭、青蛙、螺蛳、团鱼等水生植物和动物；在连接水池和田的渠
道上还架设着一道小桥。② 大理大展屯东汉墓出土的水田模型呈圆盘形。

---

① 呈文：《东汉水田模型》，《云南文物》1977 年第 7 期。
② 张增祺：《古代云南边疆和祖国内地政治、经济、文化上的密切关系》，《云南文物》
1979 年第 8 期。

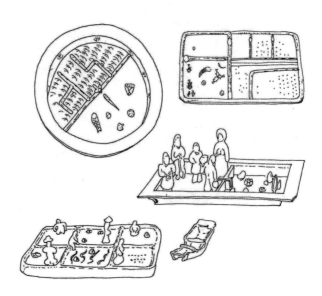

图 2 陂池模型左上图为贵州省新义县出土，右上图为四川省

峨眉县出土，左下图为广东省佛山市出土，右下图为

四川省绵阳市出土（渡部武，1991）

圆盘中间由一道高约 40 毫米，厚 10 毫米的堤埂将其分隔成两半，一半是水池，池中有莲花、田螺、蚌、贝、泥鳅、青蛙、水鸭等 12 中水生植物和动物；另一半表示水田，堤埂中央有一宽 20 毫米、高 15 毫米的出水孔。[1] 此外，在通海县亦发现过东汉水田池塘模型。[2]

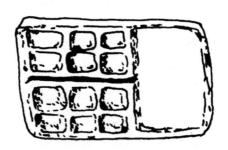

图 3 呈贡县小松山东汉早期墓土出土的水田模型（呈文，1997 年）

----

① 大理文物管理所：《云南大理大展屯二号汉墓》，《考古》1988 年第 5 期。

② 王国辉、白子麒、吴建伟：《通海镇海东汉水田池塘模型》，《云南文物》1992 年第 31 期。

图 4   呈贡县七步场村东汉墓水田模型（云南省博物馆供稿）

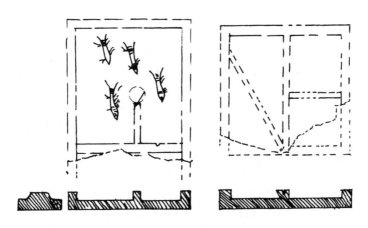

图 5   通海县镇海东汉水田模型（王国辉等，1992 年）

图 6   大理市大展屯 2 号汉墓出土的水田模型（田怀清摄）

从上面几件水田模型可知，东汉时代滇中等地已经普遍修造陂池用于灌溉，这从历史文献的记载中也可以得到印证。《华阳国志·南中志》载："朱提郡（今滇东北地区）……先有梓潼文齐，初为属国，穿龙池，溉稻田，为民兴利……"《后汉书·南蛮西南夷列传》也记载道："（西汉末年）以广汉文齐为（益州郡）太守，造起陂池，开通灌溉，垦田二千余顷。"文齐兴修陂池，可以说是开了云南大规模修筑水利设施的先河。

陂池的功能虽然主要在于农业灌溉，然而就如上述出土的水田模型所示，陂池还有多种用途，比如养鱼、养鸭、养鹅，种植水芋、茭瓜、莲藕等；此外，民间还广泛利用陂池处理建筑木材，即将建房木材浸泡于陂池数年，以防止虫蛀；水源清洁的陂池，在夏天还是孩子们游泳戏水的场所。

陂池不仅为低海拔湿润地区广泛采用，亦是高原地区尤其是喀斯特地区最常见水利设施。在西藏高原，吐蕃时期就有诸多陂池的记载。《拉达克王系》曾说，赤聂松赞时，"串联湖泊向上引水；将沟头之水蓄入池中，昼夜引水灌溉"。又《汉藏史记》记载，达日聂司时期，"牧区与农田相连，沟通湖泊，以凹地池塘蓄水，将山中暗泉导流出山，灌溉土地"[1]。

目前，在广西、贵州、湖南、云南的许多山区，陂池仍然发挥着重要作用。这一地带广为分布喀斯特地貌，石头遍野，土壤贫薄，植被稀少，地表蓄水率极低。雨水落地，很快便渗漏于石隙之中。所以虽然并非干旱气候地带，年降雨量也不算少，然而却严重缺水。生活于该区山地中的汉、苗、彝、瑶等民族，常常为水少、断水而苦不堪言。一旦遭遇旱魃，便不得不远距离寻水运水，近者四五公里，远者十余公里，人背马驮，翻山越岭，其困苦之状令人难以想象。那里的人们能够生存下来，在很大程度上是依赖了陂池。在村中、寨边、地头、洼地选择石层厚、断裂少的地方，凿石砌壁，造就大小陂池，贮积雨水，以供人畜饮用和农业灌溉。20年前笔者曾两次调查过滇东南的一个名叫峰岩洞的村

---

① 王建林、陈崇凯：《西藏农牧史》，社会科学文献出版社2014年版，第106页。

庄，当时全村56户人家全部拥挤居住在一个大山洞之中。该村取水有
两个来源，一是雨水；二是地下水。雨水靠陂池贮积，洞口、洞外和较
远的山坳中有五六个陂池，大者如篮球场，小者直径仅两三米。地下水
为所居山洞的钟乳石滴水，洞底深暗之处采水仍然采用陂池；洞中明亮
之处则靠漏斗和渡槽采水，山洞中众多高悬的钟乳石下有许多由数米乃
至十余米长的竹竿支撑的蒙着塑料布的竹编漏斗，钟乳石滴水落入漏斗
之中，然后顺着空心竹竿直接从房顶进入各家厨房，或先流入高架渡槽
再转接入家中。如此别出心裁的采水之法，也只有在那样严酷的环境中
才会被创造出来。[①]

图 7　云南省西南部喀斯特山地的陂池（作者拍摄）

2. 水渠灌溉

　　水渠和陂池一样，都是灌溉农业农田基本建设不可或缺的重要设
施。水渠的筑造原理说来简单，即利用地势高低挖掘水路或架设槽渠，
使水定向流动入田。梯田是水渠灌溉农业的一大类型。所谓"梯田"即
梯山为田之意，其名最早见于宋代范成大的《骖鸾录》："袁州（在今江
西省）岭板上皆禾田，层层而上至顶，名曰梯田。"[②] 梯田之名虽然出自
宋代，然而它作为历史悠久的一类农田当无疑问，唐代樊绰所著《蛮

　　① 尹绍亭：《喀斯特山地的人类生态——一个洞穴村庄的考察》，载《文化生态与物质文
化·杂文篇》，云南大学出版社2007年版。
　　② 中国农业博物馆农史研究室编：《中国农业科技史图说》，农业出版社1989年版，第
271页。

书》即有"蛮治山田殊为精好"之语，山田即为梯田。西部山地、丘陵面积广大，适于开发梯田，湖南、四川、贵州、广西、云南均为梯田灌溉农业发达之区。时至今日，贵州的南部地区，广西龙脊一带，云南的红河等地区，都有沟渠灌溉十分发达的壮观梯田农业。红河流域属亚热带季风气候，东南迎风坡降雨量充沛，用当地人的话说是"山有多高水有多高"。生活于此地区的哈尼族、彝族等，利用这一特殊的自然条件，积千百年之开拓，营造出规模巨大、极为壮观的梯田景观。清代嘉庆《临安府志》有此地梯田的记载："依山麓平旷处，开作田园，层层相间，远望如画，至山势峻急，蹑坎而登，有石梯蹬。水源高者，通以略杓，数里不绝。"哈尼族的梯田灌溉大致有两种方式，一是垂直的"跑马水"灌溉：让高山之水直接进入高地之田，水顺梯田层层下流，形成数十层乃至数百层垂直灌溉，远远望去，梯田水口犹如数十数百小瀑布悬挂山间；二是横向的沟渠灌溉：逢山挖土，遇石爆破，修筑数公里乃至数十公里的沟渠，将水引至缺水的山坡。统计显示，在 1949 年，红河流域的红河、元阳、绿春、金平四县修筑的沟渠多达 12350 条，灌溉

图 8　云南省绿春县哈尼族引水灌田的竹槽（作者拍摄）

梯田面积30余万亩；而到了1985年，上述四县的沟渠已增至24745条，灌溉面积近60万亩。[1]

图9　云南省元江县小羊街乡哈尼族的梯田和水渠（作者拍摄）

　　西部古代沟渠灌溉的遗迹和文献很多，云南西部的"地龙"亦值得一提。"地龙"与新疆的坎儿井有异曲同工之妙。地龙分布在祥云县的米甸、弥勒县的西河灌和下海子以及大理地区，目前有几条修筑于明代的地龙仍然被使用着。所谓"地龙"，又叫"闷沟"或"龙沟"，即埋于地下的暗渠。地龙或为石砌水道，或为无数相连的陶管。短者数百米，长者达10余公里。水道的高端（也叫"龙头"）选择在高地水源丰富之处，依靠高水位的势能，使水流向灌区。[2]地龙深埋于土中，不易遭受破坏，所以经久耐用。偶尔源头有泥沙进入，水流不畅，可放大水冲灌疏通。弥渡农民还使用一种特殊的方法，把鳝鱼放入地龙之中，靠

---

　　① 黄绍文：《论哈尼族梯田的可持续发展》，载《哈尼族梯田文化论集》，云南民族出版社2002年版，第98页。

　　② 何超群：《祥云明代的水利工程——地龙》，《云南文物》1983年第14期。

图 10 明代云南祥云等地的"地龙"陶管（大理州博物馆展品）

其爬行蠕动疏浚泥沙。云南西双版纳是一个典型的沟渠灌溉水田稻作区。以景洪坝子为例，20 世纪 50 年代以前，该坝子内有一个由 13 条长达数十公里的水沟组成的水利灌溉网络，可浇灌 81 个村寨约 4 万亩稻田。当时的宣慰司署在各级行政机构里都设有管理水利的官员和职员，每年 4、5 月雨季到来之前，宣慰司署便下令修整沟渠，水沟修整后，由管理官员检查验收。检查方法是将一个载有石头的小竹筏放入水沟中，系上绳子顺沟而行，能够顺利通过便算合格，不能顺畅通过不仅要返工重修，而且要罚酒一斤，罚鸡一对。有时为了简便，就由管理官员扯一把野草或抓一把米糠洒进水沟之中，如果流动不畅，则不合格。①使用分水器在水沟各条支流的水口处测量分配水量，也是傣族的一项发明。分水器是一个木制塔形器物，分段刻着"伴、斤、两、钱"的标志，由水利管理官员检测各分水沟的水量。20 世纪 50 年代后，随着土司制度的瓦解，傣族传统的水利管理制度已不复存在，然而其发达的沟渠灌溉至今仍随处可见。

① 郭家骥：《西双版纳傣族的稻作文化研究》，云南大学出版社 1998 年版，第 72 页。

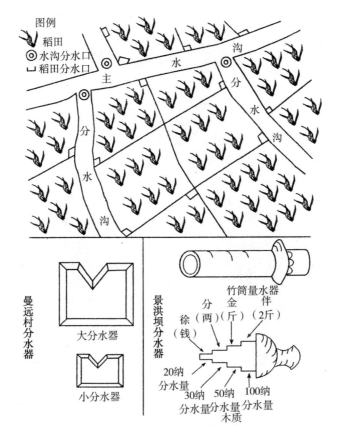

图11 云南省景洪市橄榄坝曼远村和景洪坝的分水器（作者手绘）

3. 水车灌溉

在我国内地，尤其是江南地区，水车种类最多，制造技术也最为先进，而且历史悠久，早在东汉时期便有关于水车的文献记载。西部的水车灌溉，多是内地移民传来的技术。清代《滇系·物产》载："水车、水碾、水磨、水碓，皆巧于用水者也，惟之为利尤溥，滇亦多此。"西部的灌溉水车，主要有两类：一是龙骨车，亦名"翻车"；二是筒车，也叫"水轮"或"竹车"。龙骨车，车身由长槽和连轴链状刮板构成，因刮板状如龙骨而得名。按动力分类，龙骨车有人力手摇式、人力脚踏式、风力式、牛力式四类。其中人力手摇式又分单边手摇和双边手摇两种；人力脚踏式亦分为两人、三人、四人脚踏三种；风力式和牛

图12　景洪傣族水田的沟渠方法与分水工具（郭家骥图）

力式需以齿轮转动传输动力，结构复杂。云南有手摇式龙骨车而没有脚踏、风力、牛力式龙骨车，且体量一般都较小。据笔者调查，云南龙骨车的分布范围是在北起昆明、陆良，南至石屏、丘北这一区域之内。使用龙骨车，可将较低水位的湖泊、陂池、沟渠之水提升到较高位置的田园中进行灌溉。

　　筒车云南俗称"水车"，是依靠水力或畜力转动的提水工具。我国西南地区多水力筒车而少畜力筒车。筒车多半用竹子制造，因取材方便，且靠水力转动而非人力驱动，因此使用地域范围比龙骨车广，贵州、广西、云南、四川等地各族人民均喜用筒车提水灌溉。

西部少数民族的"森林绿色水库"

　　水是农业的命脉，也可能是农业的祸害。为了保障农业用水，同时也为了防范洪涝，常见的应对策略是兴修水利。不过，除此之外还有另辟蹊径的方法，例如大面积培育维护森林，利用森林所具有的强大的涵养水源的功能，拦截、蓄积和再分配降水，达到防范洪涝、削

图13 云南省石屏县农民使用翻车提水灌溉（作者拍摄）

**图14 河流水浅，可用石头等拦筑水坝，以增加冲击筒车的水流，从而
提高筒车的汲水效率（作者拍摄）**

弱对土壤的侵蚀和冲刷和滋养农田的目的。森林涵养水源主要依靠三
个方面。一是森林林冠。林冠截留水量的多少与植物本身的特征有关，
包括树种、树龄、冠层的稠密程度和排列状况等。一般而言，叶面积
指数和茂密度越大，林冠截留量也就越大，林冠截留量与林分郁闭度
成正比。二是枯枝落叶层。枯枝落叶层具有保护土壤和涵养水分的作
用。凋落物覆盖土壤可减少雨水冲刷，增加土壤的腐殖质、有机质和
孔隙度，参与土壤团粒结构的形成，增加土壤层蓄水和减少土地水分
蒸发。凋落物的持水能力受多方面的影响，包括树种、凋落物的厚度、
湿度以及分解程度和成分等。枯枝落叶层持水能力极高，甚至高于林

冠层和土壤层。一般情况下，其最大持水量是凋落物自身重量的 2—4
倍，最大持水率的均值为 309.54%，折合为 0.7—0.8mm 水层厚度。
三是森林土壤层。森林土壤层是森林涵养水分的主要载体，具有较高
的入渗和持水功能。透过林冠层的降水量中，有 70%—80% 的降水可
进入土壤。森林土壤层的储水能力受多方面影响，包括森林的类型、
土壤结构和土壤孔隙度等。在热带、亚热带地区，阔叶林生态系统的
土壤孔隙度较高，为 59.6%—78.7%，林地土壤的蓄水能力也较强。[①]
树冠、枯枝落叶凋落物和林下土壤的综合作用，形成强大的蓄水功能。
西部各民族深谙此道，所以往往把保护和营造森林作为生境的重要构成
部分，并以不同的保护和营造方式形成多种森林植被，下面是西部常见
的几种独特的森林类型。

1. 水源林。西部地区，尤其是亚热带地区，人居聚落的一大特点是
配置有水源林。水源林或规划于高地，或设立于山泉溪流的源头，或营
造于农田周边，或分布于聚落附近，一个村寨往往具有多片水源林，水
源林又具有美化环境的作用，所以也可称之为"风景林"。水源林是村
寨空间结构的重要组成部分。典型的例子，如上文所述云南省红河流
域，该区海拔大约 1800 米以上的高山地带多为原始森林，那就是哈尼
族、彝族等为了梯田可持续利用而精心保护的水源林。贵州省西南地区
的侗族、苗族等村寨营造水源林的方法与云南红河流域有所不同。黔西
南地区山高坡陡，雨量充沛，为了满足灌溉的需要，同时为了防止洪水
侵蚀，保持水土，维护农田，侗族等因地制宜，根据地势合理营造森林
与农田共存系统，山坡和低地开发农田，围绕农田的山脊和高地则保留
森林，使之成为农田的绿色屏障。红河地区的水源林多为原始森林，黔
西南的水源林除了天然林之外，还有大量人工种植林。人工林既要保护
又要利用，主要树种为杉树，砍伐时留下百年古树作为"母树"，伐期
限定在寒露过后立春之前这一段时间，砍树不能从根部砍，要留下 50
厘米以上的树桩，并以米浆糊盖砍伐面，以防干裂枯死。一年之后，树

---

① 参见崔海洋、李峰《侗族传统农耕文化与珠江流域水资源安全》，知识产权出版社
2015 年版，第 130、132 页。

桩上会长出五六枝树芽，选留一枝长得最好的树芽，其余割掉，留下的树芽3年后能长到四五米高，便逐渐蔚然成林了。有此技术，加之有计划的砍伐，就能保持森林面积长期不变。① 云南西北部怒江峡谷的独龙族、怒族、墨勒人（白族支系）和云南西部的景颇族以及云南西南部的佤族等，使用桤木（俗称"水冬瓜树"）或漆树与粮食作物间作或轮作，水冬瓜树生长极快，且可增加土壤肥力，漆树具有经济和药用价值。此类"粮林间作、轮作"，既可涵养降水滋润农作物，起到灌溉的作用，又能满足人们的多种需要，即使以现代农业科学技术的角度观之，也具有很高的科学性，可谓传统农业中的一项宝贵遗产。

2. 神林、神山。神林、神山和水源林一样，都是西部地区常见的村寨空间布局的重要组成部分。农耕社会敬畏自然，信奉万物有灵，为了祈求风调雨顺，于是对自然神灵顶礼膜拜，而自然崇拜中的一个重要对象，就是神林、神山。神林、神山通常位于村寨周围的高地、水源地或屏护村寨之地，由于是山神、树神等神灵栖居的地方，所以保护、禁忌法规十分严明，且有诸多祭祀活动。千百年的保护传承，使得神林、神山成为聚落生态环境最好的地方，客观上也具有非常突出的涵养水源等生态功能。例如藏族地区许多湖泊、河流终年水源充沛，就是因为有周围众多神林、神山的庇护。云南滇中彝族支系撒尼人、阿西人等，村村寨寨有叫作"密枝林""密枝山"的大面积的神林、神山，数量多达数万亩。村民们严格遵守祖先的规制，每年按时祭祀朝拜，此传统至今不衰。该区喀斯特地貌渗漏严重，这些神林、神山对于涵养河流、地下水和湖泊水资源发挥着重要作用。又如云南西双版纳，1958年以前森林密布，傣族村寨的"垄林"（即神林）多达1000多处，总面积约10万公顷，约占全州总面积的5%。那时的傣族村寨只有引水沟渠，没有蓄水工程；只有鱼塘，没有水库，全州45万亩水田多半靠包括垄林在内的大面积森林涵养水源灌溉农田。例如位于景洪和勐海之间的"垄南"神山，是西双版纳各民族共同崇拜的神山，面积约在8万亩（0.53万公

① 参见崔海洋、李峰《侗族传统农耕文化与珠江流域水资源安全》，知识产权出版社2015年版，第130、132页。

顷），景洪和勐海等四个坝子（河谷盆地）约 5 万亩（0.33 万公顷）水田灌溉水源即来自此片神山。① 又如景洪坝子戛董乡曼迈寨，该寨有傣族 200 多户、1000 多人，人畜饮水及 2000 多亩水田的灌溉，全靠后山"神林"流出的箐水解决。据有关部门研究，垄林具有突出的保土保水功能，垄林下的土壤年径流量为 6.57 毫米，若毁林开荒，土壤的径流量会陡增为 226.31 毫米；每亩垄林能蓄水 20 立方米，西双版纳全州其时有垄林 150 万亩，能蓄水 3000 万立方米，相当于当地修筑的曼飞龙大型水库的 3 倍，曼岭、曼么耐中型水库蓄水量的 5 倍。②

　　3. 轮歇休闲林。我国西部的青藏高原河谷、横断山脉纵谷、云贵高原以及海南岛等地，古代盛行刀耕火种农业。迄至 1980 年代以前，此种农业仍有相当的规模。刀耕火种是典型的旱作农业，作为此种农业的支撑条件，一是要有耐旱农作物；二是必须利用好雨水。西部传统刀耕火种耐旱作物主要有陆稻、荞、稷、稗、棉花、麻以及诸多蔬菜，16 世纪以后引进了玉米等作物。西部有农田被称之为"雷响田"，顾名思义，即靠老天打雷下雨灌溉的农田。刀耕火种也可以看作"雷响田"的一种。在受太平洋东南季风和印度洋西南季风控制的区域，一年分干湿两季，5—10 月为湿季，11 月至来年 4 月为干季。顺应这一自然规律，刀耕火种通常在湿季到来之前的 4、5 月份播种，种子播下之后迎来降雨，作物便可茁壮成长。然而雨水无常，时多时少，多时为涝，少时为旱，如何平衡雨水，做到旱涝保收，那就要靠森林的调节了。刀耕火种为轮歇农业，农地按规划垦种，一般每年耕种的土地仅为全部土地的十分之一或十几分之一，余下的大量土地即抛荒休闲，休耕期短则七八年，长者十余年。热带、亚热带地区森林植被恢复极快，加之垦种地的树木砍伐都要保留树桩，所以土地经过七八年休闲之后树木大部分又枝叶茂盛，蔚然成林了。上文说过，有的民族为了加快森林恢复，还在休闲地中栽种桤木等速生树种和漆树等经济林木。刀耕火种农业大量储备休闲林地，维持稳定的森林覆盖率，既有利于恢复地力，满足住民对采集狩

---

　　① 裴盛基：《自然圣境与生物多样性保护》，载《自然圣境与生物多样性保护论文选集》，中国科学院昆明植物研究所 2014 年版，第 30 页。

　　② 高力士：《傣族竜林文化研究》，云南民族出版社 2010 年版，第 2、3 页。

猎资源的需求，又能涵养水源，调节雨水，防涝防旱，保障农作物的生长。刀耕火种的这种智慧一般人并不了解，所以有必要昭之于众。

据上可知，对于我国乃至世界的水利灌溉研究，我国西部占有重要的地位，这不仅体现于都江堰、郑国渠、灵渠等伟大的水利工程，还表现在西部各民族传统的水利灌溉方式以及利用森林涵养水源以发挥"绿色水库"的功能之上，它们作为独特而宝贵的农业文化遗产，值得重视、传承和发展。

（原载《云南文史》2017 年第 4 期，尹绍亭主编：《中国西部民族文化通志·农耕卷》，云南人民出版社 2019 年版）

西部在传统耕织研究中的地位

　　农耕社会两件大事，一是农耕；二是纺织。农耕生产粮食，解决吃饭问题；纺织生产布匹，解决穿衣问题。两件大事解决得好，老百姓就可丰衣足食，安居乐业，自然崇尚教化，知礼节循规矩，社会就能安定和谐；解决不好，老百姓就会缺衣少食，饥寒交迫，难免偷盗抢劫，杀人越货，社会就不可能安定，就会频发动乱。这个道理老百姓明白，统治者更清楚，所以"农耕"和"纺织"历来为封建王朝所重视。中国古代有一类专门表现农耕和纺织相结合的独特的文献，名为《耕织图》，《耕织图》以图画生动形象地表现农耕纺织活动，并配以诗词和文字，图、诗、文并茂，颇具审美意蕴。最早的《耕织图》是南宋绍兴年间于潜县令楼璹遍访农家采集资料绘制的，从南宋至清代，《耕织图》版本多达56种。历代《耕织图》不仅深受民间喜爱，还颇得统治者青睐。清代从康熙到光绪均有新版本，且有皇帝亲笔题字题诗。如雍正的《耕织图》是雍正皇帝命人绘制的，有耕、织各23幅，共46幅，每幅都冠有雍正亲提五言诗一首；乾隆时期有《御题棉花图》，上有乾隆皇帝亲提的七言诗一首。统治者为何如此青睐《耕织图》？除了具有画、书、诗的雅兴之外，主要目的还在于彰显对于农桑的重视。由于《耕织图》具有史学等多方面的学术价值，所以颇受学界重视，研究成果亦多。不过至清代以后，学界便再也没有新的形式和新的内容的《耕织图》问世，将农耕与纺织分离，只注意研究农耕而不再关心纺织，成为当代农史学者的普遍取向。这种状况的形成，与我国东部社会经济的发展有关：小农经济萎缩，商品经济繁荣，工业蓬勃发展，加速了生产部门的分工，纺织不再充当农业的"孪生姐妹"，而是独立为新型的纺织工业了。时代变了，情况变了，自然不会再产生新的《耕织图》。不过，放眼全国，情况并不完全如此，就西部而言，传统的农耕与纺织作为"孪生姐妹"的状况，依然比比皆是。于是，西部传统的耕织就有了写作的价值和意义：其一，西部的事象说明，当代农耕文化的研究，纺织依然是不可忽视的重要的内容；其二，古代多达56种版本的《耕织图》几乎都是东部历史状况的描绘和整理，而民族学的资料说明，西部不仅一直传承着传统的耕织生活方式，而且形式内容更为丰富多彩。所以，研究西部的农耕纺织，对于农耕文化以及《耕织图》的研究，是十分有益的。

从西部看纺织的起源

从西部看纺织起源，有两方面的资料可供参考研究，一是考古学资料；二是当代民族学的资料。

纺织技术明确产生于新石器时代早期，这已为我国绝大多数新石器时代遗址的遗存所证明。到了新石器时代中、晚期，原始纺织业已经非常盛行，下面几个重要文化遗址的发现为此提供了丰富的例证：

（1）在距今2万年左右的旧石器时代，山顶洞人的考古遗址里曾发现了骨针，那是最早的关于人类缝纫的线索，也可视为纺织的萌芽。

（2）甘肃省秦安大地湾新石器时代遗址，距今约8000年，考古学者在其下层文化中曾发现陶纺轮，那是迄今为止我国所知最早的原始纺织出现的证据。

（3）浙江余姚河姆渡遗址，距今约7000年，曾在出土的牙雕盅上发现刻划蚕纹四条，并发现了苘麻的双股线痕迹，出土了木质纺车和纺机零部件。

（4）江苏吴县草鞋山遗址，距今约6000年，发现迄今最早的葛纤维纺织品，实物是用简单纱罗组织制作，经线以双股纱线合成的罗地葛布。

（5）山西省夏县西阴村仰韶文化遗址，距今5600多年，发现了经鉴定确认的人工割裂的蚕茧和一个纺坠。蚕茧残长约1.3厘米，最宽处为 0.71 厘米。这是迄今所知最早的蚕茧实物。

（6）河南郑州青台遗址，距今约 5500 年，发现了黏附在红陶片、头盖骨上的苎麻、大麻布纹和丝帛残片，同时出土了十多枚红陶纺轮，其中丝帛残片是迄今最早的丝织品实物。

（7）河北正定南杨庄仰韶文化遗址，距今约 5400 年，出土了两件陶塑蚕蛹，这则是迄今最早的陶塑蚕蛹。该遗址还发现了加捻牵伸的陶纺轮，以及既可理丝又能打维的薄刃条形骨匕。

（8）浙江吴兴钱山漾遗址，距今约 4700 年，除发现多块麻纺织技术较草鞋山葛布先进的苎麻布残片外，还发现了丝带、丝绳和丝帛残片，从丝织品编织的密度、拈向、拈度情况看，钱山漾的缫丝、合股、加拈等丝织技术已具有相当的水平。[①]

上述有关纺织起源的 8 例考古资料，东部 6 例，西部 2 例，西部虽少，然而却发现了最早的纺轮和最早的蚕茧。由此推测，纺织的起源也如《中华文明的起源》之"满天星斗"说，存在于祖国大地的东西南北。

进入青铜器时代，包括染色在内的纺织技术已经相当成熟，而且有了制造管理、农桑并重等文字记载。在中原出土的战国铜器上，刻画有数种形象鲜明的表现采摘桑叶的"采桑图"，而且根据图像可以看出，当时的桑树已有乔木、高干、低干三种，说明种桑养蚕业的发展已经相当可观。而春秋战国时期织机具的情况，则可从云南的几个著名的青铜文化遗址的出土器物中得以了解。云南祥云大波那、晋宁石寨山、江川李家山，都曾出土了绕线架、铜背皮、卷经杆、刷形器、弓形器、梭口刀、铜纺轮等青铜纺织工具。晋宁石寨山出土了一件贮备器，其器盖上生动地铸造了一群妇女进行纺织的场景，所以该贮贝器被命名为"纺织贮贝器"，其铸造的 10 个纺纱织布的妇女及其纺织机具逼真精细，栩栩如生，使人们对当时的织机和纺织状况一目了然。

当代民族学的资料又可分为两种，第一种是原始的遮身蔽体的方法，那是了解纺织产生之前关于"穿着"的活材料；第二种是原始的编

---

① 中国农业博物馆农史研究室编：《中国农业科技史图说》，农业出版社 1989 年版，第 55—61 页。

织工具和技术，那是可供探索纺织起源的活化石。

先看原始遮身蔽体的方法。我们知道，目前在大洋洲和东南亚的热带森林中，在非洲赤道附近广阔的丛林地带，在南美亚马孙河流域，还有若干不穿衣服，习惯于赤身裸体的"裸族"。"裸族"身上唯一的穿挂，就只有遮羞物，在腰间系一块小木板或一丛树叶或一节竹筒，只要能遮住生殖器即可。从 20 世纪 50 年代民族学者在云南等地拍摄的影像资料可知，其时苦聪人、独龙族和部分佤族也和大洋洲与非洲的"裸族"一样，赤身裸体进行采集、狩猎和刀耕火种。男人赤裸，只在下身兜一块遮羞布或遮羞板；女性习惯裸露上身，下身则在腰上围系一块遮羞布或一席草裙，形如"超短裙"。西盟县岳宋寨等地的佤族，至 1980 年代初期依然裸体，后来靠政府扶贫，才穿上了衣服；滇南西双版纳等地边远山区的哈尼族寨子，因为气候炎热，直到现在许多中老年妇女依然习惯短穿裙裸上身。以茅草和树皮制作衣服，比仅系挂遮羞物前进了一大步。在世界范围内，如环太平洋地区，以及东南亚向西，经过马达加斯加岛而达非洲东部甚至远及西非等地，这一广大区域内的民族，古代都存在以树皮制衣的记载，"树皮衣"是人类服饰萌发期的产物，现存树皮衣堪称人类服饰发展史的"活化石"[1]。在我国，海南岛的黎族，云南的傣族、哈尼族、基诺族、景颇族、独龙族、克木人等，都曾经有过取树皮为衣的历史，佤族、拉祜族支系苦聪人等还曾以树叶遮体，这种状况部分存在到 20 世纪 50 年代。树皮衣主要取材于箭毒木和构树的树皮，树皮从砍伐剥皮到成为可缝制的"布"，需经过砍树、剥皮、捶打、浸泡淘洗、反复搓揉、晒干、裁剪等工序。目前树皮衣的制作方法和工艺尚存在于哈尼基诺等民族之中，作为历史记忆已被列入非物质文化遗产名目，有的还被开发成多种艺术品行销于世。不过相对于实用和商业，其主要的价值还体现于服装起源的研究方面。

再看原始的编织工具和技术。纺织系由简单的编织发展而来的，目前在西部诸多民族中还能看到的原始的编制工具和技术主要有草编、藤

---

① 杨源、贺琛编：《中国西部民族文化通志·服饰卷》，云南人民出版社 2014 年版，第82 页。

编、竹编、带编等。传统草编最常见的制品为草索、草鞋、草席等，藤编有藤索、藤萝、藤筐等，竹编有竹箩、竹箕、竹篮、竹囤、竹席、竹篾笆等，带编有棉麻毛等编织的腰带、背带、包带等。

西部的传统纺织技艺

根据考古发现可知，商朝已经有了丝、棉、麻、毛的纺织。西周出现了原始的纺织机纺车和纬车，汉朝时发明了提花机。明朝宋应星编撰的《天工开物》一书，记录了养蚕、缫丝、织机种类、锦缎棉麻纺织、毛皮制作以及染色等技术，较全面地反映了我国自商朝以后不断发展的纺织技术状况。丝绸是我国的发明，因此我国被称为"丝绸之国"。我国东部是养蚕和丝绸纺织业最为发达的地区，其养殖和制作工序技术见于《天工开物》和上述从南宋至清代的《耕织图》和《桑蚕图》之中。《天工开物》《耕织图》所记传统农耕社会的丝棉等纺织技术，目前在东部地区多已发展为工业化大生产方式。西部地区开发晚，与东部存在发展差异，所以现在在西部许多少数民族地区，农耕社会传统的纺织技术还随处可见。

先从纺织原料看，西部的纺织原料和衣服制作原料比东部丰富，除了主要原料棉、麻、丝、毛之外，还有火草、树皮等。上文说过，我国是丝绸之国，无论是东部还是西部，都盛行蚕丝丝织品。陕西新石器时代遗址神木石峁曾发现誉蚕；山西夏县西阴村距今约 5000 多年仰韶文化遗址发现了茧壳；云南春秋晚期至战国中期的江川李家山古墓中发现过蚕丝线；四川被认为是蚕桑的发源地之一，古代的丝织业非常发达，其生产的蜀锦闻名遐迩；新疆和田地区种桑养蚕已有 1700 多年的历史；甘肃陇南地区现今还遗存有千年的古桑，足以证明西部地区蚕桑业历史之悠久。[①] 时至今日，丝织业在西部纺织文化中依然占有重要的地位。

棉（Gossypium spp）属锦葵科植物，性喜温暖，尤适宜沙壤土。棉

---

① 杨源、贺琛编：《中国西部民族文化通志·服饰卷》，云南人民出版社 2014 年版，第82 页。

有亚洲棉、草棉、陆地棉、海岛棉等多个品种，陆地棉栽培最多。唐代以前，我国棉花主要分布在西部的新疆、云南和海南岛地区（可参见《梁书·西北诸戎传》《后汉书·西南夷传》《后汉书·南蛮传》），至宋元时期，棉花才由东南和西北两路向长江中下游和关陕一代传播。西部除了青藏高原和内蒙古草原之外，大部分地区都有棉花栽培。

麻是我国最早利用的纺织原料，麻类植物较多，包括麻（火麻、苎麻、荨麻、树麻）、葛、苘、楮、蒯、菅等。种植火麻（Cannabis sativa）等麻类植物，纺织麻布制作衣裳及其他用品，在西部，尤其是在西南地区历史十分悠久。苗族是著名的种麻纺麻的民族，在其传统生计之中，麻及麻布的生产占有重要地位，他们无论居住于哪里，迁徙到什么地方，第一件事就是种粮种麻。苗族利用麻布制作的服装，巧夺天工，绚丽多彩，创造了水平极高的麻服装文化。西南除了苗族之外，善于利用麻的民族还有彝族、傈僳族、哈尼族、怒族、纳西族、白族、景颇族等。

我国的畜牧民族主要分布在西部地区，人们耳熟能详的以畜牧为主要或重要生计的民族有蒙古族、藏族、哈萨克族、锡伯族、乌孜别克族、鄂伦春族、达斡尔族、鄂温克族、门巴族、珞巴族、羌族、彝族等。利用毛皮制作衣服等，是畜牧民族文化的一大特点。牲畜和野兽皮制服装等的制作，一般需进行剥离、切割、清洗、刮削、晾晒、熟皮、鞣制、发酵、硝皮、铲皮、染皮、缝纫等工序。畜牧民族是我国毛纺织技术的发明者，商代晚期的新疆哈密五堡遗址，年代在公元前14—前13世纪，距今约3200年左右，该遗址曾出土了平、斜两种组织的毛织品，并有用色线编织成彩色条纹的罽，这是迄今为止所知我国考古出土最早的毛织品。蒙古族、藏族等畜牧民族的毛纺织，通常有采毛、净毛、弹毛、理毛4道工序，纺织品有毛线、毛毯、氆氇、毛毡、罽等。利用火草做衣裳，是西南彝族、纳西族、傈僳族、壮族等的独特发明。火草属菊科，钩苞大丁草（Gerbera delavayi Fanch）草属植物，容易燃烧，过去常被用作原始钻木取火和火镰打火的火引子，火草即由此得名。火草的叶片背面和根部长有黄白色的绒毛，人们采集白绒毛将其纺成火草线，然后和麻、棉纱混纺织成火草布。以火草布制作的衣裙、领褂和挎包等，朴素美观，保暖透气，轻柔舒适，经久耐用，是人们喜爱的服饰。

另外，从纺织机具看。相对于东部而言，西部目前尚保留着较多的原始或传统的纺织机具和工艺。纺轮是新石器时代发明的，这种古老的纺线工具延续了几千年，目前还广泛存在于西部的藏族、彝族、苗族、黎族、纳西族、独龙族、怒族、傈僳族、景颇族、德昂族、佤族、布朗族、拉祜族、基诺族、哈尼族等民族中。纺轮以金属、陶、木和植物果实制作，使用纺轮纺线，不需要固定的场所，妇女们通常腰系一个小篾箩，内装棉花和纺轮，也有习惯把纺轮插在发髻上的，随身携带纺轮和棉花，随时随地可以纺线。西部山地民族除了使用纺轮纺纱，有的还使用摇车纺纱；低地稻作民族与山地民族不同，他们很少使用纺轮，而是使用纺车纺纱。纺车有大有小，苗族等纺麻，所用纺车较大。西部民族众多，织机也各式各样，大致划分，有踞织机、斜织机两大类。踞织机结构简单，携带方便，织布时只需把经纱一头拴于木柱或树干上，另一端以背皮系于腰上绷紧即可操作，所以踞织机也称"腰机"。根据织布者所处位置，踞织机又可分为坐织、侧织和立织三种。采用踞织机织布的民族，主要是居住山地、房屋狭小、居无定所、经常迁徙的民族。目前西部还沿袭传统使用踞织机织布的民族有黎族、基诺族、拉祜族、佤族、阿昌族、德昂族、景颇族、傈僳族、怒族、独龙族、普米族、藏族等。善于使用简单的器具进行编织，是山地民族的智慧。例如编织布带，西双版纳哈尼族仅使用两根竹竿，将其并列固定于露台之上，即可排经布纬，编纬布带；云南、贵州等地的苗族，有一种系于腰间的微型弓状织器，用于站立或走路时进行编织，十分稀罕，可谓简约编织的极致。比踞织机复杂的织机有立织机（站立织布）和更为复杂的各式框架斜织机。斜织机比踞织机结构复杂，其经平面与水平机座有一个倾斜角，织布者坐着操作，使用蹑提综开口，有较完整的送经卷布系统，有完整的机架。虽然如此，然而由于西部民族及其支系众多，斜织机也形形色色，各具形态。居住于盆地坝子的水田稻作民族，多使用比较大型和固定的框架斜织机。纺织技艺与纺织机具多样性的生成，原因十分复杂，生态环境和民族文化的差异，应是纺织文化多样性的重要成因。例如同属傣族，可是分布于红河河谷流域的花腰傣与分布于西双版纳各坝子的傣泐和分布德宏等地各坝子的傣那，他们的纺纱、整经方式以及使用的织机类型就不相同，至于山地民族和盆地民族，北方民族和南方民族，差异就更为明显。

西部各民族传统染布使用植物染料，常用的植物染料有蓝蓼靛等十余种，染法主要是靛染。白族、苗族等传统的蜡染和扎染久负盛名，不仅国人喜爱，还远销国外，经久不衰。

如上所述，西部纺织材料十分丰富，以原料区分，服装可有火草衣、树皮衣、麻布衣、葛布衣、丝绸衣、棉布衣、毛皮衣等；而如果以民族及民族支系区分，那就是争奇斗艳、姹紫嫣红，种类可达数百种；以身份区分，有平民装、贵族装、宗教装等；以人生礼仪区分，有不同性别、不同阶层人们的诞生、满月、满岁、少年、成年、结婚、死亡各生命关节仪式的各式服装。不同的服装有不同的装饰，装饰体现于样式、色彩、刺绣、挑花、拼贴的千变万化以及附加于服装上的以金、银、铜、铝、各类珠宝玉石、贝壳、角、骨、竹、薏苡、羽毛、甲虫、花果等制作的饰品。云南服饰五彩缤纷，人体装饰亦争奇斗艳，头饰、发饰、耳饰、眼饰、鼻饰、唇饰、齿饰、项饰、臂饰、指饰、腰饰、尾饰、绘面、绘身、文面、文身等人体装饰，与服饰相结合，更增添了各民族穿着装饰的美丽与神奇。纺织和服饰制作材料的丰富，自然环境和民族种类的多样性，历史文化和生计活动的丰富多彩，东西南北文化的相互交流和相互影响，使西部成为世界上少有的拥有绚丽多彩的服饰和人体装饰的王国。

西部的耕织

农耕社会以农耕和纺织为中心的生活方式，具有两大重要文化特征：一是耕织主导着人们一年的生活节律：春夏秋大部分时间忙于农业生产，其间穿插着养蚕采桑或种植棉麻纺绩纱线，冬季农闲则忙于织布、刺绣做衣裳；二是耕织主导着劳动的性别分工：农活主要是男人的事，纺纱织布是女人的事，即所谓"男耕女织""牛郎织女"，这是千百年来沿袭下来的传统。

西部一些少数民族说到男人和女人的关系，喜欢用"筷子成双""磨盘双合"等形象的词语来形容，表现了男女平等的性别观念。虽然如此，但是在日常生活中，男女还是扮演着不同的角色。如上所说，男主耕女专织就是普遍践行的男女有别的现象。但是在日常生活中，妇女比男人承担的活儿更多，更为辛苦，妇女白天做农活、饲养家畜、砍柴做饭带孩子，晚上还要织布做衣到深夜。山地民族妇女更为勤苦，在山野中可以经常看到这样的情景：妇女们下地干活或收工回家，头肩总是背负着装有生产工具、种子、作物或采集物等沉重的箩筐，山高路遥，烈日炎炎，在外人看来如此翻山越岭已是苦不堪言，然而她们一边行走一边还不停地捻转手中的纺锤搓棉抽纱，争分夺秒，一刻也舍不得歇息。农村一年有农忙农闲之分，秋收过后，粮食入仓，农事告一段落，牛放山野，农具入库，男人可以喘口气了，而妇女们却依然忙碌。村寨里家家户户纺轮飞转，织机声此起彼伏，染布缝衣，刺绣挑花，为了过年穿新衣，为结婚备嫁妆，常常忙活到五更天。

以桑、棉、麻、毛等的纺织和制作，依季节行事，与农事活动交叉进行，形成农耕社会独特的复合生计形态，古人对此早有著述，我国历史文献中的《耕织图》就是对农耕社会生计活动的集中生动的表现。最早的《耕织图》为南宋绍兴年间于潜县令楼璹所绘著，其资料来源于江南地区，楼璹为了著作此图册曾遍访农家采集资料。从南宋至清代，《耕织图》不断出新，版本多达56种，代表性的耕织图如中国农业博物馆编《中国古代耕织图选集》所选明代《便民图纂》耕织图（三十幅）、清代雍正《耕织图》（四十四幅）、乾隆《御题棉花图》（图拓片十六幅，文字拓片十六幅）、光绪《桑蚕图》（十五幅）。《耕织图》图、诗、文并茂，生动地表现了农耕社会的日常生活，深受历代皇帝和民间的喜爱。

从雍正《耕织图》和光绪《桑蚕图》可知，我国古代东部一年的农事活动分别为：

1. 浸种，2. 耕，3. 耙耨，4. 耖，5. 碌碡，6. 布秧（播种），7. 初秧，8. 淤荫，9. 拔秧，10. 插秧，11. 一耘，12. 二耘，13. 三耘，14. 灌

溉，15. 收刈，16. 登场，17. 持穗，18. 砻，19. 舂碓，20. 筛，21. 簸
杨，22. 入仓。

而与之交叉进行的养蚕和丝绸纺织活动则有 26 道工序：

1. 种接本桑并剪桑，2. 种桑秧，3. 接桑，4. 下秧，5. 蚕种，6. 收
子，7. 浴蚕，8. 大起，9. 捉绩，10. 分箔，11. 采桑，12. 公簇，13. 炙
箔，14. 下簇，15. 择蚕，16. 窨茧，17. 练丝，18. 蚕蛾，19. 纬，20. 络
丝，21. 经，22. 织，23. 染色，24. 攀花，25. 剪帛，26. 裁衣。

东部古代的传统棉花栽培和纺织技术，可参考乾隆《御题棉花图》，
棉花图是乾隆三十年（1765）直隶总督方观承主持绘制的一套棉花生产
和加工的图谱，共十六幅，分别为：

1. 播种，2. 灌溉，3. 耘畦，4. 摘尖，5. 采棉，6. 拣晒，7. 收贩，
8. 轧核，9. 弹花，10. 拘节，11. 纺线，12. 挽经，13. 布浆，14. 上
机，15. 织布，16. 练染。（参见中国农业博物馆编《中国古代耕织图选
集》，第 31、77 页）

西部古代没有《耕织图》之类的文献，如果要详加记录整理，那么
大致有五种耕织类型：

1. 盆地河谷民族的水田农耕与桑棉纺织的耕织图；
2. 山地刀耕火种和旱作农耕与棉麻纺织的纺织图；
3. 农牧混合生计与毛纺织和皮革制作的耕织图；
4. 畜牧业与毛纺织和皮革或树皮制作的耕织图；
5. 茶叶橡胶热带水果等的种植与棉花纺织的耕织图；

兹举前两种类型为例，借以表现西部传统耕织状况：

1. 傣族等的水田农耕农事活动和棉花加工纺织过程

水田农耕农事过程：

（1）浸种、（2）泡田、（3）筑田埂、（4）犁田、（5）耙耱、（6）拔
秧、（7）插秧、（8）灌溉、（9）养鱼鸭、（10）除草、（11）护秋、
（12）收割、（13）堆谷、（14）脱粒、（15）运谷、（16）晒谷、（17）入
仓、（18）碾米、（19）筛簸。

与之交叉进行的纺织活动：

（1）犁地、（2）种棉、（3）中耕除草、（4）采棉、（5）榨棉、

（6）弹棉、（7）卷筵、（8）纺纱、（9）上浆、（10）晒纱、（11）导纱、（12）整经、（13）穿综、（14）入筘、（15）织布、（16）染布、（17）刺绣、（18）制衣被。

2. 苗族等的刀耕火种农事活动和麻加工纺织过程

刀耕火种农事过程：

（1）砍树、（2）晒树、（3）烧树、（4）整地、（5）播种、（6）建围栏、（7）守护庄稼、（8）除草、（9）护秋、（10）收割、（11）堆谷、（12）脱粒、（13）运粮、（14）晒谷、（15）入仓、（16）舂米、（17）筛簸。

与之交叉进行的麻加工纺织过程：

（1）耕作麻地、（2）种麻、（3）中耕除草、（4）割麻、（5）劈麻、（6）绩麻、（7）捣麻、（8）压麻、（9）纺麻纱、（10）导纱、（11）整经、（12）穿综、（13）入筘、（14）织布、（15）压光、（16）扎蜡染布、（17）刺绣、（18）制衣。

除上述两组耕作与纺织的组合之外，西部尚有各种类型的农耕方式与各种原料和各种纺织方式的组合，而且其纺织机具、技术、工艺的多样性，世之罕见，西部可谓是一座传统纺织文化的博览园。然而随着社会的进步，市场经济迅速发展，西部各民族的生活方式变化显著，传统的纺织技艺逐渐走向衰落。如何保护、传承、开发、利用好这一珍贵的文化遗产，使之适应现代社会发展的需要，满足人们对传统文化认同、依恋、审美等的精神需求，成为当下社会面临的重要课题。若干年前，为了宣传西部各民族的纺织技艺，以引发社会各界的重视，笔者曾在几个少数民族中举办纺织、刺绣、服装比赛活动，进行服装改良，并创建乡村博物馆展示纺织服饰文化。随着国家主导的非物质文化遗产评审保护工作的日益加强和完善，随着民间文化自觉和自信的增强，传统纺织、刺绣、服饰技艺有望得到更好的传承发展。

（原载《云南文史》2017 年第 3 期，尹绍亭主编：《中国西部民族文化通志·农耕卷》，云南人民出版社 2019 年版）

下　篇

云南民族文化生态村建设

建设云南民族文化大省的设想

在中国共产党第十五次代表大会上，江泽民同志指出要建设有中国特色的社会主义文化，这对于中国的繁荣昌盛和中华民族的振兴具有重大和深远的意义。与此相呼应，中共云南省委提出要把云南建设成为民族文化大省，这是基于对云南省省情的深刻认识而做出的极富远见卓识的战略决策。作为一个民族文化研究者，笔者对此深受鼓舞，并想就文化大省建设战略谈几点不成熟的看法。

说到战略，必须有一个明确的战略目标，这个目标应该怎样设定呢？这里试图对其作如下描述：抢救和发掘民族文化遗产，全面保护、继承和弘扬优秀民族文化，积极吸取全人类的文化精华，努力创造既有浓郁的地域和民族特色，又有鲜明时代精神的现代文明，为把云南建设成为万紫千红的文化百花园和繁荣昌盛的民族大家庭，为对中华文明和人类文明做出重大贡献而奋斗。

为了实现这样的战略目标，有很多工作要做，而以下五个方面，则是基本的文化建设工程。

一　战略理论研究工程

建设云南民族文化大省是一个庞大的系统工程，需要统一认识，需要指导方针、设计规划、实施措施等。而要有正确的指导方针、规划、措施，首先必须有正确的理论，理论是第一位的。理论有宏观的、高层次的理论，那就是邓小平的建设有中国特色的社会主义文化的理论。我们建设文化大省的设想、战略方针、规划设计乃至具体的实施方案，都必须依据和遵循这一理论，只有这样，才能保证事业沿着正确的方向发展。因此，如何结合云南文化的实际深入学习邓小平文化理论，探讨建设文化大省的方向、目标、思路、方略等问题，无疑是首要的工作，需要认真刻苦地进行学习和研究。

第二个层次的理论，是文化理论。文化理论流派甚多、涉及面广，然而从战略的角度看，从云南文化的实际情况来看，当务之急，需要解决两大认识问题。

一是何为文化大省之文化？什么是它的内涵特征？我们知道，提倡建设文化大省的不只云南一家，浙江等省市也有同样的战略设想。这样自然引出一个问题：云南文化大省的文化究竟是什么样的文化？它具有哪些独特的内涵特征？这是考虑建设文化大省的基本前提，对此没有明确的认识，就将茫然无措。

"云南民族文化丰富多彩，是一部活的文化发展史，或者说是文化发展的'活化石'。"如此认识和定性云南民族文化，可说是长期以来学术界和非学术界的主流观点。依据这样的观点，解释何谓"云南民族文化"，那就是云南具有从原始社会到奴隶社会，农奴社会、封建社会等前资本主义社会各发展阶段的文化形态，其特征就是社会发展史"活化石"单线进化的特征。这种影响广泛的、为很多人深信不疑的、被经常宣讲且习以为常的理论观点，是否客观科学地反映和揭示了云南民族文化的本质呢？是否能作为建设云南文化大省的依据呢？如果这一理论观点不容置疑的话，那么将如何解答这样的问题：我们能够依赖前资本主义社会诸形态的文化来建设社会主义的文化大省吗？既然几种社会形态的依次取代、依次进化是必然规律，那么，其文化的淘汰、替代和进化也应该是必然规律。虽然称之为"活化石"，然而既定性为"化石"，便没有长期"活"下去的道理。那么，我们文化大省的大厦是否就将建造在早已失去了社会基础的前资本主义的"文化残骸"之上呢？如果不是这样的话，如果这一理论使我们对云南文化的看法显得过于褊狭僵化的话，那么我们是否还可以进一步扩大文化的视野，兼收并蓄其他文化理论——诸如文化相对论等——来阐释云南文化及其特征？这是值得认真反思和深入探讨的。

二是对建设文化大省的目的和意义的认识。在改革开放、以经济建设为中心、努力实现现代化的背景下，提出建设文化大省，其目的意义何在？是为经济服务？是作为促进经济发展的手段？还是为了其他？这个问题解决不好，不仅谈不上文化大省的建设，而且还可能造成严重破坏文化资源和文化形象的后果。

目前不少人开始热心和重视文化，其目的十分明显，叫作"文化搭台经济唱戏"。各种各样的传统节日、民间艺术、音乐舞蹈、礼仪习俗、服装饰品、饮食菜肴，一时间都被注入了经济的动机，涂上了商业的色彩。而为了达到赚钱的目的，则不惜任意炒作包装，或改头换面、偷梁换柱，或制造伪劣景观、"挂羊头卖狗肉"，经济活动俨然成了文化的主宰。自然，在商品经济社会中，我们不能脱离经济而侈谈文化的圣洁与清高，也不能完全排斥文化与市场相结合，更不能否定某些文化产业的价值和意义。然而如果把文化完全视作经济发展的台阶和工具，一味追求文化的商品价值，那么必然会使文化变态、变味、变质，最终将导致文化的腐烂和消亡。

同样的话题还见于旅游。旅游是云南目前和今后重点发展的支柱产业。之所以将其作为支柱产业，其中一个重要的因素就是有民族文化作为它的"支柱"。那么，旅游与文化又是一个什么样的关系呢？是相辅相成，还是矛盾对立？丰富独特的文化可以促进旅游事业的发展，这是不言而喻的。健康、高雅、适度的旅游，可以促进文化的保护与繁荣；然而为了旅游而盲目滥用文化资源，只顾眼前利益而不顾长远发展，就会对文化造成极大的破坏。不要把旅游当成绝对的好事，更不要误解文化就是为旅游而存在的。笔者曾经发表过旅游是"文化娼妓"的言论，说它常常穿着美丽的文化外衣而无情地玩弄、玷污、糟蹋文化。文化既然不能当作经济的奴隶，自然也不应充当旅游的牺牲品。建设文化大省的目的和意义何在？有的同志说它是"综合国力"的体现，"是中华民族全面振兴的根本条件之一"，"关系社会主义事业生死存亡的问题"，振聋发聩，值得深思！

二　文化抢救与保护工程

自 20 世纪 50 年代以来，在中华民族的大家庭之中，各民族一律平等，相互尊重，民族文化事业取得了很大的成绩，得到了很大的发展。然而由于民族偏见根深蒂固，政治运动频繁冲击，近年来更有市场经济大潮的涤荡，所以云南民族文化的变异、破坏、失落的现象是十分严重的。如果任凭这种状况发展下去，不及时采取有力的抢救和保护措施，那么不用太长的时间，绝大部分文化资源必将彻底消亡。若果真如此，则"文化大省"将有名无实，甚至会沦为文化荒漠。

鉴于这种状况，文化的抢救保护工作应当立即提到重要的议事日程，并且需要采取以下措施。

（一）文化遗产普查

文化遗产普查是抢救保护的先期工作。迄今为止，我们所做的文化普查工作，仅仅限于考古和历史文化遗产范畴，而对于民族文化遗产，则处于无人问津、任其自生自灭、大量流失的状态。因此，普查抢救保护工作刻不容缓。作为措施，有必要在省级有关部门的统一部署和领导之下，由地州市县逐级进行本地区的普查工作。对于有形文化遗产，除了考古和历史文物之外，诸如各民族的特色民居、服饰、食品、工艺美术品、宗教器物、乐器、舞蹈道具、生活生产工具等，应该分门别类地进行记录、研究。对于不可移动的有价值的有形民族文化遗产，应该建立档案，挂牌保护，并制定切实有效的保护措施和法规；对于可移动的濒临消亡的有形文化遗产，则应该尽快征集收藏。至于无形文化遗产，诸如有学术价值的健康的神话传说、民间故事、音乐舞蹈、节日习俗等，已经消失的，应通过采访将其记录下来；尚存在的，则应创造条件，并建立传习机制，同时辅以音像手段，使之继承下去。

此外，对待重要的民族文化，也应像对待历史文物一样划分不同的级别，确定重点保护对象，并制定健全的保护法律，把民族文化保护工作提到法制的高度上来。

（二）博物馆建设

博物馆建设事业是衡量一个民族、一个地区的文化品格、文化素养和文化发达程度的重要标尺。发达国家有一个不成文的惯例，其成员每到一地旅游或考察，必先去看当地的博物馆，仅此即可说明博物馆在传播文化方面的重要地位。博物馆形式很多，目前云南至少需要建立以下几类博物馆。

第一是常规博物馆。作为文化大省，应逐渐建立起覆盖全省的博物馆网络。尽可能实现每个地州、每个市县都有历史文化博物馆。有条件的乡村，还应建立乡土博物馆或资料馆，以永久展示和保存本地区的历史、民俗和文化。

第二是节日博物馆。即选择各民族的一些重要的节庆活动，以博物馆的概念加以投入和保护，使之作为文化的载体完好地保存和继承下去。

第三是"国宝"博物馆。目前，在各少数民族当中，还有一些十分热爱和熟悉本民族文化的长老、祭司、老者等健在，国外对此类人物极为重视，当作"国宝"对待，因为他们每一个人都可以说是一个"博物馆"。迄今为止，我们尚无"国宝"的概念，对于他们的日渐减少毫不在意，这种状况必须改变。他们需要重点保护，他们的所知、所记、所识需要记录、整理、研究，他们的各种宝贵技能需要学习和继承。为了达到这一目的，为他们创造一定的物质条件，使他们安心地对年轻人进行传习教育是必不可少的。在文化迅速变迁和消亡的过程中，保护好"国宝"并抓好乡村文化传习活动，具有特别重要的意义。

第四是文化生态博物馆。把一些具有丰富民族文化资源，又有良好生态环境的民族村寨作为"文化生态博物馆"加以规划、保护和建设，努力突出其地域民族文化及生态特色，是防止少数民族文化的蜕变和异化，阻止千村一面、万人同态的较佳选择。只有在全省不同地区花力气建设一批文化生态博物馆，云南民族文化的多样性才能够保存下去。

三　文化区规划建设工程

我们知道，云南文化的突出特征是文化的多样性。全省 26 个民族文化迥然各异，一些大民族又有多达数种乃至数十种类的民族支系，各支系文化异彩纷呈。然而，仅仅是民族种类的多样还不足以体现云南文化的形象。云南的 39.4 万多平方公里土地，天公造化，五里不同天，十里不同貌，地域差异极大，自然景观瑰丽多姿。正是不同独具特色的文化与不同具有强烈反差现象的自然环境相映衬、相融合，才迸发出震撼人们心灵的巨大魅力，才充分体现出丰富、神奇、瑰丽的云南文化形象。

云南的文化形象在很大程度上是由具有独特的人文景观和独特的自然景观所构成的若干文化区所体现的。文化区是文化研究的一个科学概念，利用这一概念，既可界定云南不同的地域文化，同时还可以有效地进行文化的保护与建设。因此，如何划分、规划、保护、研究、重建不同层次和级别的文化区，就成了建设文化大省的一项必不可少的重要工程。

云南的文化区以生态文化着眼，笔者认为大致可以划分为以下 9 个重点文化区：

1. 迪庆高原民族文化区。该区以雪山草原景观和藏文化为主要特征，区内又可划分为中甸草原藏族文化区、太子雪山藏族文化区和三坝纳西族文化区。

2. 丽江高原民族文化区。该区以丽江高原景观和纳西族文化为重要特征，该区已有一个世界级的历史文化遗产——大研镇，还可以建立玉龙雪山纳西族文化区、泸沽湖摩梭文化区和小凉山彝族文化区。

3. 怒江峡谷民族文化区。该区以峡谷景观和峡谷民族文化为特征，具体又可分为独龙江独龙族文化区，福贡、泸水傈僳族、怒族文化区和丙中洛多民族文化区。

4. 滇西民族文化区。该区以滇西亚热带、热带风光和多民族文化为特征，区内又可分为腾冲汉族文化区、德宏坝子傣族文化区和德宏山地景颇族、德昂族文化区。

5. 大理白族文化区。该区以苍洱风光和白族文化为主要特征，具体又可分为洱海白族文化区，剑川、鹤庆白族文化区和巍山彝族文化区。

6. 滇南民族文化区。该区以滇南亚热带、热带风光和多民族文化为特征，区内又可分为西双版纳坝子傣族文化区，基诺山基诺族文化区，布朗山布朗族文化区，南糯山、格朗河哈尼族文化区，澜沧拉祜族文化区，西盟、沧源佤族文化区。

7. 红河流域民族文化区。该区以哀牢山梯田景观和哈尼族文化为主要特征，其中又可分为河谷低地傣族文化区和山地哈尼族、彝族文化区。

8. 滇东南民族文化区。该区以喀斯特地貌和壮族文化为主要特征，其中又可分为低地壮族文化区和山地苗、瑶族文化区。

9. 滇中滇东民族文化区。该区以滇中滇东红土高原景观和汉彝文化为主要特征，区内又可以分为滇池汉族文化区、楚雄彝族文化区和曲靖爨文化区。

上述文化区的划分，只是初步的工作。文化区的建设，关键是要抓住本区的文化特质，着力塑造富于地域特色和高品位的文化形象。

四　文化精品与人才工程

文化大省应该出产文化精品，只有不断产生数量多、门类全的文化精品，才担当得起"文化大省"的称号。

云南是文化人类学（或称"民族学"）的沃土，不少著名人类学者曾在这里辛勤耕耘、收获而享誉国内外。就目前情况来看，无论是专门研究机构、研究人员还是研究成果，在数量上云南都居于国内前列。然而由于种种原因，在学科理论建树、方法的规范和创新、实地调查的功力等方面，我们与国际学术界之间还存在着一定的隔膜和不小的差距。文化人类学作为研究文化和认识文化的最基本的最重要的学科，作为建设文化大省的重要领域，不能因循守旧、闭门造车、故步自封，必须放眼世界、开阔视野，要吸取古今流派的学术精华，兼收百家理论之所长，尽快与国际学术接轨，要争取在国际人类学界占有一席之地。为了达到目的，目前还需要打破行业界限，消除各自为政的藩篱，加强各院校、各科研机构的联系与合作，加强不同学科不同领域的联系与合作，统一制定一批具有重大理论和学术价值以及现实意义的研究课题，协同攻关；同时努力开拓民族地理学、民族生态学、民族植物学、民族生物学、旅游人类学等在云南具有潜在优势的边缘学科。

云南不仅是文化人类学的沃土，同时也是民族文学、艺术、音乐、舞蹈的资源宝库。20世纪五六十年代，云南曾产生过很有影响的作家群。云南音乐具有浓郁的地域和民族特色，很多歌曲广为流传，深受人们的喜爱。在舞蹈百花园中，云南舞蹈异彩纷呈，人才辈出，星光耀眼。在艺术界，更有云南画派崛起于国际画坛之上，令世界刮目相看，然而，所有的辉煌正在或已成为过去。时代在呼唤精品和大家，如何面对压力和挑战，是云南文艺界所面临的重大问题。

目前讨论建设文化大省，文化资源讲得多，资源开发讲得多，文化产业讲得多，"文化形象"讲得多，然而对于文化专门人才的重视、关怀、培养却讲得很少，这不免有失偏颇，或者说本末倒置。没有人才，再好的文化资源也不可能被很好地开发利用，更谈不上发展文化产业；没有人才，便出不了文化精品，便没有文化事业的繁荣，文化大省建设也将成为空中楼阁。综观云南目前的文化人才状况，并不令人乐观，由于历史的原因、经济大潮的冲击以及信息社会知识爆炸，各文化行业人才夭折、淘汰、流失、青黄不接、知识老化的情况相当严重。如果不采取积极的措施，制定特殊的政策，加大人才队伍建设力度的话，那么云南文化将不可避免地出现畸形发展和衰落的景象。

说到人才队伍的建设，首先应该重视文化领域内各种专门人才的培养和提高，这是不言而喻的，然而文化人才并不限于专家学者，文化管理者即文化官员也应列入人才队伍而加以培养和提高。因为如果文化管理者不懂文化，不懂得文化管理的特殊规律，不懂得尊重民族文化和专家学者的话，那么不仅谈不上发展文化事业，而且还会带来消极的后果，这样的事例其实已非罕见，类似的情况还见于文化产业。目前从事文化产业的人员，绝大多数没有受过文化专业的教育和训练，如前所述，很多把文化作为赚钱手段的所谓"文化产业"，已经对文化造成极大的破坏。因此，积极培养具有文化素养和文化伦理道德的文化产业经营人才，也是当务之急。此外，我们还应该注意到活跃于基层的文化积极分子，他们出于对文化事业的热爱，在艰苦困难的条件下，利用业余时间积极从事群众性的文化活动，为丰富人们的精神生活，为建设社会主义精神文明做出了贡献，他们理应成为文化人才队伍建设的重要一员。

为了加快文化人才队伍的建设,实行政策倾斜和加大投入是非常必要的,既然建设文化大省已作为云南省的发展方针,那么以往重科技、重经济、轻文化的观念和做法就应该有所改变。诸如文化研究机构及院校文化艺术专业的建设投入,有突出贡献专家的评审数量,学科带头人的设置数量,出国交流的留学人员的数量等,都应该有较大幅度的增加。而且应该像发达国家那样,设立各种文化基金,为从事文化调查、创作、研究、出版的有关人员提供必要的经费保障,为各类人才施展才能抱负和创作精品创造良好的条件。此外,还应扩大对外开放,要使各类文化人才在国际合作与交流的过程中尽快成长成熟。

五 文化产业工程

在市场经济的背景下讨论文化建设,不讲文化产业是不行的。文化有自身的意义,有超乎经济的价值。但是作为创造文化以及作为文化载体的人类,首先需要生存,只有具备了生存的物质条件,才谈得上文化的追求与创造。关于文化与经济的关系,我们既要反对一味追求经济效益而不惜破坏和牺牲文化的倾向,同时也应该看到经济是文化的基础,文化事业的发展离不开经济保证,而某些文化与市场相结合,业已产生促使人们重视文化、积极保护和弘扬优秀传统文化的正面效果。所以,大力发展健康的、有特色的文化产业,亦是建设文化大省的一个不可缺少的重要方面。

云南的文化产业,有的已经初见端倪,有的已经打下了基础,有的则尚未实现潜力的开发与转化。总的来看,文化产业的开发大致有以下几个方面。

1. 开放实验室文化产业。在各个文化区,建立不同学科不同门类、条件良好的生活体验基地和文化科学研究实验基地,面向国内外开放,以吸引大批学者、学生前来体验生活,从事学习、调查、研究。

2. 会议文化产业。利用得天独厚的自然和文化资源优势,建设良好的基础设施,加大宣传力度,力争把云南建设为世界文化会议中心。

3. 旅游文化产业。民族风俗、节庆、礼仪、生产生活方式等都是珍贵的旅游资源,都可以转化为文化产业。但是只有保证其原汁原味,品格高尚精美，此类文化产业才能持续发展。

4. 体育文化产业。云南民族体育活动种类繁多、形式独特，应该开发、展示、普及，作为大众的观光、健身、娱乐活动。

5. 工艺文化产业。努力开发种类多、质量好的民间民族工艺品，要上档次、上规模，切忌粗制滥造和制假贩假的行为。

6. 艺术文化产业。应多渠道多层次地组建高水平的文艺演出团体，不断创作音乐舞蹈精品，不断开拓演出市场，把云南的音乐舞蹈文化推向世界。

7. 服饰文化产业。深入发掘民族服饰文化宝库，吸取精华，推陈出新，不断开发个性突出、款式精美、方便舒适并富于时代特色的服饰产品，创造一个绚丽多姿的服饰王国。

8. 食品文化产业。少数民族食品上取山珍海味，下取山茅野菜，新产五谷，时鲜蔬菜，加之烹调独特，味道可口，已成为时下城市人十分喜爱的保健食品。如果能够到各少数民族当中，认真深入学习、调查、研究、改良、提高其饮食文化并推向市场的话，那么要获取"食在云南"的美誉也不是不可能的。

9. 出版文化产业。云南出版界有自身优良的传统和优势，在竞争激烈的新形势下，只有进一步发挥优势，抓精品，出好书，同时积极开发各类电子读物，才能立于不败之地。开拓文化产业，资源富、潜力大、渠道多、市场广。然而对于此项事业而言，最重要的是必须先行制定知识产权法，有法可依，按法行事，才能保证文化产业健康持续的发展。

以上谈了建设文化大省的目标和为了实现这一目标而必须做好的五个工程，最后，建议要把建设文化大省真正作为一个系统工程来对待，即不能只是纸上谈兵，而要真抓实干。具体而言，最重要的一条是必须有组织的保证。关于组织，建议设立省一级的"云南文化大省建设领导委员会"，由省委重要领导担任委员会主任，由宣传部、省民委、文化厅、教委、广电厅、财政厅、计委等部门领导组成领导班子，并设置常务领导和工作人员从事具体工作。只有建立具有权威性的、强有力的领导机构，才能统筹全局、实际运作。其次，在领导委员会之下可设置一个专家审议委员会，聘请各方面有代表性的专家学者担任委员，作为领导委员会的决策咨询顾问机构。最后，作为组织落实的措施，有关厅局、地州、高校都应有相应的部门和领导主管此项工作，以形成一条龙的工作网络系统。除了有组织的保证之外，还必须有资金的保证。既然是建设工程，就需要经费的投入。在目前文化变迁和破坏十分严重的情况之下，在各类文化设施都十分薄弱的情况之下，在文化产业尚处于起步阶段急需扶持的情况之下，如果没有强有力的投入，那是难以见效的。总而言之，建设文化大省，只有像抓经济、抓旅游、抓扶贫那样，真正重视，做到组织、经费、人员三落实，在科学的规划之下，实干苦干，才可能在不长的时间内取得较大的成绩。

（原载中共云南省委宣传部、云南社会科学院编《走向 21 世纪的云南民族文化》，云南人民出版社 1999 年版）

民族文化生态村与生态博物馆

　　20世纪90年代后期，我们在云南提出和实施建设民族文化生态村，无独有偶，贵州省也在苏东海先生的倡导、推动和组织下，由胡朝向先生等具体落实计划，积极行动，开始首创生态博物馆的建设。由于均为乡村社区民族文化保护传承创新模式，又都无现成经验可资借鉴，因此相互关注支持、相互学习交流就显得格外重要。从苏东海先生等的著述中，我们学习了解到生态博物馆建设的许多资讯，对于建设民族文化生态村起到了良好的借鉴作用。

　　20世纪六七十年代，工业社会在经历了辉煌的文明之后，其对社会思想、文化遗产、生态环境和自然资源等的消极影响日益显现，社会性的危机感、焦躁感悄然涌动，以致形成了一股强大的波及社会各界的反思和批判的潮流。生态博物馆就是在这样的背景下出现的对于传统博物馆的贵族性、殖民性、都市性、国家性、垄断性等的反思和批判的产物。

　　生态博物馆于20世纪60年代最早产生于法国，生态博物馆法语为ecomusee，英语将其译作ecomuseum。生态博物馆是生态（ecology）和博物馆（museum）的合成语。"eco"作为"ecology"（生态）和"eciono-my"（经济）的语源，出自希腊语"oikos"，即"家"的意思。

　　20世纪60年代后期，法国都市化急剧发展，农村人口大量流入城市，农村出现了严重的过疏化现象，为了维持都市和农村良好的平衡关系，分散中央集权、加大地方权力、强化地域主义、重视社区住民地位的诉求成为社会的热切期待。另外，社会、文化、环境等的建造和破坏交错在一起，导致了自然遗产和文化遗产保护意识的空前高涨。作为地方分权化政策的尝试之一，1967 年法国制定了《地方自然公园法》，根据此法令，各地积极开展保护和整治自然公园及其历史建筑物等的事业，生态博物馆即于此时应运而生。

那么什么是生态博物馆呢？

被称为"生态博物馆之父"的法国博物馆专家乔治·亨利·里维埃（Georges Henri Riviere）是这样定义生态博物馆的："通过探究地域社会人们的生活及其自然环境、社会环境的发展演变过程，进行自然遗产和文化遗产的就地保存、培育、展示，从而有助于地域社会的发展，生态博物馆便是以此为目的而建设的博物馆。"另一位法国博物馆学家雨果·黛瓦兰（Hugues de Varine）则如是说："生态博物馆是居民参加社区发展计划的一种工具。"法国的《生态博物馆宪章》把生态博物馆定义为："生态博物馆是在一定的地域，由住民参加，把表示在该地域继承的环境和生活方式的自然和文化遗产作为整体，以持久的方法，保障研究、保存、展示、利用功能的文化机构。"对于生态博物馆的进一步解释，见乔治·亨利·里维埃所概括总结的《生态博物馆的发展的定义》，他在该文中写道："生态博物馆是行政当局和住民共同构想、创造、利用的手段。行政当局和专家一起，提供便利和财源；住民则根据各自的兴趣，提供自己的知识和行动能力。"具体而言，生态博物馆具有以下几个功能：

第一，它是住民认识自身的"镜子"。住民依靠自己的努力，通过把维系自身生存的地域和对时代的连续性和非连续性的历史结合在一起进行解说，使之成为住民认识自身和向来访者提供真切了解其生活和行为的"镜子"。

第二，它是人与自然关系的表现。生态博物馆一方面要把人放到自然环境中去进行解释；另一方面，则要把自然放到如何使传统社会和产业社会适应自然的原初状态中去进行解释。

第三，它是时间的表现。人类从诞生时代到先史时代、历史时代以至现代，经历了漫长的时间，而且还将开辟新的未来。生态博物馆具有传达现行的关于时间的情报和批评分析的功能。

第四，它是空间的解释。生态博物馆是公众驻足和散步的特别空间。

第五，它是研究所。生态博物馆凭借外部研究机关的协力，开展对住民及其环境的历史和现状的研究，并积极奖励培养该领域的专家。

第六，它是学校。生态博物馆是让人们参与进行住民研究和保存活动、促使住民更好地把握和解决自己未来各种问题的学校。

生态博物馆除了具有以上六个功能外，同时还必须具备以下三个要素：

第一，生态博物馆必须在现地保存其地域的自然环境、文化遗产和产业遗产。

第二，为了住民的未来，生态博物馆必须由住民参与管理运营。

第三，生态博物馆必须开展各种活动。

三个要素具体包括如下一些内容：地域内遗产的现地保护包括地域博物馆、文化遗产、露天博物馆、自然公园、历史环境、国际托拉斯等的保护；住民主体参与管理运营的对象包括地域博物馆、共同体博物馆、邻近的博物馆、街区建造、地域振兴、城镇等的保护等；博物馆的活动包括资料收集保存、调查研究、展示教育以及博物馆、资料馆、学习场馆等的设施建设。

从上面的介绍可知，生态博物馆与传统博物馆在许多方面有所不同，挪威生态博物馆学家约翰·杰斯特龙总结了两者之间的差异，并归纳为：

生态博物馆	———	传统博物馆
遗产	———	藏品
社区	———	建筑
住民	———	观众
文化记忆	———	科学知识
公众知识	———	科学研究

如上所述，生态博物馆产生于法国，而法国的生态博物馆发展过程则大致可以分为三代。第一代指20世纪60年代后期，随着"地方自然公园"的诞生而建立的生态博物馆，也包括"生态博物馆"这个名字出现之前所做的一些尝试性建设的雏形。第一代生态博物馆的典型代表，

是 ile d Ouessant 生态博物馆，这个博物馆最早将自然环境和社会生活整合在一起，进行全面性的展示，它既是地方自然公园，又超出了公园环境的范畴，是一个生态生活整体性的博物馆。第二代生态博物馆以第一代生态博物馆为基础，发生于20世纪70年代前期，是城市地方自治政府设立之后的产物。第二代生态博物馆的代表是以产业遗产等社会环境为中心、由地域生活者主导建设并服务于公众的都市生态博物馆。第三代生态博物馆形成于20世纪70年代后半期，特别是1977年以后，围绕都市的产业、文化、生活等各种各样记忆的收集、保护为中心的生态博物馆大量出现，而小型的生态博物馆在其中占了不小的比例。然而，在发展的过程当中，由于一些博物馆背离了生态博物馆的既定精神，粗制滥造，所以被认为是"生态博物馆的堕落""博物馆的倒退"，而最终受到批判。

法国的生态博物馆发展至今已遍布全国。有学者对法国国家承认的数十座生态博物馆进行了调查研究，将其分为六种类型：一是研究基础型，即以学术研究为主的生态博物馆；二是保护基础型，即以保护为第一目的的生态博物馆；三是共同体型，即把共同体事业置于优先地位的生态博物馆；四是文化事业型，即以文化事业为主的生态博物馆；五是领域活动型，即以领域（地域）事业为主的生态博物馆；六是地域经济型，即以经济事业为基础的生态博物馆。

生态博物馆在法国产生，创造了不同的类型，形成了较为完整的理论、方法和管理体系，并在世界的很多国家产生了影响。1980年以后，生态博物馆为法语圈、西班牙语圈、葡萄牙语圈、意大利亚语圈以及拉丁语系的许多国家所接受，其理念在欧洲、北美洲、南美洲、非洲、大洋洲和亚洲得到了普及，出现了迅速发展的势态，中国贵州省与挪威政府于1998年在贵州合作建设生态博物馆，为中国生态博物馆的滥觞。毫无疑问，生态博物馆作为一种新颖的博物馆形式已被学界和社会广泛关注，然而也有例外，如英语国家对生态博物馆的建设就比较冷淡，英国甚至拒绝接受生态博物馆，说明生态博物馆尚存在着某些局限性。

生态博物馆的产生，在博物馆领域乃至在整个学术界，都有十分积极的意义，它在某种程度上反映了社会对于文化事业的目的和功能诉求，它所提倡的尊重文化拥有者和使博物馆社区化的理念，体现了文化伦理的回归。不过，我们也应该看到生态博物馆产生的历史还不长，要使其在不同的国家、不同的地区生根、发芽、开花、结果，还要经历相当长的探索过程。而且，作为博物馆的一种派生模式，尽管它具有广阔的前景，然而由于"社区"的局限性，它只可能是都市博物馆的一种补充，而不可能获得取代都市博物馆的主流地位。

生态博物馆思想在中国传播开始于 1986 年。那一年苏东海先生开始在他主编的《中国博物馆》学术集刊上系统介绍国际生态博物馆的思想和实践经验，包括创始人里维埃和戴瓦兰的重要论文，并发表了中国博物馆理论界对生态博物馆的讨论文章。1995 年经苏东海先生倡导，中国学者开始和挪威同行合作，将生态博物馆的挪威模式引进贵州省进行建设并使之中国化。此后 10 年间，苏东海团队在贵州建立了一批生态博物馆，接着又在中国西部和北部建立了一批生态博物馆。

民族文化生态村与生态博物馆的差别

上文介绍了生态博物馆的基本理念、产生的背景、理论方法、模式类型、发展的过程等。了解以上内容，很有必要。最近几年，我国一些地区的政府和乡村听说了"生态博物馆"这个名称，感觉十分新鲜，于是也萌生了建设生态博物馆的念头。例如云南，就有西双版纳傣族自治州勐海县的布朗族村寨章朗村和普洱市孟连县的佤族村寨大曼糯先后筹划建立生态博物馆。然而遗憾的是，他们并不知道生态博物馆究竟是怎么一回事。如果在一无所知或者知之甚少的情况下，盲目使用此名、轻率行动、随意建造，其结果肯定难以达到目的，甚至会出现"挂羊头卖狗肉"的情况。

从上一节的介绍可知，一个新的科学概念的形成，一种新的文化事象和一类新的博物馆模式的产生，必然有其产生的特定背景、时代、环境和空间。文化是流动、传播、相互影响的，任何一种新生的具有生命力的文化，都能够突破区域的、国家的、洲际间的界限而为不同地域、不同族群所接受，从而达到全人类的共享。然而，由于各地域的社会、环境、文化等存在着显著差异，文化在传播、交流的过程中，往往也会出现不相适应、难于融合甚至矛盾冲突的情况，这种情况有时是暂时的，然而也不排除始终难以和谐的局面。

生态博物馆产生于欧洲，本质上属于西方发达国家的博物馆文化，将其移植到中国，肯定需要一个探索、改良、适应的过程。我们提倡建设的民族文化生态村，是当代本土社会经济文化的产物，在其探索试验的阶段，学习参考借鉴已经经历了60余年的探索、积累了不少建设经验、在理论方法和管理运营诸方面均已趋于成熟和完善的外国生态博物馆，无疑是必要和有益的。那么，生态博物馆有哪些东西值得民族文化生态村认同和赞赏呢？

如果将生态博物馆与民族文化生态村进行比较的话，不难发现，两者在一些基本理念上具有相同或相似之处。例如：生态博物馆所保护和传播的对象包括自然遗产和文化遗产，即自然、文化两种遗产的复合。生态博物馆应该把自然和文化遗产作为一个整体，传播给我们的子孙后代，而不应该把文化精品从自然原有的环境中搬走，以免损坏整个遗产的完整性。生态博物馆的核心理念在于在文化的原生地保护文化，并且由文化的主人自己保护，只有文化的主人真正成为事实上的主人的时候，生态博物馆才能巩固下去。生态博物馆主张尊重地域、社区和住民的权利；主张依靠地区政府和住民做好当地的事业；主张生态博物馆由政府和住民共同构想、共同创造、共同利用，尤其重视社区民众的参与和主导作用；主张把生态博物馆所在地的自然环境和住民的生活方式作为一个不可分割的相互联系的整体；主张加强进行自然遗产和文化遗产就地保存、培育、展示和利用的教育和培训；主张生态博物馆是社区发展的"工具"等。生态博物馆的这些原则和理念，值得民族文化生态村学习、参考和借鉴。

然而，生态博物馆与民族文化生态村也有不同之处。两者的不同或区别，主要表现于下面几点：

第一，两者产生的背景不同。生态博物馆产生于发达的工业社会，是对工业社会和工业文明的反思、批判的产物，它所要表达的是该社会社区和住民对于权利、发展以及自然和文化遗产保护的诉求；而民族文化生态村则产生于发展中国家及其欠发达地区，是对在盲目追求经济发展过程中造成传统文化和生态环境破坏的反思和批判的产物，是追求建立和谐和可持续发展社会的需要。

第二，两者产生的社会经济文化基础不同。生态博物馆产生于西方发达国家，社会经济文化基础雄厚，建设条件优越；民族文化生态村建设于中国云南省的乡村，为欠发达或贫困地区，社会经济文化基础薄弱，建设条件相对较差。

第三，两者产生的倡导者不同。最早的生态博物馆是由地区行政机关和当地住民共同构想、创造、推进的；而民族文化生态村最早则是由学者构想、倡导、宣传、推进的。

第四，两者的性质不完全相同。从自然和文化遗产保护的角度看，两者的性质是相同的；而从建设的模式来看，却不一样。生态博物馆的某些理念虽然已经超出了传统博物馆的范畴，体现了博物馆发展的新潮流和趋势，然而它仍然属于博物馆的范畴。苏东海先生就曾说：生态博物馆不仅是一种文化保护机构，它也是一种博物馆。如果它仅仅是村民的一种文化自治行为，那它就够不上是生态博物馆了。生态博物馆要向专业化、博物馆化方向努力。民族文化生态村在每一个试点的规划中，也把博物馆或文化展示中心作为建设内容的一个重点，然而其整体不是博物馆，不会向博物馆化方向努力，而是致力于民族文化保护和可持续发展的新型乡村建设发展模式。

第五，两者的要素和功能不完全相同。生态博物馆遵循博物馆的建设运作模式，必须把建筑、藏品、研究、展示、教育等作为其必不可少的要素和功能；民族文化生态村则不必按照博物馆的规范进行建设和运作，它将根据各地区的情况，创造性地进行自然和文化遗产、物质文化和非物质文化遗产的研究、保护、发展、创造和利用。

第六，两者的建设方式不同。生态博物馆要求按照博物馆化的方向进行建设，因此首先重点建设具有文化收集、整理、收藏、研究、展示的"信息中心"（实际上就是博物馆）及其附属设施，同时进行信息中心管理人员的培训并建立完善管理制度等。而民族文化生态村则不同，首先要做的事情是要让村民理解什么是民族文化生态村，为什么要珍视优秀传统文化和生态环境，如何保护传统文化和生态环境，如何实现和谐和可持续发展等。为此就必须进行文化自觉、环境意识等的各种培训以及能力建设等。总之，民族文化生态村重视、致力的目标不是作为"硬件"的博物馆等的建设，而是通过开展各种文化和环保活动，以实现作为"软件"思想认识和自主能力等的提高和建设。

第七，对"村民参与"的认识不同。在西方发达国家，由于生活水平较高，社会福利保障制度较为健全，所以社区民众有更多的时间、精力和兴趣从事社会文化和生态环境的保护和建设事业，即村民一般都具有较高的参与自觉性。由苏东海先生领导团队建设的中国生态博物馆，第一批是建立在社会和经济处于封闭的前工业化古老村寨和草原上，村民们并不了解生态博物馆是怎么一回事，感觉不到与自身有什么密切的关系，因此行同路人，没有参与的积极性。苏东海对此曾有独到的总结：国外在那些文化程度高的地方建立生态博物馆不需要别人帮助，而中国确实存在着文化代理阶段。从文化代理回归到文化自主，村民需要经过三个文化的递升层面，那就是利益驱动层面、情感驱动层面和知识驱动层面。村民保护自己文化的动力来自利益驱动，也来自对自己文化的天然感情，不过他们对自己的文化还缺乏科学认识。三个层面的提高，是一个很长的过程。云南民族文化生态村对待村民参与的问题有不同的看法。云南民族文化生态村也大都建立在"社会经济处于封闭状况的前工业化"地区，也曾面临村民不理解、参与性低等问题。不过，一个明显的事实是，千百年来这些古老的村寨为什么直到今天依然能够很好地保护传承着自己的文化、维持着良好富饶的生态环境？问题不难回答，那就是他们本身具有独特有效的文化保护传承机制、环境保护法规以及相应的传统知识，只要我们能够悉心发现、虚心学习他们固有的机制、法规和传统知识，并热忱地支持他们将其继承、发扬、光大，那就不存在村民"参与"的问题。村民自主办理自己的事，历来积极主动，外来人如果能够"添砖加瓦"，那就更理想了。

以上差别说明，民族文化生态村与生态博物馆是在不同的国家、不同的时空、不同的文化背景、不同的经济基础情况下的不同选择和创造。民族文化生态村可以参考借鉴生态博物馆的理论、理念和成功的操作方法和管理经验等，然而更需要根据本国的国情走自己的道路。

总而言之，由于产生的背景、社会、风土、历史、文化等的不同，即使同属自然文化保护发展的事业，民族文化生态村也不能生搬硬套国外生态博物馆的模式。现在我国的一些乡村有建设生态博物馆的愿望，然而如果不了解生态博物馆产生的背景和社会经济文化内涵，不考虑本土的实际情况，不明确自身追求的目标，生硬地、不加取舍地将其照搬到欠发达或贫困地区，将会"水土不服"，很难达到目的。再者，国外生态博物馆毕竟已经有了 50 余年的发展历史，在世界各地其数量已达300 多座，其基本的理论方法及模式在世界博物馆学界早已形成了基本共识，因此，如果要建设生态博物馆，那么至少还有一个起码的规范问题，即不能粗制滥造，只用其名而不顾其实。云南民族文化生态村建设之初为什么不敢贸然采用"生态博物馆"之名？就是因为以上所说的诸多道理。

贵州的生态博物馆

欲了解贵州的生态博物馆，首先需要拜读苏东海先生写的《中国生态博物馆的道路》一文（载《2005 年贵州生态博物馆国际论坛论文集》）。苏东海先生对贵州生态博物馆的产生背景有如下较为详细的介绍。

20 世纪 80 年代正是中国博物馆发展的高潮时期。为什么这时中国会关注国际生态博物馆运动呢？一方面，中国正处于工业化的进程中，经济发展很快，但是先进国家工业化带来的生态失衡和环境破坏也在中国重演着，并且越演越烈。因此，环境保护和生态平衡日益为中国社会各界所关注，中国博物馆界也开始关注了国际生态博物馆运动。另一方面，中国博物馆已经发展到一千多座，博物馆也需要改革自己，寻找一种扩大保护文化遗产以服务社会的新形式。生态博物馆就是一种补偿传统博物馆缺陷的新形式。为此，从 1986 年开始，中国博物馆学会的学术集刊《中国博物馆》杂志，陆续发表了中国学者论述生态科学、环境科学与博物馆的论文。与此同时，这个杂志比较集中地介绍了一批与国际生态博物馆运动有关的论文和资料，其中有里维埃和戴瓦兰的重要论文，以及刊登在国际《博物馆》杂志上的其他有关生态博物馆的论文、宣言和会议消息。在中国的刊物上还可以读到法国、加拿大、美国等生态博物馆的材料。

1995年，中国开始创建第一座生态博物馆。中国博物馆学会常务理事苏东海研究员、安来顺副研究员、贵州省文物处长胡朝向先生与挪威生态博物馆学家约翰·杰斯特龙先生组成的项目组承担这一课题。当《在贵州梭嘎乡建立中国第一座生态博物馆的可行性研究报告》提出后，立即得到渴望加强文化遗产保护的中国政府支持，也立即得到了对环境和遗产保护十分关注的挪威政府对这一项目的支持，并纳入"1995年至1996年中挪文化交流项目"中。1997年10月，挪威国王哈拉尔五世访华时，与时任中国国家主席的江泽民出席了中挪文化交流项目签字仪式，使这一项目获得了强有力的政府支持，项目历时10年，从1995年至2005年，在贵州先后建成了梭嘎（苗族）、镇山（布依族）、隆里（汉族）和堂安（侗族）四座生态博物馆。

贵州四座生态博物馆的建设，首先要成立项目组，然后再进行实地考察，在此基础上进行以信息中心为主的方案设计，再经过方案的认真论证，经上级领导小组和政府的认可批准，方可具体实施。

贵州生态博物馆最值得称道的是具有一个完整的核心理论体系，这个理论体系集中体现于由挪威专家和苏东海、胡朝向等中国专家共同制定的"六枝原则"之中。"六枝原则"的具体内容如下：

1. 村民是文化的真正拥有者，他们有权利按照自己的意愿去解释和认同他们的文化。此条体现了生态博物馆的核心价值——村民是文化的主人。

2. 文化的含义和价值只有与人发生联系并依据自己的知识才得以界定和解释，文化的内涵必须加强。此条的意义是，文化遗产如果不与人的认识发生联系，那么它所具备的价值就不会被发现。

3. 生态博物馆的核心是公众参与。文化是一种共同的和民主的构造，必须以民主方式加以管理。此条体现了法国"里维埃定义"，该定义说："生态博物馆是一种工具，它是由公共机关与地方族群共同构思、形塑和运营。"

4. 当旅游业与文化保护发生冲突时，后者必须给予优先权。原件文物是不应该出售的，但以传统工艺为基础的高质量纪念品生产应该得到鼓励。此条是说在旅游与文化的关系中应坚持文化保护优先的原则。

5. 长期的和历史的规划是至关重要的，在长远上损害文化的短期经济利益必须得以避免。此条强调了生态博物馆的规划。

6. 文化遗产必须融入整体环境，在这个意义上，传统技术和物质文化资料是核心部分。此条是生态博物馆有别于传统博物馆的一个很重要的理念。

7. 观众有道德上的义务以尊重的态度实施自己的行为，他们必须遵守一定的行为准则。此条涉及观众对文化的态度问题，即对待文化主人的尊重和对文化的敬畏感。

8. 生态博物馆没有固定的模式，它们因各自文化不同和社会条件的差异而千差万别。

9. 社会发展在生态博物馆的建设中将是一个先决条件，人们生活的改善必须得到更多的重视，但不能以损害文化价值为代价。此条是在贵州建设生态博物馆的特殊社会背景下需要强调的。

2005 年 5 月，笔者参加了"贵州生态博物馆国际论坛"，期间参观了梭嘎和镇山两座生态博物馆。2008 年，又受胡朝向先生的邀请和陪同，参观了隆里和堂安两座生态博物馆，感受和印象如下：

1. 四座博物馆均极具地域和民族特色，其独特的文化和生态环境以及淳朴的民俗民风，令人印象深刻、流连忘返。这说明贵州生态博物馆的选点是十分专业和成功的。

2. 无论从社区、村落的交通、环境、民居的整治和建设来看，还是从资料中心的设计、建设、管理以及文化遗产的调查、收集、研究、展示、应用来看，都达到了基本的预期目标，产生了良好的效果，发挥了积极的作用。在各种相关条件和基础设施相当差的情况下，能把生态博物馆建设得如此具备规模和文化内涵如此充实，实属不易！

3. 贵州生态博物馆是国际专家与本土专家的智慧结晶，同时也是国家、省政府和当地政府关注支持的结果；其建设运作模式和机制既追求国际化，又具备显著的中国特色。正因如此，贵州的生态博物馆既是民族民间乡土的博物馆，同时也是体现着国际新理念新潮流的博物馆，值得肯定和赞赏。

4. 博物馆建设最大的问题，在于后期的管理运作能否持续和良性发展。贵州生态博物馆建设从一开始便纳入政府文化建制之中，由政府文化部门进行管理和运作，有固定的人员编制和经费划拨，这一点特别重要。云南的民族文化生态村和西双版纳章朗布朗族生态博物馆的建设，就是因为没有被纳入政府管理体制，所以后续发展遇到了极大的困难。

5. 在贵州生态博物馆的建设过程中和建成后，有大量国内外专家学者前往考察研究，有不少省区的同行前往调研借鉴，有许多相关专业的学生前往学习和实习，有众多民众前往参观游览，影响巨大。

6. 由于是开创性的事业，也难免存在缺陷和不足。批评主要集中于一些主要目标的建设差距上，例如有人认为，贵州生态博物馆建设的最大"缺陷"在于"文化拥有者"没有成为"六枝原则"中宣称的建设"参与者"，不是整个建设和文化的"主人"，而只是"附庸者"或"旁观者"。对此，苏东海、胡朝向等主持建设者都有清醒的认识，例如苏东海先生就曾反思：生态博物馆建设的所有工作"都是政府和专家的行为，当地人完全被置于被动接受的地位"。在中国当下发展阶段，这既是一个绕不开的难题，也是一个富于挑战和需要足够时间去探索与实践的课题。对此，贵州、广西等地的生态博物馆建设需要进行长期探索，云南的民族文化生态村建设也同样需要不断研究，可谓"任重而道远"。

对于来自学术界的诘难，尤其对于2005年国际论坛的参会代表和国外一些代表提出的质疑和批评，贵州生态博物馆的建设者们已有诸多很好的认识和总结。关于它的评价，笔者认为有以下几点值得注意：

首先，将国际生态博物馆的理论引入中国西部贵州省民族地区付诸实施，体现了中国博物馆专家们大胆探索的勇气。苏东海先生曾言，"在贵州建设的生态博物馆是中国的第一个乃至第一批生态博物馆，对中国博物馆学的开拓和创新具有里程碑的意义"。其影响之大，不限于博物馆学界，而是整个社会科学学界。

其次，贵州生态博物馆制定的"六枝原则"，是国际理论与本土实际相结合的创新理论，具有很强的前瞻性、现实性、指导性，对于丰富博物馆学、博物馆人类学、文化遗产保护学以及文化和旅游事业的建设，均具有重要意义。

再次，贵州生态博物馆的建设堪称中挪文化合作和国际文化合作的典范。在生态博物馆建设的整个过程之中，中挪专家学者相互尊重、相互切磋、取长补短、团结奋斗，结成了深厚友谊，在国际生态博物馆建设史上谱写了一曲瑰丽篇章。

复次，贵州生态博物馆的建设存在诸多缺陷和不足也是不争的事实，然而其发挥的"前车之鉴"的作用却不可低估。无论任何事业，成绩和经验是宝贵的，然而有时"教训"和"失败"却更为可贵。继贵州生态博物馆建成之后，广西、浙江等地也陆续建成了一批生态博物馆，它们无一例外都是在借鉴、学习贵州生态博物馆的建设理念、经验和实践的基础上产生的。它们被认为是中国的第二代、第三代生态博物馆，追溯它们的源泉滥觞，就是贵州生态博物馆。

最后，生态博物馆是一个新生事物，其"移植"的实验不可能在短时期内完成，这将是一个长期的探索过程，贵在坚持、重在参与、勇于实践、放眼世界、结合实际、积累经验、重视教训、尊重村民、谦虚学习、不懈努力，才是应取的态度和事业发展的保证。

广西的民族生态博物馆

广西的民族生态博物馆，是受贵州生态博物馆的启发，通过学习贵州生态博物馆的理论和实践，结合广西的实际情况，于 2003 年开始创建的。广西壮族自治区政府一开始选择了南丹（瑶族）、三江（侗族）和靖西旧州（壮族）作为试点，建设民族生态博物馆。在取得一定经验的基础上，2005 年由广西民族博物馆编制《广西民族生态博物馆建设"十一五"规划》《广西民族生态博物馆建设"1＋10 工程"项目建议书》，并获得自治区民族民间文化保护工程领导小组的批准。广西的"1＋10工程"，是由 1 家"龙头"博物馆——广西民族博物馆和 10 家民族生态博物馆组成。10 家生态博物馆为前述 3 家馆加后来追加的 7 家馆：贺州市莲塘镇客家围屋生态博物馆，融水苗族生态博物馆，灵川县灵田乡长岗岭村汉族生态博物馆，那坡达文黑衣壮生态博物馆，东兴京族三岛生态博物馆，龙胜龙脊壮族生态博物馆和金秀县瑶族生态博物馆。

广西的民族生态博物馆是在充分调查、学习、参考贵州生态博物馆的基础上，结合自身的研究成果和广西的实际情况，所进行的一项富于创造性和可操作性的文化保护建设事业。笔者曾应邀参加过广西生态博物馆实施建设方案的研讨，并实地考察过龙胜龙脊、靖西旧州和那坡达文三个民族生态博物馆，感受较深的印象有以下几点：

1. 定位定性比较结合实际。广西民族生态博物馆的建设宗旨为"促进社区文化保护、传承和发展，推动社区居民生活水平的改善"。这一定位符合政府要求和社区的实际情况与实际需要，比较客观务实。其基本任务界定在两个方面：一是通过民族生态博物馆所进行的文物征集、整理、展示和保护等工作，发挥宣传和教育的作用，传播民族文化和科学知识；二是要把民族生态博物馆建设成为研究民族文化的基地和广西民族博物馆的工作站和研究基地。这样的定性，基本上没有超出传统博物馆的业务范畴，目标不太高，包袱也不重，不失为一种可进可退的策略。

2. 模式构想思路清晰。广西民族生态博物馆的模式被设计为"信息资料中心"和"生态博物馆保护区"两者的组合，所谓"信息资料中心"其实就是一座博物馆，所谓"生态博物馆保护区"便是村寨，两者之间的关系，定位为相互结合，相互促进，即"馆村结合，馆村互动"的模式。看得出来，在模式的构想设计上，虽然是贵州模式的沿袭，但是他们有意回避了贵州"六枝原则"所提倡的所谓"村民是文化的主人""必须以民主方式管理"等超前和时髦的话语，调子不高，没有太多的束缚，亦不失为一种有较大灵活性的策略。

3. "1 + 10"博物馆体系是创造性的尝试。广西"1 + 10"博物馆体系的理论构想为：将正在建设中的广西民族博物馆与未来陆续建设的各个民族生态博物馆结成"联合体"，建立起长期、稳定的互动与延伸关系，编织信息网络，构建交流与合作平台，把握生态博物馆的目标与发展路线，设计总体规划，提供专业的可行的理论支撑。与此同时，在保护文化遗产和培育文化自觉的基础上，使社区群众最大限度地以各种方式主动参与到项目中来，一同发掘社区传统文化中的精华。广西的"1＋10"博物馆体系，从传统博物馆的角度看，无疑是一个创新，在国内尚无先例，它丰富和扩展了传统博物馆的内涵和外延；从生态博物馆的角度看，它一定程度地体现了文化的就地保护和服务社区的理念，可视为一种本土化的努力和探索。

4. 制定了健全的建设和管理制度。广西民族生态博物馆的建设由广西文化厅直接领导，归属关系明确，职能对口。在文化厅的领导下，先后制定出台了《项目建议书》《管理暂行办法》《项目责任书》《建设相关单位主要职责和工作制度》等文件。由自治区批准颁布执行的《建设相关单位主要职责和工作制度》，明确规定了自治区文化厅、财政厅、发展和改革委员会、民族事务委员会、交通厅、民政厅、旅游局、建设厅、国土资源厅、卫生厅、教育厅、扶贫开发领导小组办公室这12个相关领导部门的职责和工作制度。由于目标明确、组织严密、制度完善、分工具体、职责落实、措施得当，所以建设工作进展顺利，成效显著。

5. 有详细规划。每一个生态博物馆在申报之前都认真做好了建设的"详细规划"，"详细规划"包括总体思路、选点依据及相关图表、历史文化遗存、民族文化资源、保护方法和措施、居民的组织和参与方案、民意诉求、项目建设与当地社会经济文化发展的关系，尤其是与当地居民生活改善的关系、创新性和可操作性、详细的投资预算等。相比之下，我们从事的民族文化生态村建设前期工作是做得不够的，应该像广西的成功案例学习。

综上所述，广西民族生态博物馆的建设模式和方法是值得肯定的，它给人两点特别深刻的印象：其一，广西民族生态博物馆实干、严谨、扎实、科学的工作作风和实事求是的态度，值得敬佩和学习；其二，广西民族生态博物馆的建设吸取借鉴了贵州的经验和教训，不盲目照搬国外生态博物馆的理论，试图结合该区的实际情况，开拓具有本土化特色的模式，作为博物馆体系，它具有一定的创新性和前沿性。当然，从国际视野的生态博物馆角度看，广西的民族生态博物馆建设才刚刚起步，"1＋10"博物馆体系固然是一条新路，但要真正实现其整合，要达到"馆区结合，馆区互动"的目标还有不小的差距。另外，从该区现在已经建成的几个生态博物馆来看，它们所设立的"资料中心"同样面临贵州的问题，尚不能完全融入社区之中，还需要在"当地居民的参与"方面多做工作。在目前建设成绩的基础上，如果要巩固提高，具有更高的追求，仍然绕不开村民在文化中的角色和可持续发展等难题。

作为"中国生态博物馆之父"的苏东海先生，在广西生态博物馆建设的初期，一直十分关心并给予了诸多指导，胡朝向先生也为广西生态博物馆的建设积极提供帮助。苏东海先生对广西生态博物馆的评价，十分中肯，也值得重视。苏东海先生在《中国生态博物馆的道路》（载《2005年贵州生态博物馆国际论坛论文集》）一文中说：

> 贵州的生态博物馆为了在社区化的基础上提升它的专业水平，在开展记忆工程上加强了对村民的专业化培训，做了很好的工作。但真正把生态博物馆向专业化、博物馆化方向提升努力，才是创造生态博物馆的广西模式，这是中国生态博物馆的第二代模式。它是在继承贵州生态博物馆经验的基础上，加强了生态博物馆的科学研究水平和展示传播水平。广西建立的两座生态博物馆也同时建为广西民族博物馆的两座科研基地，广西民族博物馆的专家介入到生态博物馆里来，以科学的方法、科学的视野对这个文化活标本进行科学研究，其结果不仅直接提升了村民对自己文化的历史价值、艺术价值和科学价值的认识和保护的自觉性，而且在实践上培育着自己的科学家，这种结合对村民、对科学家都是有益的。对于巩固生态博物馆的存在和提升其保护水平也是必要的，中国第二代生态博物馆也强化了它的文化展示传播功能。广西把贵州的资料信息中心改称为"展览中心"，以强调其展示意义。如果一个村寨拥有的独特文化不向外界展示，没有外界的欣赏，又怎么能够实现文化多样化的价值呢？事实上，越是能为外界所欣赏的文化越有生命力，外界

的赞叹是激励文化传承的重要动力。广西两座生态博物馆展览中心的陈列，已经相当专业化、博物馆化了。它们的无形文化遗产在外来的强势文化面前，本来是脆弱的，但如果它们对自己文化价值的认识提高到了科学的高度，情感上达到珍惜的程度，其无形文化遗产就变得坚固了。博物馆的表演和展示不是为了出售，而是一种自豪，对自己的文化有了科学的认识、自豪的情感，就有了自觉传承的基础。这时，他们才真正成了自己文化的主人。

这就是苏东海先生对广西的生态博物馆——中国的第二代生态博物馆的评价，它寄托了中国生态博物馆的开拓者苏东海先生的殷切希望。

（原载《中南民族大学学报》2009 年第 5 期）

民族文化生态村建设的理论构想

"民族文化生态村"建设是我们在 1997 年提出的一个以人类学为主、包括其他学科参与的应用研究开发项目，一个以地域和民族文化保护和传承为主旨，由政府引领，以住民为主体，由学者和社会相关群体等参与建设的行动计划。

这一项目的提出，经历了长期的思考、调查、研究的过程。关于地域和民族文化的保护和传承，并不是一个新的问题，它从来都是文化事业和学术研究的一个重要组成部分。然而由于受"文化大革命"等运动的冲击，传统文化遭受了极其严重的破坏。之后"拨乱反正"，放弃"阶级斗争"，为实现现代化，实行改革开放，大力发展市场经济，打开国门，与世界接轨，全球化浪潮席卷而来。在这样的形势下，地域和民族文化的恢复和重建又面临巨大挑战。如何在新的形势下有效进行民族文化的保护传承和发展，成为社会面临的重大课题。作为从事地域和民族文化研究的学者，笔者对此当然责无旁贷。国家需要决策的参考依据，社会需要认识和行动的理论，民间需要建设的参照和经验，这些都有待我们去实践、探索、研究和总结。选择具有地域文化和民族文化特色的村寨，依靠村民的力量和当地政府及专家学者的支持，制定发展目标，通过能力和机制的建设进行文化生态保护，促进社会经济发展，使之成为当地文化保护传承的样板与和谐发展的楷模，为广大乡村提供示范，并促进学术的发展，这是本文的基本写作思路。

建设"民族文化生态村"，就是在这样的背景之下，为适应社会需要而进行的理论探索，并付诸实践的开拓性事业。

民族文化生态村定义

那么，什么是民族文化生态村呢？我们给出了这样的定义：

民族文化生态村是在全球化背景下，在中国进行现代化建设的场景中，力求全面保护和传承优秀地域文化和民族文化，并努力实现文化与生态环境、社会、经济的协调和可持续发展的新型乡村建设模式。

这个定义有四个关键词值得注意：

一是"全球化"和"现代化"。所谓"全球化"，简单来说是指世界迅速趋向于同一化的滚滚潮流；所谓"现代化"，通常的意义是指农业等传统社会向现代工业和信息社会的进化。"两化"是时代进步的表现，亦是社会发展的必然，其趋势是不可阻挡的。然而，大量事例说明，在全球化的巨大影响下，在追求现代化的过程中，人们往往自觉或不自觉地以牺牲地域和传统文化的多样性为代价，结果便难以避免社会发展的不和谐和不可持续等问题，这是面对"两化"所必须予以足够重视的问题。

二是文化"保护和传承"。上文说了全球化和现代化。全球化的特征表现为当代文明强势取代传统文明，同一化强势取代多样性；现代化在很大程度上是以工业文明为标志，工业文明的特征在很大程度上表现为以牺牲自然资源生态环境和传统文化等为代价的技术物质至上主义。它们都存在着吞噬、排斥和否定传统文化及文化多样性的可能性和危险性。在这样的形势下，清醒地认识全球化和现代化的利弊，扬利阻弊，努力进行优秀传统文化的保护传承，意义重大。这就是民族文化村为什么要把"地域和民族文化保护传承"作为其主要建设目标的原因。

三是"协调和可持续发展"。现代化建设强调以经济发展为中心，然而仅有经济的发展是不够的、是残缺不全的。社会、经济、文化、生态环境是一个有机结合的整体，不可割裂和偏废，只有齐头并进，和谐共生，才可能持续发展。胡锦涛同志在中国共产党第十次代表大会报告中提出了构建和谐社会的伟大战略构想，这是关系中华民族千秋万代生存发展的大事。民族文化生态村建设以协调和可持续发展为奋斗目标，符合时代要求，体现了社会发展的正确方向。

四是"乡村建设"。中国是一个乡村社会，乡村是社会的"细胞"，只有广大乡村发展和谐了，国家才能够发展和谐。所以，文化生态村着眼于乡村建设，希望做出乡村发展的典型和示范，并在广大乡村进行推广，从而对国家的和谐发展做出贡献。

民族文化生态村建设项目于 1997 年提出。1998 年云南省委省政府提出"云南民族文化大省建设"发展战略，同年召开"建设云南民族文化大省"的第一次大会，文化界和舆论界积极响应省委省政府的这一战略决策，掀起了民族文化建设发展的热潮。由于民族文化生态村建设非常切合云南民族文化大省建设发展战略的需要，所以被选定为"云南民族文化大省建设"的重点项目之一，写进了《云南民族文化大省建设纲要》，并由省委宣传部统筹落实。曾经支持云南少数民族地区社会、经济、教育、卫生等事业的发展以及民族文化保护的美国福特基金会，配合"云南民族文化大省建设"，对云南民族文化生态村建设项目给予了田野调查、理念培训、能力建设、开展文化传承活动等支持。1998 年夏秋之际，项目组经过一段时间的调查研究，选择确定了腾冲县和顺乡（汉族）、景洪市巴卡小寨（基诺族）、石林县月湖村（彝族·撒尼人）三个村寨作为建设云南民族文化生态村的项目点（试点），其后又应丘北县仙人洞村（彝族·撒尼人）和新平县南碱村（傣族）的要求增加了两个项目点（试点），共五个项目点（试点）。此外，云南大学彭多意教授也主持了一个乡村发展项目，项目点选在弥勒县可邑村（彝族·撒尼人），由于理念方法近似于民族文化生态村，所以后来也加入了建设文化生态村的行列。

云南民族文化生态村建设项目由云南省委宣传部领导，云南大学人类学系具体组织实施，在五个项目点分别建立了由当地各级政府相关部门官员、村民小组负责人、村民代表以及专家学者组成的领导小组。项目组成员以云南大学人类学系师生为主，此外还有云南大学相关院系、云南省社会科学院、云南理工大学建筑学院、云南省博物馆、云南艺术学院、云南民族博物馆、云南民族大学等的专家学者以及项目点所在地各级政府、宣传部、民族委员会、文化局、旅游局等的官员和工作人

员，先后参与者百余人。虽然外来支持者、参与者不少，然而在项目建
设的整个过程中，发挥主体作用的依然是广大村民，没有村民的积极参
与，任何事情都不可能顺利进行。

　　民族文化生态村建设，从文化事业的角度看，意在探索地域和民族
民间文化以及文化遗产保护传承的新途径；从学术的角度看，是以人类
学为核心的多学科结合的应用研究新课题；从现代化建设的角度看，则
可为国家实施的"社会主义新农村建设""美丽乡村建设""乡村振兴"
发展战略提供参考性的理论方法和经验。云南民族文化生态村建设项目
继承、发扬了云南民族学紧密结合云南实际和现实需要的优良传统，主
动融入政府发展战略，最大限度地联络相关领域专家学者，积极发挥跨
学科团队的特殊作用和影响。作为云南民族文化大省建设的重点项目，
在省委宣传部的领导、组织和推动下，在试点建设的基础上，向全省推
广，建设村寨达 50 个。国家文化部通过对云南民族文化生态村等的调
研，提出在全国建立"文化生态试验区"的报告，经国务院批准列入
"国家级非物质文化遗产名录"。云南民族文化生态村建设的学术和应用
价值，不仅表现在云南民族文化大省建设战略之中，更值得肯定的是它
的超前意识和开拓性实践。2003 年 10 月召开的中国共产党十六届三中
全会提出科学发展观，胡锦涛同志在党的十七大报告中提出，科学发展
观第一要义是发展，核心是以人为本，基本要求是全面协调可持续，根
本方法是统筹兼顾。2013 年习近平总书记在中央农村工作会议上强调，
中国要强、农业必须强；中国要富、农民必须富；中国要美、农村必须
美。建设美丽中国，必须建设好"美丽乡村"。2017 年 10 月习近平总书
记在党的十九大报告中提出，建设生态文明是中华民族永续发展的千年
大计，必须树立和践行"绿水青山就是金山银山"的理念，形成绿色发
展方式和生活方式。农业、农村、农民问题是关系国计民生的根本性问
题，必须始终把解决好"三农"问题作为全党工作的重中之重，实施乡
村振兴战略。事实说明，深切关注各民族发展，服务国家建设的需要，
深入调查研究，敏锐发现问题，积极解决问题，是学者应尽的职责。唯
有如此，我们的研究才具有前瞻性，才具有价值和意义，才会获得社会
的认可。云南民族文化生态村建设项目早已结题，由于切合党中央制定

的科学发展观、生态文明建设、美丽乡村建设和乡村振兴等一系列发展战略，所以其影响力至今一直不减，依然发挥着可供学界和社会参考借鉴的作用。

民族文化生态村的建设目标

民族文化生态村建设以民族文化保护为宗旨，认为文化是民族的"根"和"魂"。然而，文化并不是孤立的存在，事实上它与社会经济生态是一个不可分割的整合体，没有经济基础，没有社会的进步，就不会有文化的发展和繁荣。因此，从事文化保护事业不能仅仅着眼于文化本身，还必须有综合的关照和整体的思考。另外，我们还应该保持十分清醒的认识，从事民族文化生态村的建设，进行民族文化保护，不能脱离中国特定的时空条件，不能不考虑国情民情，对于国外同类保护事业及其相关的理论方法和经验范式，应该虚心学习，积极参考借鉴，但也不可盲目照搬。基于以上的考虑，并参照创建国家精神文明示范村、民族团结进步示范村、美丽庭院示范村、全国乡村旅游重点村、中国最美乡村等的部分标准，拟定了建设民族文化生态村应该努力实现的六个基本目标：

1. 具有突出的、典型的、独特而鲜明的民族文化和地域文化特色；
2. 具有朴素、淳美的民俗民风；
3. 具有优美良好的生态环境和人居环境；
4. 摆脱贫困，步入小康；
5. 形成社会、经济、文化、生态相互和谐和可持续的发展模式；
6. 能够发挥示范作用。

上述六个基本目标，是第一层次的目标，在基本目标之下，还必须制定若干层次的目标体系。下面的目标属于第二层次：

1. 村民热爱本地区、本民族的文化，具有较高的文化自觉性；
2. 建立由村民管理、利用的文化活动中心；
3. 依靠村民发掘、整理其传统知识，并建立传统知识保存、展示和传承的资料馆或展示室；

4. 建立行之有效可持续的文化保护传承制度；

5. 依靠村民的力量改善村寨的基础设施和人居环境；

6. 改善传统生计，优化经济结构；

7. 有一批适应现代化建设、有较高文化自觉性、有开拓和奉献精神且能力强的带头人；

8. 有比较健全的、权威的、和谐的世俗和行政的组织保障；

9. 有良好可持续的管理运行机制。

要实现上述六个基本目标和第二层次的九个目标，从目前我国乡村的总体情况来看并不是一件容易的事情，其障碍和困难不小，主要表现在以下几个方面：

第一，中国农村普遍存在的贫穷落后的状况，解决温饱问题摆脱贫困是人们的主要诉求和愿景，在这样的情况下倡导文化自觉和文化保护，如果不能与发展经济摆脱贫困相结合，是不可能达到理想目标的。

第二，由于贫困，加之以往各种运动的冲击，传统生态文化保护传承的传统知识、法规体系和保障运行机制大多不复存在，修复、恢复和重建有待时日。

第三，文化无序、信仰淡化、规范失调、环境恶化、生活贫困，加之市场经济物质金钱价值观的强大影响，很容易形成急功近利、唯利是图的"反和谐"和"反持续发展"的氛围和思潮。这种氛围和思潮不仅不利于文化和生态环境的保护，还可能导致新的、更为严重的文化和生态环境破坏。

第四，上述两个层次的目标，内在联系紧密，相辅相成，是一个综合性的系统工程，系统之中任何一个或几个目标的短缺或不足，都会影响其他目标的实现，从而导致整个系统工程的紊乱甚至失败。

第五，建设民族文化生态村是由学者提出并运作的项目，然而民族文化生态村建设作为囊括了社会、经济、文化、环境、脱贫、发展等诸多要素的综合性的系统工程，仅靠学者的力量和努力，显然是远远不够和不可能实现的，它需要社会共建，需要村民的主动参与积极主导，需要政府强有力的领导和支持。而要使政府、村民和社会接受学者的理念，并使之转变为政府的政策和村民的自觉行动，涉及很多复杂的问题，要做很多艰苦的工作，不可能一蹴而就。

任何事物都具有两面性，民族文化生态村建设虽然面临诸多困难，然而随着时间的推移，国家现代化建设不断跃上新台阶，政策、社会、经济、文化等环境条件越来越好，乡村建设振兴事业越来越受到社会和学界的理解和重视，障碍困难等不利因素随之减少，可学习、参照、援引、借鉴、利用的资源日益丰富。下面几点即为进行民族文化和生态环境保护事业的有利因素：

第一，国家对构建和谐社会、实施可持续发展战略、发展公益性文化事业、抢救和保护文化遗产、保护生态环境、建设社会主义新农村等越来越重视，支持力度越来越大。近年又提出建设和谐社会、建设生态文明，保护绿水青山，建设美丽乡村和乡村振兴战略等国策和大政方针。天时地利人和，民族文化和生态环境保护的道路将越走越宽阔。

第二，以往各级政府为了发展经济，为了改变少数民族地区的贫困状况，为了打造地域良好形象，官员们关注和追求的重中之重是招商引资，谋求产业事业大发展，至于文化和生态环境的保护则是次要考虑的问题。现在则不同了，优秀传统文化和绿水青山的保护上升到国家重大战略方针的地位，被置于和经济发展同等重要的地位，成为政绩考核不可或缺的目标。官员们的观念因此悄然转变，对于关乎民族的"根"和"魂"、关乎子孙后代可持续生存和发展的传统文化和生态环境保护事业，不再掉以轻心，重视度和支持度明显增加。

第三，诸多事实说明，民族文化和生态环境保护与经济发展、脱贫致富并不是对立的，"绿水青山就是金山银山"，民族文化不仅是民族的"根"和"魂"，而且还具有发展文化产业的巨大潜质。认识转变了，村民的环境和文化保护自觉性就显著提高了，他们的参与性、自主性、积极性、创造性也随之充分释放。以往在很多乡村养成的凡事依赖政府、不作为不行动、只想"等靠要"的不良行为将会大大改变。

第四，我国的非物质文化遗产保护事业从无到有，从薄弱到繁盛，现已走在世界前列。各民族热爱、珍视、传承非物质文化遗产蔚然成风，有力地促进了优秀民族文化的保护传承。民族文化生态村从选点到建设，都将非物质文化遗产保护传承置于重要地位。过去在非物质文化遗产尚未受到关注重视、尚无政策支持保障的情况下，民族文化生态村积极彰显非物质文化遗产的价值，一度成为其建设的亮点，然而由于没有后续的政策支持和经费投入，困难重重，难以为继。现在情况变了，乡村诸多优秀的非物质文化纷纷被评选为不同级别的"遗产"，诸多杰出的文化持有者和创造者被评选为不同级别的"遗产传承人"。有了法规、制度以及经费的保障，村民重视传承自身的非物质文化遗产的积极性空前高涨。

第五，民族文化生态村建设的理念、方法、组织、实施，主要是专家学者的行为，也就是说，专家学者对项目的指导和推动作用是不可或缺的。然而，由于这是一项前人没有做过的事业，在一定程度上是"摸着石头过河"，所以专家学者很难避免理想化、盲目偏激等缺点。在实践的过程中，通过不断学习、不断探索、不断反思、不断总结经验教训，专家学者也在不断进步，不断克服自身缺点，不断获取新知，不断减少盲目、修正偏颇；他们也意识到必须虚心听取各方面的意见，加强与各方面的交流、切磋与合作，调动各方面的积极性，整合利用好各方面的资源，才能把事情办得更好。

第六，几乎是与云南民族文化生态村同时谋划建设的贵州生态博物馆，在目标体系研究设计方面独树一帜，他们提出的"六枝原则"具有很强的学术性、前瞻性和国际性，是不可多得的参考借鉴样本。他们在实施过程中获得的经验、知识、感悟、心得、教训、反思以及一些有益的尝试，富于启发，可资民族文化生态村建设者参考借鉴。

第七，随着建设美丽乡村和乡村振兴战略的提出，不同专业领域、不同行政部门、不同行业的有识之士，以及各种相关的学会、协会、组织等积极谋划和开发，美丽乡村、民俗体验村、特色民宿、特色小镇等建设如火如荼，百花齐放，形势喜人。此类乡村建设，大多依赖外来资本和智力，勇于开拓，注重环境打造和培育特色产业，善于包装宣传和推销经营，他们的经验和智慧亦给民族文化生态村建设提供了多样化的选择。

本部分介绍了民族文化生态村建设的两个层次目标，要实现这些目标，在当前的情况下充满挑战，任务艰巨，不过也存在诸多有利条件。

我们的一切努力，就在于如何运用适当的策略，积极行动，用好有利条件和扩大积极因素，解决困难和消除不利因素，从而最大限度地实现预期目标。

民族文化生态村与民俗旅游村

1997 年项目组提出建设民族文化生态村，现在全国各地有许多农村也纷纷打出"民族文化旅游村""民俗文化旅游村""生态旅游村"等牌子，有的干脆直接就叫"文化生态村"。"文化"和"生态"这两个词语被广泛使用，但在很大程度上人们并不在意它的内涵，而只考虑名称是否响亮、时髦和吸引眼球。上述名称，尽管五花八门，但实际上都可以归入民俗旅游村之列。那么，民族文化生态村与民俗旅游村等有什么不同呢？我们认为两者之间的区别主要在于以下几点：

1. 建设或打造的目的不同。如前所述，民族文化生态村的宗旨是保护和传承优秀的地域和民族文化，旨在实现文化与生态环境、社会、经济的协调和可持续发展的乡村发展模式；而民俗旅游村则是利用既有的生态环境和民族文化资源，进行打造、整治、包装、宣传，从事商业经营，从而达到追求经济利益的目的。

2. 理念不同。民族文化生态村主张把文化看作民族的"根"和"魂"，是社会和谐的纽带，是人们精神的寄托和追求，其价值是不可用金钱去衡量的。同时，生态环境既是文化适应的载体，又是人类生存和发展的根基，人们应该像爱护自己的眼睛一样爱护生态环境。不可否认，优秀民族文化和良好的生态环境可以利用于开发旅游业，可以作为发展旅游业的独特宝贵"资源"，但旅游绝不是，也远远不是民族文化和生态环境存在的理由和全部价值所在。但是在现实社会中，几乎所有的民俗旅游村都主张把文化当作发展旅游的"资源"，当作谋取经济利益的"手段"，在他们眼里，优秀的民族文化和良好的生态环境如果不利用于旅游开发，就一文不值、毫无意义。我们不会忘记，"文化搭台经济唱戏"的口号曾经风靡一时，那就是"经济中心主义"的民族文化观和生态环境观的集中体现。

3. 关注点不同。民族文化生态村重在提高村民的文化自觉和能力，重在文化的保护与传承，重在促进社会富裕、和谐和可持续发展机制的建设等；民俗旅游村则主要关注人文和自然旅游资源的开发，旅游设施的建设，旅游的包装、宣传和促销，旅游效益的提高以及如何满足旅游者的文化消费心理和需求等。因此，有的旅游企业为了迎合和满足游客的欲望，往往抛弃对于文化的尊重和敬畏，为了金钱，他们可以任意地仿制和生造文化，甚至可以不顾一切地篡改和伪造文化。在云南的旅游景区，就曾有过利用所谓体验少数民族婚礼"背媳妇"诈骗游客钱财、伪造傣族妇女"裸浴"收取钱财等亵渎民族文化的恶劣"旅游项目"。

4. 建设主体不同。民族文化生态村主张在政府的领导支持下，在有关专家学者的指导下，依靠村民的力量，发挥村民的主导作用，建设自己的家园；民俗旅游村则往往是由旅游部门或者是由外来的企业、商家投资进行建设。在某些民俗旅游村里，资源的所有权和经营的主导权掌握在企业或私人企业及商家的手中，村民参与的权利非常有限或者完全被排斥于权利之外，丧失了主人的地位，沦为附庸者和打工者，如果主客关系没理顺，利益分配不合理，就可能酿成矛盾和冲突，从而导致民俗旅游村不可持续，往往中途夭折。

5. 建设内容的不同。民族文化生态村建设，着眼点主要在于村民的文化自觉和能力建设、民族文化的保护与传承以及文化事业和文化设施的建设之上；民俗旅游村建设的重点主要是接待、餐饮、住宿、娱乐等设施的建设。例如时下的民俗旅游村都打着"农家乐"的招牌，农家乐的经营方针，就是要千方百计地向游客提供具有农村风味和风情的吃喝玩乐的设施与手段，以招揽游客、赚取利润。

6. 基础建设的差异。民族文化生态村主要依靠村民自己的力量进行建设，可由于村寨经济条件所限，生态环境和人居条件的改善要有一个过程，但是这一过程可以提升村民的认同感和凝聚力，可以培养村民自力更生、艰苦奋斗的精神，可以加深村民对于自己家园和家族的情感和热爱，可以加深对于乡愁的眷恋。民俗旅游村则不同，他们为了打造旅游品牌，均把招商引资放在第一位，希冀凭借外来资本迅速改变和完善基础设施，已达到快速建设及早营利的目的。其结果往往形成外来经营者主导的局面，主客换位，将对村落的社会结构和传统文化产生不利影响。

7. 获利对象不同。许多事例说明，发展旅游事业是乡村振兴的一条重要途径。民族文化生态村也提倡发展旅游业，但是强调村民的自主性，希望村民在发展旅游的过程中学会经营，提升能力，同时收获利益，例如项目组的试点——丘北县仙人洞村，村民既是旅游的主导经营者，也是直接受益者；而民俗旅游村情况不同，最大的受益者往往不是村民，而是外来的投资者和经营者。这样的例子其实非常之多，例如丽江，作为世界文化遗产，它具有和民族文化生态村相同的理念，那就是应该充分体现当地人作为文化主体的地位。然而事实却不是那样，古城已成为外来商人的乐园，古城原住民纳西人已所剩无几。诚然，外来商人对于旅游地的税收贡献是不容置疑的，然而其负面影响和作用却不可低估。总而言之，作为民族文化生态村，在村民的能力建设和村寨运作机制建设均尚未成熟和完善的阶段，欲引入强势的企业和商家是必须慎重的。

世界是变化的，任何事物都是在不断发展完善的。改革开放 40 多年来，民俗旅游村蓬勃发展，已成为乡村旅游的一种重要形式和旅游界一道亮丽的风景。然而总体来看，我国的民俗旅游村还处于条件差、粗放经营阶段，服务不到位是其普遍的缺陷，这也就是为什么很多民俗旅游村昙花一现、不可持续的重要原因。典型事例如昆明市西山区的团结乡，该乡 20 世纪 80 年代便开发了旅游业，是全国最早创建民宿和农家乐、发展乡村旅游的先进示范区。旅游业曾经使该乡获得昆明市"后花园"的美誉，成为昆明市民和外地游客十分青睐的旅游目的地，每年大量游客的光顾，曾给当地带来了十分可观的经济效益，然而由于因满足现状而不求进取，一直沿袭低水平、低层次经营运作方式，结果不能再满足游客日益增长的精神需求和物质需要，农家乐逐渐走向衰败，过去门庭若市，现在门庭冷落，甚至纷纷倒闭、一蹶不振。事实业已证明，没有和谐和可持续发展理念，没有与时俱进的意识和作为，没有民族文化和地域文化的支撑，没有真正纯美的民俗民风，没有良好的生态环境，没有食品安全和清洁卫生，没有人性化的接待服务，是搞不好民俗旅游村的。因此，我们主张民俗旅游村应该学习民族文化生态村的理论和实践经验，应该正确认识民族文化并努力保护民族文化，应该充分尊重村民以及他们应该享受的权利，应该努力提高经营者的素质和经营服务水平，应该营造真正能够让游人放心、舒适、新奇、快乐的"农家乐"，只有这样，发展才可持续，才能够获得最大的社会和经济效益。同时，我们也主张民族文化生态村应该吸纳和培育某些成功的民俗旅游村的资源开发、市场操作经验和促进市场发展的方法和机制，这一点也是非常重要和不可缺少的。旅游作为市场经济的一种特殊形式，开发利用得当，对于民族文化生态村的发展，将会起到很大的推动促进作用。另外，民族文化生态村还应该吸取一些民俗旅游村衰败没落的教训。在具有良好旅游资源的试点村，在努力发展经济的同时，一定要不忘初心，立足文化生态建设的根本，防微杜渐，未雨绸缪，防止滋生旅游至上、唯利是图的倾向。此外，我们也应该看到，发展旅游只是民族文化生态村以及乡村振兴的一条途径，旅游并非是万能的和无条件的。乡村发展的根基，不在于旅游，而在于"绿色"——绿色文明、绿色山水、绿色环保、绿色文化、绿色产业、绿色食品、绿色生活方式等。绿色发展，应该成为民族文化生态村以及一切民俗旅游村遵循的行为准则和追求目标。

选择试点村的条件

1998 年春天，云南民族文化生态村项目组开始了选择建设试点村的田野工作。关于选择试点村的条件，我们当时拟定了如下 5 条：

1. 文化富有特色，文化资源丰富；

2. 生态环境较好，风景优美；

3. 民风淳朴，村民具有朴素的文化保护意识；

4. 交通便利，位于国家或省级旅游区内或附近；

5. 当地政府积极支持，其文化部门具有工作能力强、工作积极负责的合作者（《民族文化生态村——云南试点报告》，2002 年）。

现在回头去看，当时拟定的 5 个条件基本上是妥当的。一般而言，人们对于以上条件都能够理解，只是对第 4 条稍有疑问。关于为什么要把试点选择在交通便利的旅游区内或它的附近，是出于这样的考虑：其一，当代乡村社区文化变迁最迅速、最剧烈、文化保护最急迫、最需要抢救的地方，不是交通闭塞、偏僻遥远的乡村，而是交通便利，邻近城市和市场经济强劲的地方。其二，把试点选择在旅游区内或它的附近，其文化的保护和传承便更具挑战性，其成功的经验和教训更具有典型性、普遍性和指导性。其三，具备发展旅游的条件，便于探索旅游市场因素对民族文化的影响，以及民族文化保护与经济发展的关系。其四，位于旅游区内或它的附近，可以充分借助旅游区交通和服务设施完善、游客众多等有利条件，很好地带动试点村发展旅游，增加经济收入、脱贫致富，以保障民族文化保护事业的可持续发展。其五，选择交通便利的地方，便于参观交流，便于宣传推广。其六，交通闭塞、偏僻遥远的乡村之所以不宜选择作为试点，是因为目前外界对他们的影响、干扰、冲击还不大，其文化保护的问题尚不迫切。对于那样的地方，如果急于去进行"保护"，而且方法不当的话，只会适得其反。试想一下，当别人平静地生活在他们的世界中，处于对外界知之甚少的情况下，突然来了一群陌生人，要他们改变传统文化来适应你带来的文化，其结果将会如何？前文说过贵州生态博物馆，中外专家选择的第一个试点是地处偏僻闭塞之地的苗族村寨梭嘎，为什么选择梭嘎，就是看重它文化较多地保持着"原生态"，与外界接触少，受外界文化的影响小。然而在建设过程中问题接踵而来，最大的问题就是村民对建设生态博物馆太陌生、不理解、无热情，没有参与的积极性，完全是专家学者主导的行为。所以苏东海先生总结说："生态博物馆在这些村寨中的产生是政府保护文化多样性的需要和专家思想热情的产物。"生态博物馆建设的所有工作，"都是政府和专家的行为，当地人完全置于被动接受地位"。"专家和干部是主导力量，村民是被领导的，因为他们不知道什么是生态博物馆，也不知道要干什么，不得不说，外来力量成了村寨文化的代理人，村民则从事实上的主人变成了名义上的主人。"外来者成为文化代理人、主人、主导者，当地文化将向何处去？村民将发生什么样的变化？难以想象。前文也曾说过一个美国人类学学者的观点：何为民族文化保护？不去干扰他们、影响他们，就是保护。此话对于我们选择民族文化生态村的试点也有一定的参考价值。记得20世纪80年代初期，云南西盟县边远山区的佤族村寨还十分原始，与外界几乎没有什么往来，一批中央美院的学生采风突然来到村里，淳朴的佤族人热情地接待了他们。遗憾的是，这批学生不懂得学习和尊重村民的文化，为了写生拍照，采取了他们习以为常的"利益交换"方式，以香烟、糖果、小钱为条件引诱招徕村民做模特。从那以后，一旦有外地人进村，一些村民便围上去要烟、要礼物、要钱，这就是不良文化进入原始村寨造成十分恶劣后果的一个典型事例。

不过，后来的情况告诉我们，把试点选在旅游区内或其附近，也有消极的因素，甚至十分不利的影响。在旅游区，尤其是在高级别的重点旅游区，政府和从事经营的企业、商家的主导力量太强，市场经济的压力太大，处于弱势的村民和学者的参与空间便十分有限，甚至会被完全排斥在外。此外，旅游市场的变幻莫测、商家的转换频繁，常常导致无序混乱的局面。尤其严重的是，该地一旦成为旅游的热点，就会成为企业争相夺取的"资源"，就难以避免被兼并收买的命运。在我们建设的五个试点村中，后来就出现了这样的情况，有一个试点村被商家兼并收买，彻底成为企业主导的旅游村。有一个试点村曾经几次由政府相关部门和企业商谈收买事宜，幸而企业出价太低而未能成交。有一个试点村环境十分优美，商家垂涎欲滴，政府管理部门曾多次动员村民全部搬迁，以便腾出地盘让企业建设旅游小镇，因为村民坚决抵制才幸免于难。鉴于试点靠近旅游区存在以上诸多不利和危险的因素，所以上述选点拟定的5个条件中的第4条，确有必要予以适当修改。除此之外，还应该增加几条必不可少的条件。下面是根据几年的探索实践后总结补充的比较完善和妥当的选点条件：

1. 村民理解、欢迎和支持；

2. 文化特色突出，传统文化积淀深厚；

3. 具有社区和民族的代表性和典型性；

4. 具有较好的经济发展水平和条件；

5. 生态环境好，村落景观优美，民居建筑具有民族和地域特色；

6. 交通便利；

7. 民风淳朴，团结和谐，保留着传统的村规民约和道德规范；

8. 具有热爱家乡、热爱本民族和乡土文化、工作能力强、大公无私、善于团结村民的村干部；

9. 有一批懂得自己的文化、热爱自己的文化，并且在村子里有影响力的文化积极分子；

10. 当地政府积极支持；

11. 政府确定的非物质文化保护区、精神文明村、社会主义新农村、民族团结村、小康村等应作为优先考虑的试点选择对象。

几年来的工作经验说明，选点是极为重要的工作，试点选得好，就有成功的把握；试点选得不好，即使付出再大的努力，投入再多，也无济于事，也难以达到目标。关于这一点，贵州有教训，我们的教训也很深刻。当然，在实际选点的过程中，要找到完全符合以上条件的村寨是比较困难的。但是如果按照下面的方法去做，那么选点成功的可能性就比较大。

第一，选点既要重视项目组成员以往长期调查研究的田野点，也要重视与当地人建立起来的友谊和感情，但是又不能囿于狭小的视野，不能凭感情用事，切忌匆忙草率进行决定。

第二，同样的理由，选点应该尊重当地相关部门和干部的意见，但是这还不够，还应该充分听取不同部门的意见，以免偏听偏信导致失误。

第三，做好选点的预备工作：广泛收集资料，认真对比研究，召集相关专家干部评议，筛选出重点考察对象。

第四，举办培训班，让选点所在地区相关部门的干部和村民代表详细了解项目的意图、主旨、目标，认真听取他们的意见，分析研究他们提供的试点和推荐的理由。

第五，对候选村寨进行参与式调查评估。

第六，在参与式调查评估基本合格的基础上，派遣有经验的项目组成员进入村寨进行深入细致的调查，然后根据选点条件提出调查研究报告。

第七，召开有项目组成员、相关专家顾问、试点地政府官员、试点地村干部和村民代表等参加的论证会议，最后投票决定正式的试点村。

　　按照上述标准和方法进行民族文化生态村的选点工作，无疑是十分必要的，也是富于成效的。不过事物是复杂的，在建设过程中常常发生许多意想不到的变化和困难，这是我们事先估计不到的。俗话说，"谋事在人，成事在天"。试点选择起初感觉十分理想，但是并不代表永远理想。譬如政府新政策、新举措的不断出台，会导致形势的改变；新政策、新举措太多太急，不利于一些在建项目的"长治久安"；乡镇县领导更换频繁，例如一个试点村所在乡镇 10 年间主要领导更换了 8 次，每一次变动，都是"新人新政策"，原先官员、村民、学者之间建立的相互理解、相互支持的良好关系又必须重新调整、调适；最大的问题是村主任的改选，经过数年的建设实践，5 个试点村均产生了十分优秀的村主任带头人，任期一到改选换人，许多事情就不得不半途而废，一切又得重新开始。上述情况，今后也许会有所改善，但是短时期内估计是不可能彻底改观的。如何应对上述这些问题，需要经验和智慧。根本的解决方法，还是要努力实现我们主张的"村民主导"的目标。只有村民主导，才能凭借他们的能力，使得一切问题迎刃而解。

参考文献

尹绍亭、王国祥、罗钰主编：《民族文化生态村——当代中国应用人类学的开拓》，云南大学出版社 2008 年版。

民族文化生态村建设的文化保护与传承

　　民族文化生态村建设的宗旨是保护、传承地域文化和民族文化，在国家最近发布的"非物质文化保护名录"中，也特别设立了"文化保护实验区"的条目。虽然如此，我们却不主张使用"文化保护区"或"文化保护村"这样的名字，而是叫作"民族文化生态村"，原因何在呢？

　　我们不选择"文化保护区"或"文化保护村"这样的名称，有几方面的考虑。首先，在美洲和澳洲等地，有"土著文化保护区"或"土著保留地"，我们知道，那些是帝国主义侵略和殖民主义统治的产物，是殖民地种族屠戮的遗存，与我们要做的文化保护事业完全是两回事。如果使用"文化保护区"之名，那么很可能使人产生误解，认为其与国外的"土著文化保留地"具有同样的性质，那就荒谬了。其次，在我国当代的少数民族当中，普遍怀有要求发展、过上现代化生活、享受现代文明的强烈愿望，他们对于外界某些人希望他们永远保留原始落后的原始特征，以满足其猎奇的需要，或者一味强调所谓"原生态的文化保护"，而不顾其生存状况的主张，常常感到反感和不满，因此欲将它们的驻地或村落划定为"保护区"，会造成不必要的误解，也有悖于他们的意愿。最后，"文化保护区"的概念，其实是含糊不清的，人与文化毕竟与动植物不同，动植物丰富的地区可以划定为"自然保护区"加以明确严格的保护，而人与文化则不同。如果要划定人与文化的"保护区"，那么其边界如何界定？其保护的对象是整体的文化还是部分文化？当地住民在"保护区"中是何种角色定位？要不要尊重文化变迁及文化创造发展的规律？等等这些问题使用"保护区"之名显然是难以解释清楚的。出于与西方的"土著保护区"和"土著保留地"相区别的考虑，出于对试点村各族人民的尊重，同时出于对文化变迁的考虑，我们不使用，也反对使用"文化保护区"这个容易产生歧义和争议的名称，而创造了"民族文化生态村"这个新的名称。

"民族文化生态村"这个名称，一经使用，便广为流传，许多进行旅游开发的村寨，也争相使用它。不过对于这个名称，也常常有人提出疑问："文化生态"是什么含义？对此确有必要予以解释。下面从三个方面来谈该名称的含义：

第一，我们所说的民族文化保护，不是一般的提法和一般的做法，它既不像博物馆和图书馆那样，把物质文化收集、移动、集中到城市展馆中进行收藏、展示、传播和研究；也不像艺术家那样，去民间收集绘画、音乐、舞蹈、影像等各种艺术素材，利用其进行艺术的再创造；更不像研究者们通常所做的那样，通过田野调查，详细收集资料进行整理研究，从而达到解读各种事物文化意义的目的。我们所说的"民族文化保护"，是提倡文化的"就地保护"，即主张文化不脱离其产生、培育、积累、发展的环境，不脱离其创造者和拥有者，使文化在其植根的生态环境中，主要由当地人而非外来者进行文化的保护、传承、利用和发展。这就是"文化生态"的第一层含义。

第二，民族文化需要保护，文化所赖以产生和发展的生态环境当然也必须保护。民族文化和生态环境的保护，是当今世界面临的两大课题，而民族文化和生态环境并不是两个孤立或对立的事物，它们之间具有十分密切的相互依存、相互影响的关系。只重视民族文化的保护，而轻视生态环境的保护是不行的，世界上因为生态环境的恶化导致文化的破坏和文明消亡的事例不胜枚举。反之，只强调生态环境的保护，而忽略民族文化的保护也不行，许许多多的事例业已证明，一个地方的生态环境之所以得到保护，其实在很大程度上仰赖了该地方的民族文化保护所形成的结果。所以，"民族文化"和"生态环境"虽然是两个概念，然而两者之间却有紧密的联系，是合二为一的整体，是地球景观的两个侧面。所以，说民族文化保护，必须具备综合的整体保护观和发展观，只有使民族文化和生态环境和谐共生，才符合事物发展的规律，才能达到有效保护的目的。这就是"文化生态"的第二层含义。

第三，"文化生态"的概念，并不是我们的发明，在文化人类学中，它是一个广为使用的概念，而且它代表着一个重要的文化理论流派，那就是新进化论的"文化生态学"（Cultural Ecology）。这个学说的倡导者是美国著名的人类学家朱理安·斯图尔德（Julian Steward，1902－1960）。人类学（指文化人类学）是研究人类行为即人类文化的学科，文化是多样性的，研究文化有多种视角和途径，文化人类学产生百年来形成了多种理论流派。有的人类学家根据人类具有共同心智的假想去认识和研究文化，把不同的文化看作文化发展的不同阶段，这就是我们常说的"古典进化论"；有的人类学家关注文化传播的现象，认为世界上的文化是从一个古老的起源中心传播开去，在不同的环境中不断演化发展，从而形成了各种文化形态，这就是"文化传播论"；有的人类学家认为任何文化都有其实际的功用，认为文化产生于人类的需求，具有满足人类各种需要的功能，这个学派因此被称为"功能论"；有的人类学家注重从群体的人格特征和心理状态去研究不同的文化，并以此划分文化类型，所以被称为"文化与人格学派"；还有的人类学家喜欢从文化的象征意义去研究解释文化，在他们的眼里，文化就是具有隐喻意义的符号，这一学说被称为"象征理论"。迄今为止，文化人类学的理论可谓五花八门。所谓"文化生态学"，笼统地说就是探讨文化与生态环境相互关系的学说，也可以说是探讨人类对生存环境的认知、适应及其变迁的学说。

生态学告诉我们，地球上包括人类在内的所有生物，都处于相应的生态系统之中，每一种生物都要与生态系统中的其他生物和生态环境要素发生关系，都要在生理上和遗传上适应其特定的生态环境。一种物种如果能够适应其特定的生态系统和生态环境，那么就可以生存繁衍；如果不能适应，那么就会被大自然淘汰。文化生态学吸取了生态学的理论，认为人类与生态环境的关系本质仍然是适应的关系，但是人类对于生态环境的适应却不完全属于生物适应的范畴。人类属于生物，但又不同于一般的生物，人类对于生态环境的适应，除了生理的遗传适应之外，还具有更高级、更复杂的适应手段，那就是文化的适应。例如农耕民，他们的食物获取方式并不是简单直接地向大自然索取，而是包括以生产技术为基础、以土地制度生产管理等为保障、以宗教礼仪等为调适手段的复杂"文化适应"方式。即使是采集狩猎民，他们的食物获取方式也并非是完全纯粹地直接向大自然索取。采集民所具有的丰富植物知识，包括可采集植物的种类、不同功用、适合采集的季节、可持续采集的智慧、采集植物的加工食用方法等，是其他生物所不具备的。狩猎民对各类动物习性的认知、对不用动物采取的不同狩猎方式、狩猎工具的发明利用、对动物肉皮等的有效利用以及狩猎的仪式等，也是其他生物所不具备的。采集狩猎的生活方式告诉我们，人类在原始社会阶段，便开始了"文化适应"的发明和实践。

将文化视为人类适应生态环境的生存手段，把社会发展、文化变迁视为文化与环境适应互动的过程，这就是文化生态学的"文化生态"内涵。"民族文化生态村"主张根据文化生态学的理论，以"环境适应"的原理去认识文化及其与生态环境的关系，并进行文化和生态环境的整体保护，这就是"民族文化生态村"的"文化生态"的深层含义。

我们一直主张，文化生态村的建设应该充分体现村民的主体地位。我们讲文化生态，尤其是讲西方学者的理论，是否有碍"村民主体"？是否存在外来理论不切合本土实际的状况？否。科学理论的运用，是不受国界和民族限制的。理解文化生态学的原理，其实可以让作为"项目专家"的我们能够更加清醒地排除自身可能存在的文化中心主义，能够更加清醒地自觉维护"村民主体"地位，从而更为有效地发挥村民的主导作用。因为所谓"文化适应"并非是指专家学者书本上的"文化适应"，而完全是指村民世世代代生生不息自我创造的"文化适应"，是指村民千百年来适应生态环境的宝贵传统知识、生存智慧、发展策略等。既然如此，民族文化生态村建设的主要途径，就要避免生搬硬套、不切实际的理论和流行的"现代化模式"，而是要充分认识和尊重村民所拥有的宝贵传统知识、生存智慧和发展策略，启发村民树立和强化文化自信、自觉，并将其传承、丰富、发扬、光大，从而实现民族文化与生态环境共生共荣，达到持续发展繁荣的目标。

如何认识"传统文化"

欲了解"传统文化"的概念，应该先了解"传统"的意义。《辞海》对"传统"一词的解释是："历史上流传下来的社会力量，存在于制度、思想、文化、道德等各个领域。从范围分，有家庭、团体、地区、民族、国家等区别。对人们的社会行为有无形的控制作用。传统是历史发展继承性的表现，在阶级社会里，传统具有阶级性和民族性。某些积极的传统因素对社会发展起着促进作用。"（《辞书》，上海辞书出版社 1989 年版，第 561 页）这个"传统"的解释，也可以作为对"传统文化"的解释，因为"存在于制度、思想、文化、道德等各个领域"的"历史上流传下来的社会力量"，基本上涵盖了传统文化的范畴。当然，传统文化还涉及更多的内容，例如传统的技术、艺术和物质文化遗产等。

如何看待传统文化，是近百年来我国思想界、学术界等一直争论不休的话题，也是上至国家，下至乡村一直没有处理好的问题。为什么会有不同的认识？为什么处理不好？这与我国经历封建社会的时间过长、封建社会积弊过多、现代和当代革命运动的频繁和激烈有关。例如"五四运动"极力提倡建设新文化，号召"打倒孔家店"；在很长一段时期内，社会主义革命的原则是"阶级斗争""不破不立""砸烂旧世界，建立新世界"；无产阶级"文化大革命"则要以无产阶级的意识形态，"破四旧""横扫一切牛鬼蛇神""实行无产阶级专政"。20 世纪 80 年代之后，社会痛定思痛，反思历次运动的危害，深刻认识到保护传统文化的重要性和迫切性，然而在市场经济的洪流中，传统文化的破坏依然十分严重，传统文化保护和经济发展依然经常处在矛盾冲突的状态之中。可见，不同时代对传统文化的认识和诉求是不同的。那么，在全球化和现代化的背景下，应该如何认识传统文化的价值和意义呢？以下几个观点非常重要、值得重视，它们对于如何处理好文化的保护与发展、对于如何建设民族文化生态村等事业具有重要的意义。

第一，不要把"传统文化"看作"古老僵硬的、凝固不化的事物"，而应看作"历史沉淀、积累的过程"。传统文化是相对于现代文化和当代文化而言的"历史"文化，历史是"一条长河"，是一个没有特定时间和空间的动态演变过程。因此，从整体来看，传统文化不是与生俱来的"铁板一块"，也非某时某地的特定事物。今天的文化，也许就是明天的传统；过去的传统文化，也可能吸取当代的文化而形成新的文化。所以越来越多的人同意这样的主张：文化是不断创造的，传统文化也是不断创造积累的产物。

第二，不能把传统文化视为"原生态文化"。现在社会上流行"原生态"的概念，甚至中央电视台"青歌赛"也设立了所谓"原生态唱法"门类，此概念用于商业包装运作无可非议，而要将其冠在传统文化之上，将传统的或者民间的文化称为"原生态文化"的话，那就不可取了。如上所述，迄今为止所有的传统和民间文化，其实都是经过历史上长期创造、传承、积累、发展的文化，所谓"原生态文化"的概念是含糊不清的，它不过是一个虚幻的广告性的辞藻，杨丽萍女士将其创造的大型歌舞剧《云南印象》称为"原生态歌舞"，那是为了表达该剧独到的艺术追求，是为了宣传和突出它的"卖点"，而并非所谓"原生态文化"的再现，且不说其表演的民族歌舞在民间已经传承演变了多少年，现在将其从"原生态"的民间场域搬到都市的舞台，在极具声光色的渲染烘托中极度张扬其乡土草根的歌舞元素，尽管其民族特征和韵味十足，然而就其本质而言，已经失去了文化的"真实"，而成为经过艺术加工、提炼、升华了的舞台艺术了。而且，民间的歌舞文化一旦变化为都市舞台化的"文化商业"或"文化产业"，其文化的"功能"自然也会随之蜕变，"原生态"就更无从谈起。需要说明的是，本文辨析"原生态"的虚幻性，其目的在于说明不能将其滥用于传统文化，而非诘难《云南印象》等文化的创作创新，杨丽萍女士能够发明如此时髦惊人的广告词汇和新颖独到的商业文化概念，从而造成巨大的轰动效应，是必须具备足够的智慧和胆识的，而其商业运作的成功，无疑为当代文化的多元发展树立了一类光辉的榜样。

第三，必须慎对传统文化中的所谓"糟粕"。按通常的说法，传统文化有精华和糟粕之分，即传统文化既有积极的成分，也有消极的成分。然而问题在于，所谓"精华"和"糟粕"、"积极"和"消极"，事实上并无划分的绝对标准，不同的文化、不同的世界观和价值观、不同的意识形态等，对同一文化划分判定的结果可能完全不同。而且，即便是同一种文化，在不同的时间和空间内也会出现截然相反的认识和划分，这种情况已经为中国的无数事例所证明。典型的例子如上述杨丽萍女士创作的《云南印象》里的诸多"原生态歌舞"、丽江宣科先生复活的"纳西古乐"，过去的看法是"原始落后""低级庸俗""封建糟粕"而不能登大雅之堂，现在的看法则是一百八十度急转弯，变成了"民族文化精华"和"民族文化瑰宝"，受到社会热烈追捧，传播遍及世界。所以，欲甄别和定性文化的"糟粕"或"消极的成分"，须慎之又慎，否则必将铸成大错。这方面的教训极为深刻，"文化大革命"期间，大量无比珍贵的传统物质文化和非物质文化被定性为封建社会和资产阶级的"四旧"，被打砸、烧毁、消灭、禁止，结果酿成了有史以来最大的文化浩劫，造成了无法挽回和无法估量的巨大损失！前文曾经多次说过，文化总是处于动态演变的过程当中，所谓"演变"，既包含为适应新环境的新的文化创造，也包含对于不适应新环境旧文化的自然淘汰，也就是说，文化本身便具备吐故纳新、优胜劣汰的功能和机理。对待传统文化，应该顺应和尊重其演变的规律，避免人为的激烈"文化改造运动"，只有这样，才有利于它的健康运行和发展。

第四，对于文化遗产和文化建设事业，应把传统文化的抢救和保护摆在首位。经过了"文化大革命"，中国的传统文化已经十分破败凋敝，改革开放之后进行现代化建设和发展市场经济，对传统文化的保护传承又形成了新的巨大压力和冲击。目前，如何妥善处理发展与保护的矛盾问题，虽然越来越受到社会各界的关注，努力实现可持续发展、构建和谐社会也逐渐成为社会的共识和理想，然而实际情况却难以令人乐观，大量的新兴事业和建设工程仍然沿袭着以破坏和牺牲传统文化遗产为代价的拙劣发展模式。此外，目前国家虽然已经把非物质文化遗产的保护提上了议事日程，加大了投入，组建了相应的组织机构，发布了评审的标准，出台了相应的保护传承措施和法律，传统文化中的物质和非物质文化遗产的激烈破坏和急速消失的状况得到了有效的遏制；然而依然存在诸多问题，例如许多地方存在重视申报评审而轻视后续发掘研究、重视市场商业利用而轻视保护传承等，还需要我们提高认识，端正态度。我们应该看到，迄今为止，所有成功实现了现代化的国家所走的道路都是传统与现代相结合的道路，而且越是先进发达的国家，越是珍视传统文化，越是重视文化和传统文化的保护，这是值得我们深刻反思和认真学习的。民族文化生态村建设把保护、传承传统文化置于首位，强调对传统文化进行抢救性的保护，意义即在于此。

可喜的是，国家对于传统文化越来越重视，2017 年中共中央办公厅、国务院办公厅正式发布了《关于实施中华优秀传统文化传承发展工程的意见》（以下简称《意见》），中共中央宣传部负责同志对《意见》曾有如下论述：

中华民族优秀传统文化积淀着中华民族最深沉的精神追求，代表着中华民族独特的精神标识，是中华民族生生不息、发展壮大的丰厚滋养，是中国特色社会主义植根的文化沃土，是当代中国发展的突出优势。近年来，社会各界对传统文化的热情大大增强，基层和民间的参与面很广，参与主体很多，形式载体多样，总的势头很好。但是，在如何看待优秀传统文化的地位作用、如何阐释其核心内容以及如何传承、弘扬等问题上仍存在一些思想认识上的不统一，优秀传统文化保护的基础性工作仍然薄弱，在生产生活中转化运用仍存在不足，有的还存在重形式轻内容、简单复古的现象。随着我国对外开放日益扩大，西方各种社会文化思潮大量涌入，一定程度上出现了以洋为美、以洋为尊，甚至贬低、漠视优秀传统文化的现象。这都迫切需要加强党对文化工作的领导，加强顶层设计，推动中华优秀传统文化传承发展走上积极健康、规范有序的轨道。

近年来，习近平主席多次谈到传统文化。他说：

对历史文化特别是先人传承下来的价值理念和道德规范，要坚持古为今用、推陈出新，有鉴别地加以对待，有扬弃地予以继承，努力用中华民族创造的一切精神财富来以文化人、以文育人。

文物承载灿烂文明，传承历史文化，维系民族精神，是老祖宗留给我们的宝贵遗产，是加强社会主义精神文明建设的深厚滋养。

一个国家、一个民族的强盛，总是以文化兴盛为支撑的，中华民族伟大复兴需要以中华文化发展繁荣为条件。

中国传统文化博大精深，学习和掌握其中的各种思想精华，对树立正确的世界观、人生观、价值观很有益处。

只有坚持从历史走向未来，从延续民族文化血脉中开拓前进，我们才能做好今天的事业。

习近平主席的讲话，精辟地论述了认识和继承传统文化的重要意义。

民族文化保护的含义

在全球化背景下，民族传统文化和文化多样性保护的呼声日益高涨。由于信息化的高度发达，不仅都市，即便地处交通十分闭塞的偏远地区，其文化变迁的速度也越来越快，文化涵化、同化的现象也越来越显著。另外，面对市场经济的大潮，任何文化似乎都显得软弱无力，都经不住它的诱惑和摆弄，于是迎合、赶潮、庸俗化、伪劣化靡然成风。当前民族文化所表现出的严重消失、衰落、同化、异化和劣化现象向人们敲响了警钟：民族文化的保护已刻不容缓，应该提到国家和所有民族的重要议事日程之上。

然而，对于民族文化的保护，却有不同的认识。有人认为民族文化是前工业社会的产物，原始落后，封建迷信，不适应现代社会，应该彻底抛弃或改造；有人认为只有民族的才是好的，只有民族的才是世界的，所以应该全盘保护继承；有人认为民族文化中具有生命力的自然会延续，没有生命力的当然会被淘汰，没有必要人为地进行保护，也不可能保护；有人认为民族文化不仅应该保护、能够保护，而且要"原汁原味""原生态"地进行保护等。以上诸种观点和看法，有一定的道理，然而均显得偏颇和极端，都有值得商榷的地方。民族文化生态村提倡的民族文化保护，与上述看法不尽相同，笔者认为民族文化保护应具备以下几个理念：

1. 任何一种文化，无论是现代文化还是传统文化，无论是汉族文化还是少数民族文化，无论是强势文化还是弱势文化，都有精华和糟粕之分，这应是无可争辩的事实。但无论任何文化，其糟粕当然不应该保护，而应该予以扬弃；其精华则应该予以保护和继承，而不能随意破坏和抛弃。不过，对于"精华"与"糟粕"之分，必须慎之又慎。

2. 文化的精华又可以分为两类，一类是物质文化的精华；另一类是非物质文化的精华。物质文化的精华也可称为"物质文化遗产"，历史文物和现代文化艺术精品即属于此类，它们具有宝贵的历史、文化、科学、艺术等价值，而且具有不可再生性。当今世界上的绝大多数国家，对于物质文化遗产的保护都极其重视，都制定了严格的、行之有效的保护法规，广大民众对于这类文化遗产的保护也具有较高的自觉性。非物质文化的精华也可以叫作"非物质文化遗产"，它包括制度法律、伦理道德、行为规范、文学艺术、歌舞戏剧、宗教信仰、价值观念等，它是一个民族的"根"之所在，"魂"之所依，保护的意义自不待言。在发达国家，对于非物质文化遗产的保护也极其重视，纷纷制定了适合各自国情的完备保护法规，且取得了重大成效。目前，许多发展中国家也认识到了保护非物质文化遗产的重要性，积极借鉴发达国家的经验，制定相关保护法律，采取有效措施，努力付诸行动。近几年，我国在非物质文化遗产保护方面的成就尤为突出。国家出台了较为完备的评审门类和评审标准，制定了相应的保护配套法规和措施，极大地激发了各族民众申报和保护、传承非物质文化遗产的积极性。中国的非物质文化保护事业虽然起步较晚，然而经过二十多年的努力，现在已经走到了世界前列，成为非物质文化遗产最多的国家。

3. 民族文化必须而且能够保护，然而在许多情况下，提倡所谓"原汁原味"或者"原生态"的保护是不妥当和不科学的。理由之一，上文说了任何文化都有精华和糟粕之分，应该区别对待，取其精华、去其糟粕；理由之二，变化是一切事物的本质特征，文化也一样，也是在不断变化的，世界上没有一成不变的事物，也找不到一成不变的文化。文化的变化，有文化自身不断适应新环境的变化，有不断主动吸收外部文化融合的发展变化，也有在与外界文化接触的过程中自然发生的变化，即"涵化"，还有在强势文化的影响之下所发生的被动消极的"同化"变化等。由此可知，所谓"原汁原味""原生态"的概念是含糊不清的，或者说是不科学的。在盲目实行文化商业化、产业化和盲目赞颂、模仿西方文化和工业文化的情势下，提倡和鼓励民族文化的"原汁原味"和"原生态"保护，是具有积极意义的；可是如果是排斥、拒绝文化的交流和创新，或者是以商业牟利为目的进行商业性的宣传、包装、炒作，那就不可取了。

4. 讲民族文化的保护，还应该对"民族文化"有正确的理解。说到民族文化，通常便认为是某一个民族的文化，其实并非完全如此，所谓"民族文化"，往往还具有地域文化的内涵，它可能是一个地域若干民族文化的"杂交种"，亦可能是以一种文化为主的多种文化的融合体。例如汉文化，便是许多民族和许多地域文化长期交流融合的集大成者，汉文化如此，少数民族文化也一样，纯粹的单一文化是不存在的。所以讲民族文化保护，不是闭关自守、排斥他者的"保护"，而是应该持开放的态度，尤其是要注意避免"民族主义"的偏激和狭隘。海纳百川、有容乃大，只有兼收并蓄，民族文化才会繁荣昌盛。

5. 民族文化保护强调对优秀传统文化的继承，然而仅仅守住传统文化是不行的，还必须积极吸收现代的优秀文化，必须发展传统文化，进行传统文化的再创造，没有吸收、发展和再创造，传统文化也难以保护、传承。传统与发展，继承与创造并不是对立和不可调和的，而是对立统一的关系，处理得好，可以相辅相成、相得益彰。继承优秀的传统文化，加以发展和创造，会形成新的文化传统。也就是说，只有使继承和发展、传统和现代相结合，传统文化才具有生命力，才会生生不息、兴旺发达。这就是我们所说的民族文化保护的准确含义。

6. 说文化保护，那么应该由谁来保护？这是人们常常提出的问题。

从人类学的角度和从文化有效保护的角度来看，地域文化和民族民间文化的保护，自然应该由地域和民间的文化创造者和拥有者来进行保护。然而就中国目前的现实情况来看，由于承受着贫困等带来的种种压力，即使是文化的创造者和拥有者，往往也缺乏文化保护的必要自觉和热情，这并非是个别的现象。所以，文化的保护和传承，在当前的状态下，要完全依靠文化拥有者的自觉、热情和行动是不够的，还需要社会和专家学者的参与，更需要政府的引导支持和投入。

7. 关于文化保护，有各种途径、形式和方法，对于地域文化和民族民间文化的保护而言，最有效的途径便是"就地保护"。所谓文化的"就地保护"，就是主张文化应在其植根的"土壤"里"生长""开花""结果"，蓬勃发展，兴旺发达。而要做到这一点，仅仅提倡"文化要在原生地保护"是不够的，最重要的是要强调当地民众的积极参与，在此基础上逐渐实现由村民主导的自力更生式的保护和发展。只有当地人积极参与、自我主导、自力更生，才是有效保护和可持续发展的重要保障。不过，文化保护除了就地保护这一条重要途径之外，异地保护的重要性也不容忽视。例如人才培养是百年大计，各民族院校培养民族史、民族语言、民族艺术和文化等专业的学生就不可或缺。许多博物馆致力于民族文物的征集，保存、研究、展示、宣传也十分必要，把历史文物留给子孙后代，功德无量。近年来，许多城市相继举办非物质文化的展览和展演，观众争相观摩，且好评赞美如潮，有力地彰显了非物质文化的价值和意义，强化了人们保护传承非物质文化的自觉性和自信心。

8. 民族文化生态村重视地域文化和民族文化，同时主张要尊重当地人消除贫困，改善生活和发展经济的愿望。经济是基础，只有经济发展了，村民吃和穿有了保证，才有条件很好地进行文化保护。上文说过，过去我们总是把传统文化和生态环境保护与发展经济相对立，说保护就批评发展，说发展就轻视保护，结果发展搞不好，保护也落不到实处。其实，文化保护和经济发展这一对"矛盾"是可以协调、统一的。能够说明这种关系的事例不胜枚举，丽江、大理以及我们的试点仙人洞村就是文化保护与经济发展相辅相成、协调并进的典范。关键的问题是要树立正确的科学发展观，建立起经济与文化良性互动的发展机制，只有这样，文化的保护才有坚实的基础和可靠的保障。

民族文化的传承

人们常说"文化是一条河"，河有源头，源远流长，这句话生动形象地表现了文化生生不息、代代相传的实态和动态。"传承"是文化最本质、最重要的特性之一，唯有传承，文化才可能逐渐积累、日益丰富、代代相传，社会才可能不断进步、不断发展。

人类具有学习文化的能力，这是人类与动物的本质区别。一个人从婴儿时代开始，便步入了学习文化的历程。人类在少年时代以至青年时代的主要任务就是学习——学习本民族和其他民族的文化，学习迄今为止人类所创造积累的历史和现代知识，这在任何社会均无例外，只不过不同的社会有不同的学习形式和方法罢了。学习文化的过程就是文化传承的过程，只有掌握了前人创造、积累的文化，才能予以应用，才能进一步创造发展。

然而，在现代化和全球化的背景下，人类文化的学习和传承正在发生着深刻的变化，城市不用说，即使是在边远的乡村，主流文化、强势文化和现代文化传播的空间也正在迅速扩展，然而边缘文化、弱势文化和传统文化的学习传承空间却越来越小。也就是说，主流、强势、现代的文化正在挤压、取代边缘、弱势、传统的文化，后者正面临着濒危和消亡的危险。以语言为例，全世界各民族的语言有 6000 余种，目前仅剩下 3000 余种，其中大约 2000 种濒临灭绝，濒危语言的数量超过了世界语言总数的三分之一，这是何等惊人的现象！由此可见，文化虽然是多样的、丰富的，而且每一种文化都具有宝贵和不可替代的价值和功能，但是在经济转型、社会激烈变化的时代，它们并不都具备自我保护、持续发展、共生共荣的权利和条件，在工业社会引领时代发展的洪流中，很多文化种类将有可能被无情地冲击和淘汰，这就是为什么我们要强调和呼吁重视各民族传统文化传承的原因。

关于我国民族文化和传统文化的传承问题，目前虽然尚未受到社会的普遍关注，然而情况正在改变，并且出现了一些好的势头，其开创性的工作和具体实施的措施和行动，主要来自于以下几个方面：

1. 政府的措施。近年来，国家开始重视非物质文化遗产的保护，各级政府纷纷出台相关的政策条例，在国务院正式颁布的《非物质文化遗产保护名录》（以下简称《非遗名录》）中不仅列入了各类珍贵的文化事象，而且还特别设立了作为优秀文化创造者和传承者的"民间艺人"和"民间文化传承人"等荣誉称号。以云南为例，迄今为止共设立非物质文化遗产十大类：民间文学、传统音乐、传统舞蹈、传统戏剧、曲艺、传统体育、游艺与杂技、传统美术（含刺绣）、传统技艺、传统医药、民俗等（含服饰）。《非遗名录》涉及云南20个少数民族，人口较少的布朗族、德昂族、景颇族、普米族、阿昌族都有项目入选，分布地域遍及云南16个州市。仅国家级非物质文化遗产就有"一、濒危语言文字（3项）；二、口述文学（12项）；三、音乐（11项）；四、舞蹈（24项）；五、美术（5项）；六、戏剧（7项）；七、曲艺（3项）；八、工艺（12项）；九、习俗（16项）；十、传统文化保护区（27项）；十一、民族民间传统文化之乡（27项）"。此外，在各民族当中评选并命名了两批共计347人为"民间艺人"和"民间文化传承人"。政府主导进行民族民间文化的保护和传承，发挥了强有力的导向作用，在很大程度上改变了社会上轻视民族民间文化的倾向。

2. 基金会的支持。从民间的角度看，基金会的支持发挥着重要作用。据粗略的统计，10余年来，云南受一些基金会支持的文化传承项目就有"云南民族文化生态村建设""云南民族民间艺人的调查和命名""田丰文化传习馆"，云南民族大学和云南艺术学院等的"少数民族艺术传承""纳西族东巴文化传承"等。此外，一些著名的文化传承项目，例如，湖南的"女书民间艺术的传承"、陕西等地的"剪纸民间艺术传承"等也都得到了基金会的支持。

3. 民间组织的行动。近年来，民间组织在民族民间文化传承方面所做的工作，受到了人们的瞩目。例如"云南省生物多样性与传统知识研究会"等机构在这方面所做的贡献就十分突出，迄今为止，该会在民族民间传统知识的保护传承领域所从事的项目已多达数十个，该会因此成为在国内外具有很高知名度的民间组织。在我国，像该会这样的民间组织已经越来越多，可以期待他们能够在这一领域发挥更大的作用。

4. 文化精英的行动。文化精英对于地域和民族传统文化的热爱和敏感，往往使他们成为文化保护传承的先觉者和引领者。云南民族文化生态村项目组的成员们，就是这样一群专家学者，他们来自人类学、社会学、历史学、民俗学、民族艺术、建筑学、生态学、植物学、地理学、行政管理、宣传、旅游等不同专业和政府部门，人数多达百余人。中央乐团的作曲家田丰先生是中国当代杰出作曲家，是中国音乐史上挖掘、保护、传承"原生态"民间艺术的先驱，他一生写过 200 多部作品，有的被国家评为"20 世纪华人音乐经典"。20 世纪 90 年代初期到云南创办民族文化传习馆。田丰曾说：

> 云南 26 个民族都有自己独特的音乐、舞蹈、服饰、民俗、信仰等，仅音乐而言，小至一声轻唤和幽谷中的口弦声，大到满山遍野的情歌群和节日的呼喊声，无声不情、无音不意；多调性和无调性的组合比比皆是，千变万化，风格绮丽的微分音让人赏心悦目，他们是人类的艺术瑰宝，它不仅属于中国也属于全人类，为了设法保存这一有着数千年历史的动态文化遗存，我们上下奔走，八方呼吁，发起筹建了"云南民族文化传习馆"，它的任务就是把现今还存活着的传统文化（包括原始歌舞、宗教祭祀、民俗民风及传统工艺等），通过传习的方法，使其一代一代地保存发扬下去。

田丰先生的云南民族文化传习馆招收的民间艺人学员前后多达百余人，来自云南省彝族、哈尼族、纳西族、藏族、佤族、怒族、独龙族、傈僳族等十几个民族，学员最大的 18 岁，最小的 12 岁。这些学员后来都成了云南民族文化的骨干人才，为云南民族文化的保护、发展、繁荣做出了重要贡献。此外，一些少数民族的文化精英在这方面也有卓越的表现，例如纳西族学者和利民、郭大烈等，由于他们在民族文化方面具有很高的造诣，谙熟本民族传统文化的传承方法，了解当地人的所思所想，所以他们创办的纳西族传统文化传承学校独具特色、成效显著，为其他民族传承民族文化树立了良好的榜样。

就民族传统文化的传承而言，上述官方、基金会、民间组织和文化精英等的努力和贡献必不可少，这在拨乱反正、启蒙导向的阶段尤其重要。不过，光有政府和外界力量的推动还不够，只有各民族群众，即文化的创造者和拥有者们真正认识到文化传承的重要性，不放弃文化传承的优良传统，在日常生活中自觉地维护它、丰富它、利用它，这样的传承才有根基，才有"营养"，才可能持续。民族文化生态村所倡导、所重视的文化传承，主要是指由村民自觉进行的传承。总结五个试点村的文化传承，大致有以下几种方式：

1. 家庭传承。不管外界怎么变化，村民们在有选择地接受外来文化的同时，依然说本民族的语言，穿本民族的衣服，吃本民族喜欢吃的饭菜，遵守本民族的风俗习惯，按本民族的规矩办事，沿袭着本民族的生产生活方式。家庭依然是孩子们学习本民族文化的最基本"学校"。

2. 仪式传承。村寨保持着传统的宗教信仰，有象征神灵和祖先存在的圣地和特定的空间，在祭师和长老的主持下，村寨每年按时举行各种宗教仪式，年轻人在参与仪式的活动中可以学习到本民族的宗教文化。月湖村撒尼人的密枝林祭祀等仪式，仙人洞的虎、山神、水神、火神等祭祀仪式，巴卡小寨基诺族的祭鼓、祭茶神、祭山神等仪式，南碱村花腰傣的祭龙、祭神树等仪式，和顺乡汉族的祭祀祖先等仪式，都具有深厚的文化传承内涵。

3. 节庆传承。节庆是传统文化的载体，是各种有形和无形的传统文化集中展现的舞台。民族文化生态村的五个试点村寨不仅继承、恢复了各自的传统节庆，而且还创造了一些新的节庆活动，大大丰富了文化传承的形式和内容。

4. 创建包括传习馆、博物馆、文化广场、祭祀场、文化生态展示区等文化展示传承中心。创建文化展示传承中心，在一系列的创建活动过程当中，村民们往往会创造出一些新的富于时代特征的文化传承方式，既丰富了文化传承的内容，也提高了文化传承的水平。

5. 以旅游促进文化传承。游客来到民族文化生态村，其目的在于欣赏、感受、学习、享受民族文化，这对于提高村民的文化自豪感和传承创造文化的自觉性，无疑会起到积极的促进作用。健康的旅游业，可以成为地域和民族文化传承发展的催化剂，可以形成文化与经济的良性互动，这已经为大量的事实所证明。

文化的发展和创造

民族文化生态村将传统文化的拯救、保护和传承作为首要事业，但同时也重视文化的发展和创造，认为文化的发展和创造是文化的必然，而且必不可少。对于文化的发展和创造，有人理解支持，也有人持反对意见。反对者认为，"发展创造"会破坏地域文化和民族文化的"纯洁性"和"真实性"，会导致"伪文化"的产生和使"文化庸俗化"。一位美国人类学者就曾说过："什么是文化保护，外来者什么都不要做，不要去干扰影响它，就是最好的保护。"按其观点，文化只能任其自然，不能人为干预，更遑论"发展创造"。应该看到，反对的意见并非空穴来风、完全没有道理，很多文化的变异和消亡，就与外来文化的强烈影响和冲击有关。然而问题在于，文化不是铁板一块，其运动变化的特性是不以人的意志为转移的，不管你赞成还是不赞成，同意还是不同意，都不能阻挡文化发展和创造的步伐。当然，文化在发展和创造的过程中，既可能产生积极的效果，也会出现消极的后果。那么，在促进文化的发展和进行文化创造的时候，应该注意那些原则呢？

第一，应该尊重文化主体的意愿和选择。每个地域、每个族群、每个村寨，都有选择其文化发展和创造的权利，应该由他们来决定哪些文化能够发展和创造，应该通过什么样的途径去发展和创造；哪些文化不能改变和创造，而只能严格地进行保护，使之代代相传。

第二，能够满足文化主体发展的需要。文化的发展和创造，应该具有满足文化主体现实生活各种需求的功能，而不是为了满足外界的需要，更不是为了打造形象、表现政绩、追求商业利益。

第三，能够与他者共享。全球化和市场化，密切了不同族群、不同地域的关系，民族文化和地域文化的相互交流、融合和共享，已经成为时代的潮流。反言之，在全球化和市场化的背景下，任何一个民族、任何一个地域，都不可能也不会满足于单一文化的存在，都存在着对其他民族和其他地域文化的汲取和依赖。因此，能够满足各民族和各地域对于文化共享的文化发展和创造，也是不可或缺的。

第四，有利于传统文化的保护与传承。积极的文化发展和创造，应该是基于传统文化根基的发展和创造，是传统文化的延伸、扩展和丰富，而不应该是脱离传统文化的文化取代，更不应该是粗制滥造，破坏、污染、亵渎传统文化的"文化垃圾"。

第五，有利于民族文化的现代化。文化的发展和创造，应积极吸取现代文明、现代科学技术，以适应现代社会的要求。但是也要杜绝以洋为美、以洋为尊，甚至贬低、漠视优秀传统文化的现象。对待西方现代文化，也要坚持"取其精华，去其糟粕"的方针。

第六，有利于社会和谐。文化的发展创造，应坚持正确方向，应有利于精神和物质文明的建设，有利于社会和谐和民族团结，有利于国家的安全稳定。

第七，不侵害他人的知识产权。目前，我国的知识产权法还不完善，尊重他人知识产权的意识还比较淡薄，在民族民间文化领域，知识产权可以说还是空白。鉴于这样的情况，在从事文化发展事业和进行文化创造的时候，应该树立尊重和保护知识产权的意识，避免造成知识产权的被侵害。

改革开放以来，我国社会安定，经济发展迅速，文化的发展和创造也出现了空前繁荣的景象。纵观二十多年来的发展，可知当代的文化创造主要来自于以下几个方面：

其一，乡村民众的文化创造。这是民间草根文化的发展和创造，我们可以用"雨后春笋"这个词汇来形容其欣欣向荣的景象，也可以用"涓涓细流"来表现其自发、分散、零星的特征。它们具有极强的生命力，它们对于宣传、彰显各民族的文化和旅游事业发展发挥了积极作用。例如仙人洞民族文化生态村，建设几年来，不仅恢复了火把节、密枝节等传统节庆活动，而且大胆创造、标新立异，于不同季节推出新颖别致的赛装节、荷花节、花脸节、赛歌会和每晚举行的大型歌舞篝火晚会，此外还在传统记忆的基础上打造出了令人震撼的巨石雕像广场，充分体现了民众文化创造的聪明才智和巨大潜力。

其二，地域文化精英的文化创造。地域和民间的文化精英，具有熟悉本地本民族文化和敏锐把握外部信息的能力，他们的文化创造，对于地域和民族文化发展的促进效果不可低估。例如云南丽江，将东巴象形文字开发为绘画、木雕等旅游产品，根据神话传说创建主题公园，创办各类东巴文化培训班和传习班，打造蜚声海内外的纳西古乐，打造大型露天歌舞剧《印象·丽江》等，均为地域民族文化精英们的文化创造。丽江之所以能够成为文化旅游胜地，是与上述众多的精英文化创造分不开的。

其三，艺术家的文化创造。电影、音乐、舞蹈、绘画、文学、摄影等艺术门类，都为大众所喜闻乐见，历来为文化创造的热门领域。艺术家拮取地域和民族的文化素材，进行艺术加工和创造，一旦产出文化精品，便迅速流传于世，形成轰动效应，造成巨大影响，并被视为地域和民族文化的象征。例如 20 世纪五六十年代的电影《五朵金花》《阿诗玛》《刘三姐》等，可谓家喻户晓；近年创作问世的大型歌舞《云南印象》《印象·刘三姐》等，作为"旅游文化大餐"，深受游客赞赏；再如《梁祝》《茉莉花》《小河淌水》等名曲，早已蜚声海内外，成为中国的文化象征。

其四，专家学者的文化创造。专家学者对于民族和地域文化的研究，多为理论性的、深层次的、超前性的研究，其成果虽然不如艺术作品和通俗文化作品那么普及，然而它们对于文化的本质和规律的揭示、阐释，对于文化的保护传承以及其他门类的文化创造却具有很强的指导意义。新时期的现代文化建设事业，又为专家学者提供了广阔的用武之地，他们的才华、智慧和知识，被广泛运用于各种新兴文化事业的策划、论证和建设之中。

其五，企业和商家的文化创造。在企业家和商家的眼里，文化是能够开发、利用、生财的"资源"，他们对文化的商业价值具有特殊的敏感性，由于受利益驱动并拥有经济资本，所以他们的文化创造无处不在，旅游、餐饮、建筑、艺术、节庆、歌舞等，都有企业和商家令人眼花缭乱的举措和活动。企业和商家凭借自身的资本优势，也常常与政府和专家、艺术家合作，使其文化创造更具规模和质量。企业和商家的文化创造，是当代文化创造的一支主力军，对促进社会的发展和繁荣贡献突出。然而，在市场经济的大潮中，往往泥沙俱下，有的企业和商家为了追求经济利益而往往不择手段，借发展创造之名而行造假欺骗之实，造成种种不良后果。例如打着发展文化产业的旗号，大肆侵占土地资源开发地产；利用当地急于招商引资的心态，借机廉价收买当地文化机构和文化资源，进行商业改造，使得文化的社会公益价值丧失殆尽；大搞庸俗或黄色文化，破坏污染传统文化等。在当代文化发展和创造的潮流中，应该极力避免和克服此类负面消极现象的发生。

其六，各级政府主导的文化发展和创造。这是当代中国主流的强势文化发展和创造，它具有门类多、规模大、力度强、影响广等特征。从全国来看，有国家施行的社会主义精神文明建设、各类大型文化设施的建设、大型文化精品和项目创作等；从省和自治区来看，有建设文化大省或旅游大省、打造地域或历史文化品牌等发展战略，建设各类历史文化和旅游特色名城名镇名村等；在许多地区，为了促进旅游事业的发展，由政府主导恢复、加工、创造了大量的国内国际节庆和民俗活动，形成繁荣兴旺的旅游文化市场。政府的主导作用，既体现于由其直接领导建设的事业，更体现于政策的指向和推动的强大力量。

上文谈及了文化发展和创造应注意的原则和当前各方面进行文化创造的情况，以及前文所说的贵州、广西等地建设的生态博物馆是典型的文化创造。其实我们提倡建设的民族文化生态村也是典型的文化创造，一个由专家学者策划推动、由政府支持引导、由村民主导建设的崭新文化创造事业。

文化传习展示中心的建设

在民族文化生态村项目建设实施 8 年期间，和顺乡、巴卡小寨和南碱村先后建立了文化传习馆和博物馆，仙人洞村开辟了歌舞广场和祭祀广场，月湖村建立了文化生态展示区，它们作为村寨标志性和象征性的"文化符号"，发挥了突出的作用，也产生了广泛的影响。

把文化传习展示中心作为建设民族文化生态村的一项重要内容，事实证明是非常必要和富有意义的，其意义和功能主要表现在以下几个方面：

1. 建设文化传习展示中心重在结果，亦重在建设的过程。实践充分说明，整个策划、建设的过程，就是一个难能可贵的凝聚人心，激发文化自觉，进行传统文化的发掘、收集、整理、传习和创造的过程。例如南碱村，其文化传习馆的建设实际上是在文化生态村建设开展的各项内容的基础上完成的。一系列的培训，一系列的文化传承活动，妇女、青少年、中年、老年人和专家学者的密切互动，为文化传习馆的顺利建设奠定了基础。

2. 建成文化传习展示中心，可为村民提供休闲娱乐、聚会议事的场所和进行文化传习、表演、展示的舞台，可以成为该地区各村寨、各民族相互交流和共同利用的文化平台。巴卡小寨的博物馆、南碱村的文化传习馆、仙人洞村的文化展演活动广场、月湖村的文化展示区，不仅很好地满足了当地村民的文化活动需求，而且还是外来参观者必到的游览参观体验学习的村寨核心。

3. 文化传习展示中心具有保存村寨有形和无形文化遗产的功能。如巴卡小寨博物馆，就收集了丰富的实物资料，展示了基诺族人民的采集狩猎、刀耕火种、生活习俗、村寨建筑、歌舞技艺、信仰仪式、文化变迁等内容。博物馆附设的老年和妇女活动室以及歌舞广场，则是开展非物质文化活动的场所。南碱村的文化传习馆，集中了大量实物展示和各类非物质文化展演，国内外许多游人慕名而来，交口称赞，极大地增强了村民的文化自信心和自豪感。

4. 如上所述，文化传习展示中心是外来休闲者游览休闲的重要设施，是他们欣赏和参与地域和民族文化活动的舞台，是学习研究当地传统知识和民俗文化的教室。贵州、广西的生态博物馆和我们的民族文化生态村的经验都充分说明，文化传习展示中心对于发展旅游业具有十分重要的价值和意义。

5. 文化传习展示中心还可以成为争创"精神文明村""社会主义新农村"等荣誉的重要条件。

文化传习展示中心通常由文化传习展示馆（或场、区）及文化活动广场等构成。由于资源、财力、认识、机遇等条件的不同，试点村的

"中心"建设状况和形式也有很大的差异。下面是五个村"中心"的简单介绍：

1. 仙人洞村彝族文化传习展示中心。仙人洞村民于1998年在村里开辟了文化活动广场，迄今为止，村民们在此广场已经进行了近千次节庆、文化传习及歌舞演出活动。2000年，根据祭师"毕摩"们的要求，又在文化活动广场旁边兴建了祭祀广场，设立了太阳神、开路将军、牛神、虎神、虫神、火神、土神、水神的大型石雕像群。从此，该村又恢复了被取消了多年的宗教祭祀活动，村民们又找回了诉求信仰和表达崇拜的舞台。

2. 和顺民居博物馆。项目实施期间，项目组曾经在和顺乡的文昌宫等地设立过文化传习展示中心，而作为该试点创立的永久性文化设施，则是"和顺弯楼子民居博物馆"。和顺文化生态村最突出的特点，就是保留着众多具有很高的历史、文化和建筑科学艺术价值的传统民居，民居博物馆的建设，彰显了这份无比珍贵的文化遗产。在腾冲县政府、和顺乡政府及广大村民的支持下，项目组奔走于中缅两国之间，拜访了近代腾冲著名商号"永茂和"主人李氏家族的主要成员，获得了他们的同意，利用其名为"弯楼子"的由三个庭院组成的李家大院及其家具、用具等，建立了民居博物馆，集中展示了这一著名"极边第一村"的历史和文化。

3. 巴卡小寨基诺族文化传习展示中心。该中心由美国福特基金会、日本友好机构黛节子舞蹈财团、日本著名友好人士工藤市兵卫，以及中国科学院热带植物所资助，于2001年建成，"中心"包括基诺族博物馆和活动广场两部分，后来又增建了"妇女活动之家"和"民兵活动之家"。基诺族博物馆的展示内容分为"村寨民居""采集狩猎""刀耕火种""纺织服饰""歌舞艺术""宗教习俗"六个部分，较全面地表现了基诺族的传统文化。它作为我国少小民族的第一个乡村民族博物馆，作为一项开创性的文化事业，曾经产生过广泛且深刻的影响。

4. 月湖彝族文化生态村文化生态展示区。虽然经历了"大跃进""文化大革命"等运动，但月湖村传统的大面积神林和神山至今保存完好，这应是一个奇迹。该村的神林、神山之所以没有像很多民族村寨那样遭受破坏，应归功于村民们所坚持的自然和神灵信仰。该村每年都要举行八次大型的集体性宗教祭祀活动，祭祀对象为祖先、山神、树神、龙神、雨神等。神山和神林是祖先和神灵栖居的地方，祭祀因神山、神林的存在而得以进行，神山、神林也因为信仰和祭祀存在而得以保护，这就是该村建立宗教祭祀与神山、神林相结合的文化生态展示区的内涵和意义。除了这个展示区之外，该村还建有若干家庭传习馆和老年协会活动中心。

5. 南碱傣族文化传习展示中心。南碱傣族文化传习展示中心以传习馆为核心，传习馆建于 2003 年，是当地传统的土掌房，是依靠全体村民投工投料建成的。馆内展示着各家各户男女老少制作的各种传统工艺品和生活用品等，都具有浓郁的乡土气息，可以称得上是乡村传习馆、博物馆的代表作。馆前有广场，供村民聚会娱乐，亦是节庆的活动中心。几年来，南碱花腰傣文化传习馆吸引了国内外大量游人前来参观学习，发挥了重要的功能作用，产生了良好的影响。

建设文化传习展示中心，是民族文化生态村不可缺少的核心内容，是民族文化生态村文化保护传承宗旨的集中体现。由于这是一项既需要软件又需要硬件的综合性工程，所以其建设具有相当的难度。在众多的困难之中，最大的挑战，是如何实现依靠村民管理并持续发展的问题。从五个试点村的情况看，巴卡小寨的缺点是没有解决好管理的问题，且原因十分复杂。和顺乡的发展又是另外一种状况，目前县政府已将该乡旅游的经营权全部转让给了企业，于是弯楼子博物馆也被纳入企业的管理体制之中。月湖村的文化生态展示区尚未很好地发挥对外展示、宣传、教育的功能，相对于其他几个村的"中心"而言，月湖村的"展示区"是作为村民们心目中的文化圣地而存在，村民们每年在那里举行八次大的宗教祭祀活动体现了它的自我服务功能。

参考文献

尹绍亭、王国祥、罗钰主编：《民族文化生态村——当代中国应用人类学的开拓》，
　　云南大学出版社 2008 年版。

民族文化生态村建设的组织与运行机制

组织运行网络

民族文化生态村建设，是一个综合性的系统工程，也是一个跨学科的应用研究项目。该项目虽然由人类学者发起组织，但远非人类学者所能包办，需要多学科的学者参与；对于学者的挑选，光有理论的研究还不行，还必须具备很强的实际操作能力；而且，由于其是一项乡村建设的试验，除了学者的努力之外，各级政府官员的支持绝对不能缺少，试点村的村民们也必须积极行动起来。再者，从事项目建设要有经费，寻求经费的资助机构，是为基本的前提。这样一来，民族文化生态村建设项目的组织运作就不像通常的科研项目那么简单了，项目的性质决定了其组织结构的复杂性。

组织运行网络

在项目的开始阶段，最重要的工作，就是组建如下图所示的组织运行网络。

云南省政府领导机构　　　　　　基金会、社会支持组织
↓　　　　　　　　　　　　　　↓
各级政府领导部门（地州、　　　相关领导、协力单位

市、县、乡镇、村民委员会）　　　（云南大学、云南社会科学院、
云南省博物馆等）

↓

云南民族文化生态村领导小组（专家、政府相关部门官员）

↓

试点村课题组（专家、基层官员、村干部和村民代表）

↓

试点村领导小组（村民委员会）

↓

试点村组织运行网络（老年协会、妇联、民兵组织、小学校等）

↓

村民

民族文化生态村项目组织运行网络

　　组织运行网络所表示的省级、地市级和县级政府的领导机构，为省
委宣传部，省文化厅以及地市、县委宣传部和文化旅游局，此外还有民
族宗教局，农业局，妇女联合会等等。对于民族文化生态村的建设，各
地政府的重视程度有所不同，其分工管理的部门也不一样，所以各试点
的组织运行网络并不是一个统一的模式。关于专家组，是一个多学科组
成的共同体，其第一类为人类学、社会学、历史学等方面的学者，其职
责是负责项目策划、规划、调查研究、制定具体的文化保护传承计划、
进行培训，并组织实施项目计划；第二类为建筑学、园林学等方面的学
者，其职责是帮助村民进行村寨的规划设计，并进行传统民居的调查研
究和改良，以及人居环境的改善等工作；第三类为生态学、民族植物学
等方面的学者，其职责是进行生态环境及自然资源的调查研究，与村民
一道发掘、记录、整理相关的传统知识，研究探索村民生计改善和生态
环境保护的途径；第四类为民间艺术、民族文化和文化遗产等方面的学
者，他们主要协助村民们进行节日、技艺、歌舞、口头传承等的非物质
文化遗产的再生、记录、保护、传承、发展等工作；第五类为博物馆、
造型设计等方面的学者，他们的职能为帮助村民建设村寨或家庭的博物

馆和传习馆；第六类为影视人类学方面的学者和媒体的记者等，他们的任务是负责记录、拍摄村寨的重要文化事象或村寨建设过程中的重要事件等，并培训村民，传授其影视拍摄技能，进行对外宣传等工作。

在项目实施的前期阶段，整体和各地的组织运行网络运转良好，效果显著。然而随着时间的推移，由于以下几个方面的原因，原有的组织运行网络相继出现了问题。首先，从大的背景来看，云南省虽然制定了"民族文化大省建设"战略，然而由于一些人对"民族文化"存在较为严重的片面理解，所以各地区除了进行声势浩大的宣传、争相推出豪华大型歌舞和不遗余力地举办奢侈的节庆活动之外，并不十分在意基础性、实质性、事业性的文化建设，因此《云南民族文化大省建设纲要》（以下简称《纲要》）等重要文件所罗列的建设内容和项目有的无法落实。云南民族文化生态村建设作为写入《纲要》中的省级重点项目，是受到省委、省政府的重视的，省财政厅曾经下拨专项资金予以支持，然而令人遗憾的是，作为倡导和负责实施该项目的专家组却始终未能参与资金的管理和使用。在这一点上，广西和贵州比较幸运，他们的生态博物馆建设作为省政府和自治区领导实施的重大项目，不仅有组织的保障和行政的支持，而且投入非常可观，件件落在实处。其次，在该项目实施的过程中，各级政府的官员更替十分频繁，也给项目增添了不少的麻烦和一定程度的混乱。例如作为试点村南碱的上级领导腰街镇政府，在我们从事项目的八年时间里，主要官员更换了四轮，而每一轮新官员到位都有一个从头了解熟悉项目的过程，对工作的影响自是在所难免。最后，由学者们组成的项目组也不够稳定。一方面，一些成员担负本职工作较多，难于长期参与；另一方面，项目成员当中，研究生占了相当大的比例，他们不断毕业离校，使项目组经常处于成员流动的状态之中。

由上可知，这样一个由专家学者负责的项目，其组织运行网络是很难保持稳定状态的，在项目进行的整个过程中存在着众多的变数，这是影响项目建设顺利实施的一个很不利的因素。那该如何克服这方面的缺陷呢？关键是必须不断采取措施应对突然的变化，例如必须及时协调和各级政府官员的关系，及时联络、选择和吸收新的成员和代表人物，努力加强试点村可持续管理机制的建立和巩固等等。当然，云南民族文化生态村建设的组织运行网络如果能够像广西的民族文化生态博物馆那样，被纳入政府的强有力领导和政策体系之中，那就十分理想了，那么该项目在实施的过程中就会减少许多困难和挫折，所获取的成果和所发挥的影响肯定会大大超过现在的状况。

谁是建设的主导者

在前文，我们明确指出："仅仅提倡'文化要在原生地保护'是不够的，最重要的是要强调当地民众的积极参与，并逐渐实现由村民主导的自力更生的保护和发展。只有当地民众积极参与，自我主导，自力更生，才是有效保护和可持续发展的保障。"地域文化和民族民间文化的保护传承发展事业必须由文化的创造者和拥有者，即社区的民众自我主导、自我发展，整个文化生态村的建设事业，也必须由村民主导进行，这可以说是云南民族文化生态村建设的最重要、最核心的理念。基于这个核心的理念，在十余年的建设实践过程当中，我们进一步明确了参与建设的各种角色定位和相互之间的关系，于是提出了"村民主导，政府领导，学者指导"的组织运作原则。提倡"村民主导"，这在我国乡村建设等事业中可谓前所未闻，对于传统观念、传统思维定式和传统的工作方式等无疑是一个大胆的挑战。那么，应该怎样理解"村民主导"的含义呢？

第一，提倡"村民主导"，是村民当家作主的体现，亦是建设社会主义民主制度所必不可少的理念，具有重要的政治意义和现实意义。

第二，建设民族文化生态村，保护优秀的民族民间文化，建设社会、经济、生态、文化整体和谐可持续发展的新农村，归根到底是村民自己的事业，如果没有村民的自觉和自主，那只能是空中楼阁。

第三，所谓"村民主导"，很重要的问题，是要强调社会各界——包括政府官员、专家学者、企业、媒体等——应该认识和尊重村民的地位和权力，应该懂得村民是他们村寨的主人，是他们所创造和拥有的文化的主人。因此，外来者不应该自以为是，强加意志于别人，更不应该去做越俎代庖、损害主人利益的事情。

第四，作为村民，则应当树立主人公的意识，应当自尊、自爱、自觉，应该树立艰苦奋斗、自力更生的精神。政府的领导、帮助和支持是不可缺少的，专家学者等外来者的指导、帮助和支持也是十分宝贵的，但是自我家园的建设，自我文化的发展和繁荣，自我生活的改善等，归根到底要靠村民自己的努力。无数事实说明，不做主人做仆人，不靠自己靠施舍，完全寄希望于面向政府的"等、靠、要"，那不仅仅是消极和堕落，而且将永远改变不了自身贫乏困苦的状况。

第五，村民主导，关键是权力的问题。对于建设文化生态村而言，那就是村民必须明确自身所拥有的保护和发展的权利，并能够充分享受、充分运用和行使这个权利。具体而言，在文化生态村建设的整个过程当中，只有村民始终处于策划、决策、行动的中心地位，才能称之为"村民主导"。

不必讳言，对于我们倡导的民族文化生态村建设应由"村民主导"的理念和方针，有来自各方面的质疑：有人批评，你们主张"村民主导"，那么还要不要党和政府的领导？将党和政府置于何种地位？关于这一点，请允许笔者在下面一节予以回答；更多的怀疑为，村民能否主导？他们有没有主导的自觉、能力和条件？

关于村民能否主导，有没有主导的自觉、能力和条件的疑问，我们的回答是肯定的。在我们从事建设的 5 个试点村中，至少有仙人洞村和南碱村这两个村寨较好地实现了村民主导、自我发展的目标，这就是最好的、无可置疑的答案。当然，我们的试点村也有至今无法实现村民主导的事例，有的试点也和贵州的生态博物馆一样，村民并没有把它当作自己的事情，参与的积极性不高，或者说未能始终保持积极参与的态度。这样的事例，当然不能作为全盘否定村民能够主导的证据，不过，对于这样反面的例证又该怎样解释呢？

贵州生态博物馆的建设者们，对于其生态博物馆与他们既定的"六枝原则"所提倡的"村民是其文化的主人""生态博物馆的核心是公众参与、必须以民主方式管理"的信条背道而驰，多有困惑和反思，最后得出"社区居民对民族民间文化价值的认识处在一个蒙昧的阶段，使非物质文化遗产难以传承""生态博物馆的任务是在历史的动态中保护和延续社区的文化，要达到此目的，关键要跨越对文化知识的蒙昧阶段"的结论。由此进一步提出建立生态博物馆的三条"基本原则"，其中的第二条为"政府主导，专家指导，村民参与"。这一条似乎符合时下中国的"国情"，然而却与世界生态博物馆的理念有所抵牾，也与我们的主张大不相同。而贵州方面为了使这种理念的修改合理化，其"基本原则"的第一条首先强调了生态博物馆必须"本土化"而"不能抄袭照搬"。就目前中国的情况而言，欲在乡村建设生态博物馆，确为超前的行为，确有相当大的困难。例如当前许多社区的很多年轻人，对于传统文化便一无所知，而且不感兴趣；又如有的地区，长期依赖国家的扶贫资助，将争相"竞争""贫困县、乡"视为不以为耻反以为荣的奋斗目标，一切向"钱"看，民族文化的概念已经相当淡薄。不过，我们也必须看到，这些只是部分而非全部的状况，有的也许只是事物的表象而非事物的实质，而且我们的事业既然是创新的、超前的事业，就不应该折衷和后退，即便是作为未来奋斗的目标，也必须坚持"村民主导"这一正确的方向。我们恐怕还不能把困难和障碍完全归结为村民的"蒙昧"，其实很多问题是出自专家学者的幼稚和天真，例如：

1. 在我们挑选的试点村中，多是贫穷的村寨，村民每天考虑的事情是如何吃饱穿暖等生活问题，而非外来者提倡的保护这样、建设那样的不着边际的计划，不关自己切身的利益，不能解决紧迫的困难和压力，消极、冷漠甚至抵制自是在所难免。文化生态村和生态博物馆是文化建设事业，必须有相应的经济基础做支撑，国外成功的案例无不如此。所以，挑选偏远闭塞贫困的村寨作为建设的试点，显然是专家学者经验不足所导致的失误，应该引咎自责，而不能迁怒于村民的"蒙昧"。

2. 上文说过，现在有些地区把依赖政府资助作为主要的生存策略，已经习惯于凡事"等政府来办，靠政府来做，要政府出钱"的"等、靠、要"行事方针。造成这样的恶果，与有些政府部门长期实行简单的"给予""施舍"而不注重发挥群众的自力更生精神和培育"造血能力"的扶贫政策有关，不能单方面责怪村民。不过，如果不慎选择了这样的村寨作为试点，那就等于陷入了泥塘，后果自然不堪设想。对于这样的村寨，以政府之巨大的权威和财力，尚且无法使之改变面貌，区区几个"穷书生"竟然奢望以这样"馆"、那样"村"改天换地，这简直就像"蚍蜉撼大树，可笑不自量"了。

3. 我们在前文"选择试点村的条件"中说过，交通闭塞、偏僻遥远的乡村不宜选择作为试点，原因是目前外界对他们的影响、干扰、冲击还不大，其文化保护的问题尚不迫切，如果急于去保护，而且方法不当的话，只会适得其反。除此之外，我们还应该有一个清醒的认识，无论是偏僻闭塞的村寨，还是与外界接触较多的村寨，村民均拥有自己的文化模式和世俗的文化运作机制，他们对于文化生态村和生态博物馆这样的现代外来文化，做出难以认同、难以适应、难以接受等反应，完全是正常的现象。文化的交流、涵化、融合需要时间，绝不可能一蹴而就。在这样的村寨中，村民实际上就是主导者，只不过他们主导的是他们自己的文化，而非外来的文化。

总而言之，无论是建设文化生态村，还是建设生态博物馆，在中国目前的状况下，都属于超前性、创造性、试验性、倡导性的应用型科研项目。所谓"超前性""创造性""试验性"和"倡导性"，也即该项目的最大的价值和意义，很大程度上就体现在"村民主导"这四个字上。"村民主导"既是基本的理念，又是努力的目标，这一点不可动摇。而作为实验性的建设试点，则必须把村民是否具有一定的文化自觉和自主意识作为重要的选择条件；此外，项目成员们能否从事长期深入有效的工作，能否使村民认同、接受新的理念和文化，无疑也是能否实现"村民主导"的关键。

政府领导是保障

我们主张建设民族文化生态村由村民主导，指义非常明确，那就是村民应发扬当家作主的精神，在党和政府的领导下，依靠自己的力量，建设好自己的家园。这样的"村民主导"，其实正是政府近年来在广大乡村积极倡导、努力培育的思想和理念，同时也是促进社会主义民主建设的正确方向。

政府制定政策，进行原则性、宏观性的领导，并充分发挥为人民服务的职能，不可能，也不应该包办代替社区民众的一切实际事务，这应该是基本的常识。许多具体的事业，由政府主导包办，效果不仅不理想，而且往往导致失败，在实行计划经济的时代，这样的事例其实已经很多，即使是现在，也不乏其例。譬如一些由政府主导建设的民俗村、旅游村，在经营一段时间之后便无法维持下去，只好关闭或者出卖给企业。又如在我们的一个试点地区，村民主导和政府主导的效果就截然不同。试点村坚持村民主导，发展势态一直良好；相距不远的两个村寨是靠政府扶持打造的"文化生态旅游村"，这两个村寨虽然有幸获得了政府给予的可观建设资金，然而建设成果却不理想，即使是"硬件"，也比不过投入很少、靠村民力量建设的文化生态村，如果说到"软件"，那就更不可相提并论了。

仅举一例，在我们的试点村，所有节日活动和文化活动完全由村民组织操办，村民们每天都把村里的环境卫生打扫得干干净净；而在政府建设的旅游村，每次举办节庆、文化等活动，不给钱就办不成事情，甚至打扫村寨和自家门前的环境卫生，村民也要向政府讲条件、提要求，要政府给钱或者杀猪杀牛，如果不满足条件，那么对不起，就请政府官员们亲自去村寨扫地、洗厕所！这样的事情听起来不可思议，但其实此类荒谬之事似乎还不少。在某些贫困地区甚至出现过这样的事情，由于政府主导包办得过多、过于具体，以至于村民的自来水管破了、家中的电灯泡坏了，都要通知政府派人来修，理由是"是你们安装的，又不是我们弄的，水管、灯泡坏了，你们必须来修理！"事实说明，政府对于乡村事务过度主导和包办，会产生很大的负面效果，会使村民丧失主人公的意识和自力更生的精神，从而沦为"等、靠、要"的消极群体。所幸的是，目前政府和社会已经认识到这种单方面的自上而下的优待、宠幸政策的弊病，所以近年来在很大程度上改变了扶贫的方法，尽可能地避免主导包办"输血式"的支援方式，而尽量采取所谓"造血式"式的支援方式，以便于发挥和激励村民的主观能动性。

那么，对于民族文化生态村建设，政府的领导是怎样体现的呢？从云南民族文化生态村迄今为止的建设过程来看，政府的领导主要体现于以下几个方面。第一，将文化生态村建设事业纳入政府相关的政策体系之中，作为政府行为而予以贯彻执行，例如在国务院发布的《非物质文化遗产保护的通知》里列有"文化生态区"保护名目，要求各地区予以申报保护；云南省委省政府制定的《云南民族文化大省建设纲要》等文件，明确写入了建设民族文化生态村的内容；几个试点村所在地的各级政府，也把文化生态村的建设与精神文明村、社会主义新农村的建设相结合，加以统一领导和指导。第二，指定政府归口管理部门，将其纳入相关政府部门的工作计划，并逐一落实。云南民族文化生态村最早的归口领导部门是省委宣传部，各试点村在当地的归口领导部门有所不同，有的是县委宣传部，有的是县政府民宗局或文化旅游局等。第三，基层政府官员兼任文化生态村建设领导小组成员，发挥组织协调等重要作用。第四，协助、指导村民小组进行管理，帮助他们提高能力和加强机制等建设。第五，采取各种方式，积极引导、支持村民进行各类文化保护和传承活动。第六，帮助村民和项目组解决在建设过程中碰到的问题和困难。第七，给予试点村适当的资金和物资支持等。

以上七条，其实是云南各级政府对民族文化生态村建设具体领导方式的粗略概括。特别值得一提的是，在5个试点村地区，南碱傣族文化生态村所属的腰街镇政府、新平县委县政府、玉溪市委宣传部，堪称政府领导的典范。玉溪市政府及市委宣传部的领导经常到南碱村考察调研，并出席村民组织举办的文化活动，给予村民鼓励和支持。新平县委县政府对文化生态村的建设非常重视，凡项目组和南碱村组织举办的会议和开展的文化活动，均能得到县委县政府的协调、配合和支持；在基础建设方面，在村民投工投料的基础上，县委县政府也适时、适当地给予支持，激励了村民的建设热情；以县委宣传部为首，民宗局、农业局、旅游局、妇联、水利局、文联、扶贫办等部门，几年来从不同的角度积极帮助南碱村解决各种困难，有效地促进了该村各项事业的发展；该县宣传部的领导尤其令人敬佩，在他们身上完全看不到时下十分流行的浮躁夸张、急功近利、一味追求形式、虚名、热闹和炒作而不求实绩、长效的不良作风，他们立足于构建和谐社会的长远目标，踏实、深入、热忱地开展各项工作；他们十分理解和赞赏专家们的理念，把思想工作和能力建设始终放在首位，重视培养村民的主导性，给村干部提供各种学习的机会，并让他们到全县各地宣讲文化生态村建设的经验；他们创造性地把社会主义精神文明村建设、社会主义新农村建设以及各个时期开展的宣传、文化等重点工作与文化生态村的建设结合在一起，调动各方面的资源和力量支持和促进南碱文化生态村的发展。在南碱村从事文化生态村建设的 8 年时间中，作为该村直接领导的腰街镇政府，主要干部虽然换了四批，然而难能可贵的是，每一批干部，即使是短期在任，也全心全意地领导和支持南碱村的建设，他们把南碱村作为社会主义新农村的建设重点，从各方面进行扶持和指导，并为完善规章制度、加强村务管理、提高村寨领导班子能力以及协调村寨内外各种关系等做了大量艰苦细致的工作。另一个试点仙人洞村，在其整个建设的过程中，也得到了文山壮族苗族自治州州委、州政府各相关部门，尤其是丘北县委县政府的高度重视和大力的支持。毫无疑问，南碱傣族文化生态村和仙人洞彝族文化生态村之所以能够取得今天这样突出的建设成就，之所以能够成为国内外闻名和向往观光旅游之地，那是与两个试点村所在地各级政府的重视支持和积极有效的领导分不开的。两个文化生态村建设的成功，不仅证明了"村民主导"的正确，而且充分说明了"政府领导"是事业成功的保障。

云南民族文化生态村从开始建设便建立了由政府领导的组织运行网络。在各级组织运行网络之中，都有政府官员参与其中，并发挥了不可或缺的领导支持作用。组织运行网络如下图所示。

云南省委省政府领导部门

↓

各级政府领导部门（地州、市、县、乡镇、村民委员会）

↓

社会支持组织、基金会

↓

相关领导、协力单位（云南大学、云南社会科学院、云南省博物馆等）

↓

云南民族文化生态村领导小组（专家、政府相关部门官员）

↓

试点村课题组（专家、基层官员、村干部和村民代表）

↓

试点村领导小组（村民委员会）

↓

试点村组织运行网络（老年协会、妇联、民兵组织、小学校等）

↓

村民

民族文化生态村项目组织运行网络

组织运行网络所表示的省级、地市级和县级政府的领导机构，为省委宣传部，省文化厅以及地市、县委宣传部和文化局，此外还有民族宗教局，农业局，旅游局、妇女联合会等等。对于民族文化生态村的建设，各地政府的安排有所不同，其分工管理的部门也不一样，所以各试点村的组织运行网络不是统一的模式。

专家学者的地位和作用

关于专家学者在文化生态村和生态博物馆建设中的地位和作用，云南、贵州、广西、北京的学者均有共识，他们均主张专家学者应该而且能够发挥"指导"的作用。客观地说，这一崭新的文化保护传承事业的诞生，专家学者不仅是"指导者"，而且是开创者、设计者、传播者、运作者和推广者。回顾文化生态村和生态博物馆的建设历程，专家学者的地位和作用便一目了然。首先，"云南民族文化生态村"的概念是由专家学者提出来的，其定义、目标、原则、方法等也是由专家学者研究拟定的。其次，"云南民族文化生态村"从理念到作为"项目"的实现，是由专家学者策划、设计、申请，并经过反复磋商修改后方获得云南省委"云南民族文化大省建设领导小组"批准的。贵州生态博物馆是挪威与贵州省政府合作的文化保护项目，这一国际合作项目的引进，亦完全仰赖于专家学者的努力。再次，广西生态博物馆建设项目的成立，同样是专家学者卓有成效的工作。最后，在"从学者的项目转化为政府和村民的行为"过程中，专家学者也始终发挥着重要的作用。此外，建设经验教训的总结、成果的推广等，专家学者的参与也是不可缺少的。

传统保守的人类学认为，学者对于调查对象即"他者"，只能采取尊重、谦虚的态度；研究"他者"的文化，只能去观察、体验、学习、记录、解释，而不能以自我的文化为中心，对他们进行批评、干预和改造。一些学者据此提出质疑，认为我们提出的"学者指导"有悖人类学的基本原则和伦理，是文化中心主义的表现，应予修正。这样的观点，看起来似乎有它的道理，然而现实却不像教科书那么单纯、简单，在田野中碰到的大量问题，需要你去思考和解答，面对"他者"的困惑和困难你也很难无动于衷、袖手旁观。而且，时代变了，人类学的某些教条也应该随之改变，下面三个问题，就值得人类学和民族学者认真思考。

第一，从事族群文化的调查研究，学者只能站在"客位"的立场，采取谦虚的态度去记录、分析和解释，这是早期文化相对论的学术遗产，是对殖民主义时代民族和文化中心主义批判的产物。而在族群错杂、文化激变的当代社会，如果依然局限于这样的立场和态度，那就显得保守迂腐，与时代的发展不相适应了。现代人类学民族学除了沿袭传统的研究领域和理论方法之外，还必须把研究的视野扩展到社会发展、现代化和谐社会的建设、文化遗产和自然环境保护、资源管理利用、民族纷争、先住民运动、女性、灾害、难民、移民、民工、疾病、吸毒等等当代面临的种种重大问题之上，此类前沿性的课题，必须进行应用性的研究，必须参与和发挥指导的作用，这是时代赋予学术的新的使命，唯其如此，才能体现其研究的价值和意义。

第二，人类学强调尊重"他者"，强调从事"主位"的研究，这无疑是人类学最有价值的观点和研究方法之一，然而，如果把它当作僵化的教条，那就有害无益了。当代社会，"纯粹"的族群越来越少，"杂交"的族群则越来越多。所谓"杂交"，是由于文化的涵化、交融和同化现象的加剧，一方面使得不同的族群趋于相同；另一方面又使同一个族群分化为不同的阶层和集团，出现了不同的价值取向，产生了不同的行为方式。也就是说，今天我们所面对的"他者"，往往是一个非常复杂的群体，有的可能是"变味"了的他者，有的可能是异化了的他者，当然也可能还存在着真正的他者，这就需要学者去研究甄别、区分对待。例如，在有的少数民族当中，有人强烈主张孩子们必须学习本民族的语言，认为民族语言是最重要的民族特征；而有的人则从孩子必须参与激烈的学校考试和就业竞争的现实考虑，认为没有必要再给孩子增加额外学习本民族语言的负担，而应该学好汉语和英语。面对想法如此分歧对立的双方，谁是他者？又如，目前在个别少数民族的年轻人当中出现了吸毒和赌博等现象，如果对这样的"他者"也死抱必须"尊重、学习"的教条，岂不荒谬透顶！而学者如果有志于吸毒等问题的研究，那么肯定不会仅仅满足于发表论文，探讨对策、参与指导、投身于宣传培训和教育等活动，必然会成为其自觉的行动。

第三，随着市场经济的发展，民族文化的"资源化""商品化"现象越来越突出，这显然是由于企业和商业阶层人士大胆有效的"作为"所形成的热潮。目前"发展文化产业"的舆论空前高涨，并且已经成为政府引导实施并强力推行的政策。企业界和商业界的大力开发利用和政府的发展战略充分表明，当代文化"有形资源"的价值，已被人们所深刻认识，并且被迅速推向了市场，形成了新兴的产业。然而，文化是具有多重价值的复合体，除了具有"有形资源"的价值之外，还具有更为重要的维护社会和谐和人类精神健康的"无形资源"价值。那么，文化的"无形资源"价值应由谁来指导人们去认识、学习、研究、发掘、整理、宣传、保护和弘扬呢？毫无疑问，从事文化研究的专家学者们在该领域应该具有无可替代的权威和地位。然而，如果以文化研究为己任的专家学者们自认为不应该去参与、指导，或者认为自己没有能力、没有资格去进行指导的话，那么岂不是天大的笑话，那么人们不禁要问——用最通俗的话语来问：你们究竟是干什么吃的呢？

对于专家学者能否"指导"村民建设文化生态村和生态博物馆的问题，其实是一个不成问题的"问题"。如前所述，这个项目本身便是由专家学者构想、策划、设计并付诸实践的，专家学者的投入和行动，其实早已远远超出了"指导"的意义。例如几个试点村的项目组的负责人，都被村民看作自己人、知心人，无论小事大事、家事村事，都要征求他们的意见，请他们出主意想办法，他们无形中充当了"村干部"和上级派来的"工作队"的角色，有的项目负责人干脆被村民"任命"为"名义村长"，不得不去"享受"村民给予的"指导"权利，变成了"忧村忧民"的"编外领导"。

上文说了在文化生态村建设事业中"专家指导"的理由。然而，理解专家学者的指导还应该注意几个问题。其一，因为文化生态村建设还只是一个实验性、探索性的事业，所以所谓"指导"所依据的理论和方法也是探索性、试验性的，而非成熟和绝对的，还需要在实践的过程当中不断修正和完善。其二，人类学、民族学学者的"指导"，也非绝对意义的指导，而是在向"他者"学习、对"他者"进行深入研究的基础上的指导。其三，项目的实践充分说明，在建设的过程中，专家学者和村民以及政府官员之间的关系，是真正的互动关系，是相互作用、相互促进、相互启发、相互学习、共同提高的关系。专家学者之所以能够充当"指导"，其实是得益于田野的实践，得益于村民的知识、经验和创造，得益于官员和干部的开拓和智慧。

前文提到，云南民族文化生态村的专家组，是一个多学科组成的共同体，其第一类为人类学、社会学、历史学等方面的学者；第二类为建筑学、园林学、地理学等方面的学者；第三类为生态学、民族植物学等方面的学者；第四类为民间艺术、民族文化和文化遗产等方面的学者；第五类为博物馆、造型设计等方面的学者；第六类为影视人类学方面的学者和媒体的记者等。除此之外，此项目系由云南大学人类学系负责，培养学生，让学生结合教学到生态村实习，提高他们的研究和实践能力，是项目的一个重要内容。在十年的建设过程中，到试点村实习的人类学系以及艺术系的本科生前后累计100多人，硕士生、博士生数十人，他们的参与对建设事业发挥了重要作用。

云南民族文化生态村长期驻村工作的项目组专家成员主要有尹绍亭（人类学、博物馆学）、王国祥（民族学、民族文学）、罗钰（博物馆学）、孙琦（艺术学、民族服饰学、美术设计）、陈学理（人类学、影视人类学）、李正（考古学、戏剧学）、张海（人类学、影视人类学）、朱映占（人类学、民族史学）、杨兆麟（民族艺术、画家）、胡仕海（艺术学、民族服饰学、美术设计）、杨大禹（建筑学）、曹津永（人类学、环境史）等。

争取社会各界的支持

我们倡导建设民族文化生态村并积极实践，既具有现实意义，为当务之急，又是超前的理念和行动。说它具有现实意义和为当务之急，是因为社会变迁太快，传统文化的保护传承成为急需应对的重大课题；说它是超前的理念和行动，是因为中国广大乡村还十分贫穷，经济基础还十分薄弱，尚缺乏建设、支撑和养护繁荣文化事业的基本条件。

既需要紧急应对而又不具备应对的条件，无疑是一个很大的矛盾。无所作为不行，任凭地域文化和民族文化急速衰落以至蜕变到无可挽救的地步是不负责任的；没有条件也不行，但是没有条件可以创造条件，积极争取社会各界的支持，就是创造条件的一条重要途径。

在项目实施之初，应该说5个文化生态村试点都很贫穷，都不具备建设文化事业的经济基础。不过，在建设的过程中，5个村寨却表现出不同的应对态度，有的积极，有的不够积极，就产生了不同的结果，并且差距越来越大。几年的时间，有的试点村在外力推动时往前走了一阵，外力退出后便停滞不前，"逆水行舟、不进则退"，失去了发展的势头；有的借助外力的推动，积极发挥自己的力量，乘势而上，结果发生了巨大的变化，终于改变了贫困落后的面貌。

民族文化生态村建设项目，是学者提倡和推动的应用性实验项目，而非由政府主导的扶贫或经济建设项目。然而有一些村寨由于长期受到政府的特殊优待，习惯了依赖政府，对待民族文化生态村建设事业也采取同样的观念和态度，奉行他们多年来消极应对的"三字经"，那就是"等、靠、要"。所谓"等"，即凡事要等政府和外来支援者来做，村民是不会先行积极主动去做的；所谓"靠"，就是要靠政府和支援者包办、代办，而不是靠自己自力更生；所谓"要"，自然是要钱要物，没钱不办事，只有见到钱，得到实惠，才有积极性。近年来，政府从扶贫等工作中也深切感到过去的政策和做法存在问题，良好的意愿和举措不仅没有达到预期的目的，反而产生了许多意想不到的棘手问题和负面影响，这是值得注意和认真反思的。这种状况目前有所改变，各地区均不再采取以往那样"输血式"的扶贫方式，而选择能够激励和培养自力更生、艰苦奋斗精神的所谓"造血式"的扶贫和资助办法。然而由于积渐所致、积弊已深，要想改变消极的观念和行为，还少不了时间和耐心。显然，惯于"等、靠、要"的村寨是不宜作为建设文化生态村的试点的，因为"等、靠、要"就像一个陷阱，再多的支持、资助都是不可能将其填满的。

不同的试点村竟然表现出截然不同的应对态度和策略，这确实是一个非常有意义和深奥的现象。同样是少数民族，同样是建设民族文化生态村，仙人洞村和南碱村在争取社会各界认同和支持方面的出色表现，便令人十分赞赏。他们的做法充满远见和智慧，从下面介绍的几件事例便可窥见一斑。

1. 项目组于1997年至1998年选择民族文化生态村建设的试点，并不知道仙人洞村和南碱村，当然也就没有考虑这两个村子。令人意外的是，仙人洞村的村干部黄绍忠和丘北县原旅游局局长罗树昆竟然专程到昆明找到了我们，以当地特产辣椒和新米作为见面礼，讲了许多该村的优势，代表村民提出愿望，要求将仙人洞村列为试点。我们被他们的热情和诚意所感动，同意了他们的要求，试点村从原定的三个增加为四个。没想到后来又遇到了同样的情况，南碱村的干部和他们的顶头上司腰街镇的领导也主动提出要求，并急切地告诉我们，说现在村中家家攒足了钱，急需专家帮助规划村庄建设蓝图和设计民居改良方案，如果不及时进行，那么传统民居将会被完全破坏，到时候后悔就来不及了。我们信以为真，迅速组织专家投入了工作，后来才发现该村其实家家囊中羞涩，不要说村寨的规划和建设，就连破房子的改造也没几家拿得出钱。为了争取当上试点，腰街镇和南碱村的干部不惜"狼狈为奸""捏造谎言""引蛇出洞""引鱼上钩"，为此他们颇为得意。而念在他们动机不坏，而且从后来他们真抓实干建设文化生态村的表现来看，我们的"上当受骗"应该说还是值得的。

2. 建设民族文化生态村，首先必须改善道路、环境等基础设施，改变村庄脏、乱、差的状况。在开始阶段，上述两个村庄的干部群众都清楚，他们并不具备基础建设的条件，但是他们懂得这是自己的事情，自己不做，别人是绝不可能予以支持的，所以他们首先发动村民，有钱的出钱，有力的出力，因地制宜，大干快上。这种自力更生建设家园的精神，正是政府乐于看到和希望激励的，于是每当关键的时刻，政府总是雪中送炭，给予他们技术上和水泥等建筑材料的无偿支持。目前，两个村庄的基础设施均发生了巨大的变化，人居环境大为改观。两个村寨之所以能够在短时期内改变了村容村貌，凭借的就是"村民奋斗、政府扶持"的"法宝"。

3. 民族文化生态村的宗旨是保护和传承优秀的民族民间文化，这也完全是村民自己的事情，而非学者和官员的事情，认同此理，所以两村的村民都自觉地进行文化保护传承活动，不仅如此，还创造了许多新颖的文化保护和传承的方式。例如，仙人洞村创造的篝火晚会、赛装会、花脸节、荷花节、对歌会、祭天仪式等；南碱村创造的四月节、傣族歌舞、传习馆、迎客仪式等，都深得官员、学者、媒体、参观者等的高度赞赏。赞赏之余，人们往往也会产生能否为他们发展和文化的传承做点什么的念头，于是便有了各种各样的支持和赞助。曾经有一位省长在观看了仙人洞的篝火晚会之后，大为赞赏，当即便拍板划拨五十万元以解决该村演出场地灯光设施不足的问题；南碱村首次举办四月节，也曾获得过十几个政府部门以贺礼的形式所给予的资金鼓励。这两个例子生动地说明，自立与扶持其实是一种互动的关系。仙人洞村和南碱村的村民是淳朴的，他们决不"等、靠、要"，但是他们懂得"将欲取之，必先行动之"的道理。

4. 中国是一个乡村大国，各级政府历来对乡村的建设和发展极为重视，所以从不同的方面设立了许多针对农村的创建目标，诸如"消防模范村""卫生模范村""计划生育模范村""农业生态示范村""小康示范村""民族团结示范村""精神文明村"等，最近，又大规模地开展了社会主义新农村的建设运动。积极争创各类模范村和示范村，不仅能够有效地提高村民的素质和促进村寨各项建设事业的发展，而且非常有利于其地位的提高、形象的提升和影响力的扩大。正因为如此，所以仙人洞村和南碱村一直重视并努力开展各种争创活动。迄今为止，南碱村已从市、县宣传部、农业局、水利局、民宗局、旅游局、妇联、扶贫办及其腰街镇政府等争取到了对各种创建活动的支持，并荣获了"农业生态示范村""县级精神文明村"等称号，目前又被选择作为"社会主义新农村"的试点，启动了新项目的建设；而在仙人洞村的村民小组办公室里，可以看到墙壁上挂满了各种奖状和命名状，该村现在获得的"模范村"和"示范村"的称号已多达20余种，其中级别较高的是由中共中央宣传部等部委授予的国家级"精神文明村""全国创建文明村镇工作先进村镇和先进单位""全国民族团结进步示范村""全国乡村旅游重点村""中国十大最美乡村"等荣誉称号。村民和当地政府都为获得如此之多的殊荣而深受鼓舞，并为此感到十分的骄傲！

仙人洞村和南碱村的上述事例说明，他们所取得的骄人业绩离不开各级政府和社会各界的重视和扶持，而所有的重视和扶持都不是"等、靠、要"带来的，而是村民们以实际行动积极努力争取的结果。

参考文献

尹绍亭、王国祥、罗钰主编：《民族文化生态村——当代中国应用人类学的开拓》，云南大学出版社2008年版。

民族文化生态村的环境整治与资源开发

"生态环境"一词，是"生态"和"环境"这两个词汇的组合。广义的"环境"，指事物存在的周边境况；生态学地理学所说的"环境"，是指自然环境或地理环境。自然地理环境，即大自然存在的状况，它由崖石、土壤、水、大气等无机物和微生物、动物、植物等有机物构成，包括气候、地貌等要素。"生态"一词，也有广义和狭义之分，广义指事物存在的状态，狭义是指生态学的"生态"，即生物生存的状态。对于"生态环境"和"自然环境"这两个词，人们通常都习惯混合使用，不加区别，实际上两者还是有所不同的。对于人类而言，自然环境可以看作由无机物和有机物组成的外部世界，而生态环境则可以看作包括人类在内的由各种生物组成的相互依存的生态系统和系统存在的外部空间。

生态环境及其保护

说到生态就不得不说生态系统，因为世界上的所有的生物，都处在各自的生态系统网络，即食物链之中。人类也一样，也是生态系统中的一个生物因子，也与生态系统中的各种相关的生态因子，组成相互依存相互平衡的网络，也必须遵循生态系统的物质循环和能量转换的规律。然而，人类又与其他生物不同，人类除了具有"生物"的适应性之外，还有一般生物所没有的特殊创造性，那就是文化。文化包括人类向自然界获取食物的各种技术和知识，包括为了管理好、利用好自然资源所必需的各种社会组织、制度和法规，还包括能够协调人类与自然关系的各种观念、思想、崇拜、信仰等。人类凭借自己创造的文化，能够积极地适应、处理与大自然的关系，维护和保持与大自然的和谐共生。

纵观人类历史，人类与自然却并非总是处于和谐共生的理想状态，世界各地的生态环境也不能始终保持良好的"原生态"状况，总是处于不断的运动和变化之中。考察运动变化的原因，有自然演变引发的生态系统紊乱，而更多的现象，则是人为导演的生态灾难。当代人口爆炸以及工业社会对自然资源的疯狂掠夺和无处不在的污染，造成了世界前所未有的生态灾难，给人类生存带来了深重的危机。无数事实业已证明，工业社会并非是完美理想的社会，工业文明在生态环境的保护和维护人与自然的和谐相处方面，存在着重大缺陷。为了恢复和重建良好的生态环境，人类除了依靠先进的科学技术之外，还越来越认识到必须回到传统文化中去，寻求人类千百年来创造积累的知识、经验和智慧，它们所具有的特殊维护和调适生态环境的功能是现代科学技术所替代不了的。这些知识、经验和智慧形成于不同的地区和不同的民族，它们多半不是普同性的知识，而是具有特殊性的多样化知识，所以被称为"地方性知识"或"传统知识"，也可以叫作"生态文化"。笔者在《什么是"文化生态"》一文中曾经说过，文化与生态环境的关系，应该以"文化适应"的原理去进行观察和解释，文化如果适应生态环境，两者便能和谐共生；如果不适应生态环境，那么就会产生冲突和破坏，就必须调整、改造原有的文化，或者创造新的文化。所谓"地方性知识"或"传统知识"，便是文化与环境在长期互动的过程中，文化对环境不断适应的结晶。迄今为止，已有大量的人类学田野资料能够证明，许多地区之所以能够长期保持良好的生态环境，很大程度上便是仰赖了当地人的"地方性知识"或"传统知识"的调适和维护功能。民族文化生态村致力于保护民族文化，就包含着各民族适应生态环境的这部分文化；而民族文化生态村所宣传和进行的生态环境保护，其着眼点也主要集中于传统知识，即把发掘、整理、利用、发展传统知识和实现文化与生态环境的良性互动作为生态环境保护的主要目标。

云南民族文化生态村的五个试点村寨以及其他众多民族村寨，在20世纪50年代之前，都是生态环境极好、相关传统知识丰富而且富于特色的村寨。例如每个村寨都有神山、神林、神树、坟山等神圣空间的组合，有水源林、护寨林、风景林、经济林、用材林、轮歇林地等规划配置，还有水源、水井、山泉、河流、湖泊等保护地；对于农业、畜牧用地，则有多种分类和相应的利用方法。而神圣空间的崇拜和不可侵犯，森林和土地等资源的精心保护，持续利用的知识、法规和措施，则体现于各种宗教仪式、社会活动、村规民约、习惯乃至日常的家教言传之中。当代大量生态环境被破坏的事实告诉我们，即使是在今天，各民族关于生态环境保护的传统知识仍然具有无可取代的价值和意义。这方面显著的事例，如遍布藏区的藏族神山圣湖，至今依然无比圣洁壮丽，那并不是依靠现代环保科学技术保护的结果，而是藏族传统宗教信仰文化所发挥的巨大保护作用。又如云南彝族撒尼人，只要是他们居住的聚落，必然有被称为"密枝林"的神林，"密枝林"在外族人的眼里就是撒尼人的象征。在云南滇中一带，和撒尼人杂居的汉族等民族的村落不少，然而在那些村庄里很少能看到树木花草，更看不到成片苍翠的森林，而在撒尼人居住的村庄里，却无一例外均有大片茂盛的森林和"密枝林"。"密枝林"也非当代环保科学技术的创造，而是传统生态文化的传承，是撒尼人祖祖辈辈谨守传统法规禁忌、永久维护的绿色"保护区"。再如云南西南山地数十万亩历经千年沧桑保留至今的古老茶林，现在已成为稀世资源，堪称世界奇观。在过去的数十年中，频繁运作的"战天斗地""大跃进""大炼钢铁""以粮为纲""学大寨"等运动，曾使多少原始森林毁于一旦，消失于滇云大地。然而奇怪的是，那么壮观古老的茶林却能免遭浩劫，幸存至今，原因何在？究其底里，根子依然在传统文化。拥有古老茶林的民族，有的视茶树为自己民族的"祖先"，认为本民族是从茶树变化出来的，所以保护好茶树就是保护祖先、保护自身。有的民族认为茶树是祖先栽种留给后代的"传家宝"，所以必须精心保护、世代传承，茶林遭到破坏遗弃，就是忤逆不孝，就会面临灾难。所以不管政策如何变化，其他树可以砍，唯有祖先栽种的茶树不能砍，祖先规定的制度和传统是不能改变的。传统信仰、法规、禁忌、知识对于生态环境保护的作用，于此可见一斑。

比较现代科学技术知识和环保法规，传统知识至少具有以下几点优势：其一，传统知识乃是地方性的知识，对于相应的地方而言，它往往比科学知识更接地气，更为适宜和有效。其二，传统知识是民众创造的知识，民众对于自己创造的知识自然有更多的认同感和亲切感，自然会表现出更高的传承、应用和发展的自觉性。其三，相对于传统知识，现代环保科学技术自然也有其优势，功效往往更为强大、效果来得更为快捷，然而它们的应用是否适合当地，是否会产生负面的效应，还有待时日的鉴定。而且，如果统筹考虑运用成本和运用技术要求等因素，现代环保科学技术的普及还存在相当多的困难。其四，传统知识大都具备可持续的特性，这是由其维护和保障传统生计和生活方式的基本功能所决定的。其五，传统知识往往与宗教信仰、伦理道德等相互联系，从这个层面上看，它是当代提倡的科学环境保护所强调的物质性和功利性所远远不能相比的，它是人性和生命的另外一种境界。

令人遗憾的是，尽管传统知识具有上述重要的价值和意义，然而却没有受到应有的重视。长期以来，在激进的意识形态主宰下，在盲目崇拜工业文明的潮流中，在疯狂追求物质享受的时尚里，它们像是被遗忘的弃儿，大都走到了消亡的边缘。例如神林、圣山的保护等被视为"封建迷信"，使用农家肥或进行粮林轮歇的有机农业被化学农业所取代，取之有度、用之于时、勤俭节约的传统变成了挥霍无度、贪得无厌、奢侈攀比、杀鸡取卵、竭泽而渔的恶习。这种状况如果不改变，无论怎样进行环保的宣传，无论制定何等严厉的环保法规，无论应用多么先进的环保技术，都将徒劳无益。有见于此，民族文化生态村主张的生态环境保护，就是要认真总结迄今为止忽视蔑视传统知识、盲目开发和滥用科学技术等造成严重生态环境破坏的教训，就是要努力发掘、整理、宣传、教育、利用、活用和发展传统知识，找到传统知识与现代科学技术知识的最佳结合点，创造出能够适应和满足时代要求的环境知识技术体系和环保伦理道德，从而恢复和重建良好的生态环境，实现可持续发展，建设美好的家园。

村落环境的治理

中国的广大乡村，包括云南的许多村寨在内，山好水好人好，然而一旦真正走进村庄，却是令人遗憾的"脏乱差"景象，就像人们形容的那样："远看青山绿水，近看牛屎成堆。"其状况不要说与发达国家相比，就是与一些发展中国家的农村相比，诸如泰国、老过、缅甸等一些村庄相比，也逊色许多。原因何在？两个方面。其一，贫困。缺衣少食，温饱尚未解决，或者刚步入温饱状态，尚无经济条件新建住房、修筑道路、设置厕所、建盖畜圈、改善环境。其二，观念。观念有两层意思，一是精神观；二是物质观。所有民族在精神领域都有"神圣"和"世俗"以及"洁"和"秽"的观念，诸如神灵祖先所在的空间，宗教宗庙祭祀的空间和时间等是"神圣"和"洁净"的，而有的地方、有的事物，则认为"不祥"和"污秽"。在神灵观念较强的社会，人们十分在意的并不是物质领域的"洁"和"秽"，而往往是精神领域的"洁"和"秽"，所以在其村庄内可以强烈感受到神圣与世俗迥然不同的时空景观，但却感受不到通常卫生方面的"洁净"。在物质的层面，不同的文化对于"清洁"和"肮脏"也有不同的认识。例如对于人的粪便，在汉族农民的眼里它固然脏，然而它却是肥力很高的"肥料"，因而再简陋也要建盖厕所，将粪便积蓄起来加以利用；相比之下，许多少数民族就不会这样做，在他们看来，人的粪便是真正的脏物，所以决不在家里和村里解大便，而要去山林和河流中排泄。又如对于牛，一些少数民族将其视为家人，人牛住于一室，不嫌牛粪脏臭；而汉族对此又不认同，他们感到无法忍受，非得人畜分离。由此可见，村落环境的脏乱，除了经济的因素之外，还有文化的原因，远不是"素质差"一句话就可以概括的。

如上所述，中国农村普遍存在的脏乱差现象，有经济落后和文化制约两方面的原因，然而不管从哪方面来看，都需要改善和治理，都没有永远保持的理由。经济要发展，贫困的面貌当然要改变；就文化而言，精神层面的某些观念应予以充分的尊重，然而时代变了，文化也必须要变化，不应该再保留已经显现消极和负面影响的那些习俗，要积极吸取现代文明，才能适应社会的发展。建设民族文化生态村，建立中国乡村发展的新型模式，首先就应该消除"脏乱差"等现象，营造乡村清洁而优美的人居环境，这在某种程度上可以说是一场改变生活方式的革命，意义重大而深远。

对于试点村的环境治理，项目组事先都进行过村落的整体规划，都制定过改良的方案。然而这样的规划和方案也和中国大部分城市所做的规划和方案一样，很难兑现落实，往往成为"纸上谈兵"和"文字游戏"。没有外部援助的资金，村民又太穷，所谓"整体"的规划和改造是不现实的。资金短缺，整体的做不了，那就只能采取"因地制宜，依靠村民的力量，逐步改造"的策略。按照这样的策略，几年来，几个试点村作了以下几个方面的工作：

1. 在尚存着神山、神林、水源林、风水林等的试点村，恢复巩固或加强完善了传统的信仰禁忌和祭祀习俗，在保持传统禁忌、维护山林的基础上，进一步制定了新的保护措施和增加了新的保护设施，以保障村落"神圣"和"洁净"空间的永续存在。

2. 从政府等部门争取资金和建筑材料的支持，村民投工投料，把村寨中的主要干道拓宽为车道，把绝大多数土路改筑为石板路或水泥路。彻底改变了村寨道路坎坷不平、晴天尘土飞扬、雨天泥泞不堪的状况。

3. 改变不良的传统生活方式，村里修建了干净卫生的公共厕所。对于破旧民居的改造，在保持传统建筑风格的基础上，尽可能地增加浴室和厕所；在仙人洞村和南碱村，新建民居全部建设了卫生配套设施；仙人洞村还积极配合国际环保机构，试验和推广建设环保旱厕。

4. 响应政府的号召，在政府有关部门的支持下，建立沼气池，使用沼气能源，节约了电费，减少了柴薪的利用，增加了有机肥料，清洁了环境。

5. 人畜分离，圈养牲畜，畜粪用作肥料和沼气原料，既消除了粪便的污染，又增加了肥料和能源，并且减少了化学肥料的使用。

6. 在保护好村寨所属森林和村寨名木古树的基础上，退出过垦耕地，植树造林；选择乡土树种、竹种和花种，绿化美化村寨环境。

7. 鼓励和支持村民不断进行创造性的环境改造和建设活动，例如建立富于民族特色的寨门，开辟休闲和歌舞场所，修筑观赏景物，创作反映自己生活的壁画等。

8. 依据村规民约，增加新的环境保护和建设的条文，形成有效的管理规章制度，以保障和巩固环境整治和建设的成果。

经过一段时间的村落环境治理，5 个试点村均发生了显著变化。例如和顺乡，其村落环境治理一是制定了分布于村中和周边的石头山风景林区、元龙阁和黑龙山风景林区的保护规划，实行封山育林，头两年内便封山育林 3400 亩，植树 15000 株，工程造林 815 亩。两年治理水土流失 0.78 平方千米，投资 30 万元整治河沟。

成立乡环卫站和绿化所，设置绿化环卫景观景点管理人员 14 人，购置垃圾车一辆，安装果皮箱 100 个，环卫每年支出经费 12 万元。环乡道路设有专人清扫，划分清洁区，实行"门前三包"，制定文明公约。全乡共培植草坪 6000 平方米，种植行道树 1600 棵，安装路灯 180 盏，环乡道路全部铺设了火山石路面。通过这些措施，全乡面貌发生了深刻变化，山清水秀，整洁干净，受到中外游客和回乡华侨的一致好评。

传统民居的保护和改良

民居是人类生活最基本的物质条件，是民族文化和地域文化的最显著表征之一，是包含着丰富的文化多样性和非物质文化的物质文化。正因如此，富于特色的传统民居历来为世界各国各地区所重视，无论是在世界级的《文化遗产保护名录》当中，还是在国家和地区级的《文化遗产保护名录》当中，民居建筑都占有十分重要的地位。除了作为"文化遗产"的重点保护对象之外，在我国，还有政府专门以优秀传统民居为对象制定的保护名类和条例，诸如国家级和省级的"历史文化名镇""历史文化名村"以及各类具有历史价值和纪念意义的建筑。近年来，非物质文化遗产保护受到了空前的重视，在国家公布的《非物质文化遗产保护名录》当中，有"传统文化保护区"的选项，这一选项评选的条件，往往首先看重的也是传统民居的状况。

民族文化生态村在选择试点的时候，也把民居特色作为一个重要的选择条件。例如腾冲县和顺乡的民居建筑就是汉族传统建筑的精华，基诺族的民居也是十分独特和富于美感的，南碱村的"土掌房"则是元江流域代表性的建筑杰作。然而，任何优秀的传统文化，经历了漫长的岁月洗礼，都不可避免地会出现某种程度的"老化""残缺"，甚至"衰败"的现象，传统民居建筑也一样，在其显示精美珍奇的同时，也或多或少地会给人以某种陈旧的逆时空不适感。传统民居的两面性，常常引发两种迥然不同的态度和争议：一种则唯传统是美，主张传统民居应原封不动地予以保护和保存；另一种则唯传统是废，认为传统民居已与时代不相适应，因而主张以现代民居彻底取代传统民居。两种意见对立，有时此消彼长，导致中国建筑界和民间建筑领域左右摇摆，长期处于混乱的状态。社会上对于传统民居的不同态度和主张，也给民族文化生态村民居的保护和建设带来了显著的影响。

例如和顺乡，在"文化大革命"运动中，其民居曾普遍遭受破坏，"文化大革命"结束之时，村落萧条衰败，昔日"极边第一村"几经磨难，最后保留的一点"雍容华贵"也几乎消失殆尽。然而自建设民族文化生态村以来，情况逐渐好转。项目组对乡里90余座院落的历史文化进行了详细调查和测绘，并制作了说明牌以彰显其历史文化建筑艺术价值。鼓励八大家族整治恢复宗祠，以再现昔日宏伟景观和文化内涵。利用华侨遗存院落创建了"弯楼子民居博物馆"，再现了乡民谨守祖训、耕读并重、艰苦创业、崇尚奉献、回报家乡、建设美好家园的崇高精神和情怀。由于生态村的建设，加之政府领导有方，企业及时进入，该乡得以在短短的十余年间再次复兴昌盛，一跃成为中国"最富魅力的小镇"。戏剧性的变化，正是社会对其民居建筑这一重要文化遗产所持不同态度和施以不同政策和行动的结果。

又如仙人洞村，项目实施之初，项目组专家曾与村民一道设计出传统民居改良的方案，希望把传统民居的精华保留下去。然而由于许多旅游者感到住宿传统的土屋不够舒适，所以多选择砖混建筑的旅馆投宿，为了迎合游客，于是村民们纷纷拆除土屋，争相建筑砖房，短短几年时间，便使得村庄景观大变，失去了古朴自然的风貌。形成一幢幢拙劣的砖混建筑和与湖光山色不相协调的村容村貌，许多游客又纷纷提出批评：认为村民不知道什么是真正的"美"，不懂得游客的审美心理，所以才会进行破坏性的建设。为此，村民们只好又想办法，千方百计地修饰、打扮砖房的外观，尽力营造"乡土气氛""民族风格"，以期满足游客追求"异域情调"的需求。由于贫穷，也由于经济的好转需要一个积累过程，仙人洞村的民居改造也几经周折。10余年来，村民在政府的支持下，一次次忍痛拆除旧房、建设新居，到了现在的第四代民居，才达到了较为理想的状态。再如南碱村，这个村子是我们认为各方面都做得很好的试点村，然而前往该村考察的人，几乎都对其民居建筑表示失望，认为没有保持土掌房的原貌，建新的房屋虽然承袭了传统民居的样式，然而由于没有使用传统的土木材料，所以显得不伦不类。不过，项目组和村民们并非事先没有注意到这个问题，也没为此少费心思。这里不妨稍微了解一下该村民居规划设计建设的过程，民居保护与改良的困难便可窥见一斑。

南碱村的村落规划和民居的改良，经历了以下几个阶段：

1. 规划设计阶段。应南碱村村民和腰街镇政府的请求，民族文化生态村项目组派遣长期从事乡土民居研究的建筑学专家到村寨进行调查研究，进行规划和设计。

2. 讨论规划设计方案。专家设计了三个民居改良方案。对于第一个保持传统土木结构的方案，大多数村民不予赞同，原因有二：其一，土屋不耐久，每隔三四年就必须翻修一次，且费事耗财；其二，政府禁止砍伐森林，市场购买木材太贵，土木建筑成本反而高于砖混建筑。参加评审的权威建筑专家对于建设传统土屋的方案也持否定态度，主要理由为土屋抗震效果太差，他们认为"保护"固然重要，但是人身安全才是必须考虑的最重要的问题。对于第二个将砖混材料与土木材料相结合的方案，村民也不同意，因为这样做，成本和劳动力的投入必然会增加许多，而且这样做的目的主要是"保护"给外来的人参观，在他们看来，并没有实际的意义。权威评审专家对此也不赞成，认为砖混材料与土木材料的结合在技术上无法解决，很可能弄巧成拙、劳民伤财。对于第三个完全使用砖混材料建设的方案，村民认同，权威建筑专家也认为在目前尚无类似土木质感的新型优质替代材料的情况下，只能选择砖混材料进行建设。对于这样的结果，项目组成员和镇政府的官员们自然表示遗憾，却不得不尊重村民的选择和建筑专家的意见。

3. 实施建设的阶段。由建筑专家所做的南碱村落规划应该说是比较完善的，而且较好地表现了当地特殊资源的景观价值。然而，南碱村毕竟是一个贫穷的村寨，虽然村民们都说规划好，十分赞赏，也希望努力去做，但是由于缺乏基本的经济基础，所以在实施过程当中不得不一再修改方案、降低标准、因陋就简地进行改良和建设。其结果，村寨虽然发生了很大的变化，但与原来理想的规划相比，差距之大自然是不言而喻。整个村寨如此，各家各户也一样，新设计的民居方案固然好，但是村民还必须根据自己的经济情况而定，有的人家只能先建一层，待几年之后有了钱再往上接着建盖；有的人家为了节约经费，便缩小面积，或者改变设计方案。这样一来，难免杂乱无章，最后令人遗憾。虽然如此，但是南碱村所建盖的新居却家家有沼气，户户有厕所，都市人对此也许不会太在意，然而项目组却认为这是非常值得肯定和推崇的"亮点"。在吸取现代文明这一点上，南碱村可以说是为乡村传统民居的改良树立了良好的典范。

从上述南碱村的村落规划和民居建设的情况可知，现实乡村传统民居建筑的保护和改良并不是一件容易的事情，我们切不可完全以外来者的眼光、兴趣、审美观和价值观去苛求甚至指责村民。在对待乡村传统民居的问题上，我们认为以下几个原则性的问题是值得注意的：

1. 各民族富有文化和地域特色的传统民居无疑具有宝贵的文化价值，无疑应该保护和传承，但是乡村传统民居与城市具有代表性的传统民居和优秀的古建筑文化遗产是不同的。一般而言，城市具有代表性的传统民居和古建筑绝大部分已成为珍稀的文化遗产，而乡村的传统民居还大量存在，尚不宜作为立法保护的对象，所以不能对它提出过高的保护要求。

2. 我们同时应该知道，乡村的传统民居首先是"村民的住家"，其次才是"外来人眼中的文化"。因此，尊重村民享有安居的权利、选择的权力和发展的权利，而不是一味地要求村民按我们的意志去进行所谓的"保护"，这应是我们外来者起码的态度。

3. 既然如此，那么在乡村传统民居的保护改良和新农村建设的过程中，就应该避免以往曾经出现过的按行政命令"一刀切"的做法，就必须充分尊重村民的意愿，满足他们的选择和要求，而且还必须考虑他们所能承受的经济负担。

4. 乡村传统民居的保护，不宜提倡"整体的保护"和"原状的保护"，保护的着眼点应该放在其建筑的特色和建筑的风格之上，对于其不适应现代生活的缺陷，诸如防震、防火措施以及卫生和采光设施等，则应予以改良。

生计改善的途径

生计是人们赖以生存的生活方式，是人们获取生活资源的手段。生计大致可以分为简单型生计和复杂型生计两类。所谓"简单型生计"，是指传统农业社会以自给自足为主的生计形态，所谓"复杂型生计"，是指包括市场交换在内的多种生计的复合形态。简单型生计，对自然资源的依赖性极强，其本质就是对自然资源的直接适应和利用；复杂型生计既依赖自然资源，也依赖社会资源，它对自然资源的利用，是建立在对人力、技术、市场等社会资源的综合利用的复杂体系之上。民族文化生态村的建设试点都选择在农村，其传统的生计形态主要是简单地以农业为主的自然经济形态。

民族文化生态村虽然着眼于民族文化的保护，然而却不能不关心村民的生计。生计其实也是文化的一部分，是人们获取食物等生活资料的文化。人们没有食物便不能生存，没有生计文化便没有其他文化，反之，可以说所有文化都是在生计文化的基础上衍生发展起来的。正因如此，如果生计发生困难，吃穿问题都解决不了，那么文化的保护就将是一句空话。在当代中国，无论是建设民族文化生态村，还是建设生态博物馆，之所以困难重重，其根源就在于村民生计的窘迫。对于他们而言，最重要、最紧迫的问题并不在于上层建筑，而是生计面临的困难和挑战。根据在5个试点村的长时间研究，发现目前他们共同存在的生计问题大致如下：

1. 由于人口增长，土地国有化及国家土地政策不断强化、城市化快速发展等原因，5个试点村均不同程度地存在着土地资源短缺的状况。例如和顺乡，现在人均耕地仅有1.11亩（含水田和旱地），人均占有林地不到 0.8 亩；又如巴卡小寨，50 年前实行刀耕火种、轮歇耕种，人均利用土地至少在 35 亩以上，而现在人均占有土地已减少到 10 亩以下。生计以农业为主，农业以土地为命脉，土地不足，粮食生产便难以满足需要；如果再遇灾荒，生活更面临严重困难。

2. 土地不足，于是扩大垦殖，毁林开荒，导致森林面积锐减，土壤退化，陷于恶性循环。巴卡小寨周边昔日全是郁郁苍苍的热带雨林，现在除了自然保护区之外，大多变成了荒山秃岭；南碱村一带，过去主要耕种江边的水田，山地里全是茂密的森林，现在大部分山坡被开垦种植甘蔗，一眼望去，黄土裸露、杂草丛生，一遇暴雨，山洪暴发、水土流失，灾害频频发生，人畜生命安全随时遭受严重威胁。

3.5 个试点村目前都面临着生计形态转型和必须发展新的生计问题，对此有的村寨能够顺势而上，有的村寨却难以适应；有的具备生计形态转型的资源和社会条件，有的各方面条件较差，暂时还找不到适合的取代生计形态；有的转型经济作物种植或进行旅游开发后不长时间就收到了效益，有的尝试了多种经济发展途径但尚未成功。例如发展旅游业，仙人洞村具备良好的资源条件，村民亦能够很快适应旅游市场经济，所以发展顺利，基本上实现了生计形态的转型，全体村民摆脱了贫困，步入了小康；巴卡小寨也具备良好的旅游资源条件，但是村民习惯于传统生计和传统生活方式，一时难以适应旅游市场经济，且缺乏必要的人才和市场经营能力，所以对开发旅游并无太大的积极性。在几个试点村中，旅游资源条件较好的村寨还有和顺乡，该乡现在已成为国内著名的旅游"魅力小镇"，其情况却有些特殊，其旅游业发展并不是由村民自主发展起来的，而是由政府推动企业介入发展起来的。所以生计形态的转型除了具有必要的资源优势之外，来自外部的促进条件也是很重要的。另外两个试点村南碱和月湖，也有独特的旅游资源，不过开发条件较差，短时期内不大可能发展成为具有一定规模性的产业。

从上可知，试点村生计的改善，总的方向是必须在简单型生计形态的基础上发展复杂型的生计形态，即要在单一粮食生产的基础上增加经济作物的生产，要在农业的基础上增加加工和服务等行业，要在自然经济基础上发展市场经济。基于此种认识，今后试点村的生计改善需从以下几个方面努力：

1. 改造和提升传统农业。传统粗放型农业，虽然具有投入少、利于资源保护和持续利用的优点，然而由于其所需土地资源量较大，在目前人多地少的情况下，事实上已难以为继。根据现有的土地状况，农业改善的途径只有一条：一方面继续利用好当地传统农业中不可替代的乡土技术和经验，另一方面必须改变粗放型的农业生产方式，有选择地利用精耕细作的技术和现代农业的科技成果，创造性地发展适合于本地条件的集约型农业。在这一点上，南碱村是做得比较成功的。

2. 发展特色种植业。利用特殊的自然资源，适应市场需要，种植特色经济作物，从自然经济走向市场经济，构建复合型的生计形态，这是生计改善的第二条途径。巴卡小寨地处南亚热带，自然条件得天独厚，适宜种植热带水果、砂仁等药材和橡胶等经济作物。种植经济作物，发展市场经济，效益高于农业，但是必须注意生态环境的保护。如巴卡寨过度扩大种植橡胶等经济作物的面积，会破坏热带雨林的生态平衡，破坏生物和文化的多样性；又如南碱村一带，因过度种植甘蔗而导致水土大量流失，生态环境遭受严重破坏。这些教训应当谨记。

3. 发展旅游业。目前国家提出建设美丽乡村，实行乡村发展战略，一条最重要的途径就是发展乡村旅游。仙人洞村开发旅游业的成功，也充分说明了这一点。如前所述，其他几个试点村也都具备发展旅游业的条件，但是光有可开发的丰富资源还不行，即光有优秀的传统文化和绿水青山还不行，还要有开拓进取的观念和开发经营的知识、技能等。所以发展乡村旅游，除了村民自身的积极努力之外，来自社会各界的智力扶贫也很重要。

4. 开发文创产品。5个试点村寨，每个村都有一些非常独特的文化资源，例如刺绣、纺织、服饰、竹编、制陶、乐器、面具、食品、歌舞、仪式、节庆等等。仙人洞村曾经在木雕、陶器、刺绣、饮食等方面开发过一些精彩的产品；南碱村的竹编技艺堪称天下一绝，竹编艺人曾经受邀到美国等地展示技艺，获赞赏无数，此外，南碱村的服饰刺绣也广受游客青睐；基诺族试点村的服饰、刺绣同样为游客喜爱；月湖村的特色文创品有撒尼人的三弦、月琴等乐器和火草布刺绣等。总的来看，由于存在产品种类少、产品形式陈旧、缺乏市场开发能力等缺点，所以未能形成产业。

目前乡村振兴热潮遍及全国，而振兴的关键是要有产业的支撑。产业的开发创造，既存在广阔的空间，也困难重重，需要积极探索和实践。

文化资源的开发和利用

文化被视为"资源"，在我国还是最近几年的事情，二十多年前，对文化的认识却完全是另外一回事。远的且不说，就说"文化大革命"，那时几乎所有传统文化都被定性为"四旧"，都是"封、资、修"，即封建主义、资产阶级和修正主义的东西，都在必须"扫除""消灭"之列。短短几年，社会对于文化的认识竟发生了令人意想不到的戏剧性变化，传统文化不再是"四旧"，而与生财之道挂上了钩，不再是必须"扫除""消灭""革命"的对象，而成为趋之若鹜、争相开发利用的"市场资源"了。认识和行为的巨大的转变，其实质是市场经济取代计划经济的结果。

那么，什么是"资源"呢？通常认为，资源是生产资料或生活资料的天然来源，也就是说，凡是可以提供人类生产或生活利用的天然资料就叫作资源。然而，当代资源的概念已被扩大和泛化，"资源"一词不再仅仅局限于"天然的来源"，而是延伸到了社会、人文等领域，现在凡是可供人类开发利用，而且能够产生效益和财富的所有来源，都被视为"资源"，于是产生了"社会资源""人文资源""人力资源""教育资源"等新的名词。

文化被视为资源，是因为在市场经济的条件下，它可以开发成为商品供给人们消费的缘故。从市场的角度看，人类的消费行为主要有两大类，一类是物质消费，另一类是精神消费，能够满足精神消费的商品，就是文化。当今社会，文化商品无处不在，例如影视、图书、传媒、艺术、旅游等等，它们和吃饭、穿衣一样，已经成为人们每天不可缺少的消费品，而且社会越是发展，人们对文化商品的需求也就越高。目前，云南省乃至全国都提出要努力发展文化产业，而且都希望将它作为振兴经济的一个重要发展战略。在这方面，先进国家的成功经验值得借鉴学习，它们的文化产业在其国民生产总值中均占有重要的地位，说明文化产业的发展前景是非常广阔的。

如果将文化资源与天然资源进行比较的话，那么可以看出它们既有相同之处，也有不同的地方。天然资源可以分为可再生资源和不可再生资源两类，文化资源也如此。不可再生的文化资源如考古发掘和物质文化遗产中的各个等级的文物、各民族的民间艺人和文化传承人等；可再生的文化资源比较多，如非文物的民居、服饰、饮食、生产工具、交通工具、生活用具、宗教器具、乐器、节日、祭祀、歌舞、音乐、绘画、文学等。文化资源除了能以再生和不可再生进行分类之外，还可以分为物质文化资源和非物质文化资源两类。对于文化资源而言，无论是可再生还是不可再生，无论是物质还是非物质，都应该实行"保护第一、利用第二"的方针，这既是文化资源的可持续利用的需要，同时也是为了尊重和弘扬文化的社会价值应该实行的举措。

将文化作为资源与市场经济接轨，进行开发利用，是市场经济发展的必然结果，是不以人们的意志为转移的社会发展规律，是有积极、进步意义的。然而，我们也应该明白，文化是人类所有物质和精神创造的总和，是人类生产和生活的全部价值和意义之所在，作为市场开发利用的文化资源，仅仅是文化整体价值和功能的一部分，其更重要的价值和功能，还体现于非市场和非产业的方面，那就是其满足人类精神的需求、抚慰人类的心灵、维护人与自然及社会和谐的价值和功能。所以，将文化资源化，对文化进行开发和利用，以下几点是应该注意的。

第一，在发展市场经济的背景下，文化资源的价值日益显现，开发利用效益日益突出，文化商业和文化产业已经迅速成为现代化经济建设中的新兴行业。然而如上所言，文化是一个具有精神、社会、人文、市场等多元价值的综合体，在积极开发文化资源的同时，不仅不能忽视文化的精神、社会和人文等价值，而且还应该把文化的非市场价值置于文化的主体地位予以维护和尊重，只有充分认识和崇尚主体文化的神圣性，才能避免人类伦理道德的沦丧和社会的倒退。

第二，基于上述理由，几乎所有国家都实行双轨制的文化发展战略：一是大力发展公益性的文化事业；二是积极发展面向市场的文化商业和文化产业。从发展中国家的情况来看，由于渴望发展，所以往往忽视文化事业而偏重文化商业和文化产业，甚至放弃文化事业而发展单一的文化商业和文化产业。然而重视公益文化事业，重视提高公民的素质，重视社会的精神文明，恰恰是发达国家之所以能够成为发达国家的重要原因，这是值得我们重视的现象和经验。

第三，文化资源的开发利用，应以"可持续发展"为基本的前提，而对于不可再生的文化资源，则应实行"保护第一"的方针。然而现实的情况往往不是这样，当社会效益和经济效益发生矛盾和冲突的时候，人们总是急功近利，以牺牲社会效益换取经济效益，从而导致文化资源的破坏。这种状况如果不能及时有效地避免，那么必将造成新的文化浩劫。

第四，在文化工作者之中，很多人对文化商品化持否定和厌恶的态度，这样的态度虽然偏颇，然而并非没有道理。商品化最为突出的消极面，是拜金主义、唯利是图。目前的文化市场，随处可见粗制滥造、假冒伪劣的文化产品，蒙混欺骗、巧取豪夺的文化商业活动亦频频发生，"挂羊头卖狗肉"、借文化之名行黄、赌、毒之实的现象亦不罕见。在文化市场发育的过程中，如何阻止不当商业行为的泛滥，如何避免对文化资源造成亵渎、污染和毒化，无疑是我们面临的一大课题。

第五，文化资源的开发利用，还必须重申一个原则，那就是要建立法制体系，依法办事，不能随意侵害文化拥有者的权益和文化知识产权。

第六，文化资源的开发利用，应避免急功近利，杜绝尔虞我诈，严守市场规则和商业伦理道德；应避免肆意的重复仿造和粗制滥造，不讲规则、无序竞争的不良行为。

第七，乡村文化资源的利用开发，人才是关键。目前乡村面临的问题，一是缺乏既懂文化又懂市场的开拓性人才；二是"非遗"传承人后继乏人；三是乡村的文化精英，尤其是年轻文化精英大都流向了城市，乡村文化日益淡薄，空巢现象越来越严重，如此，何谈文化资源开发利用。所以如何培养开拓型人才，如何培养年轻的非物质文化传承人，如何创造条件把年轻人留在乡村，实为当务之急。

第八，资金短缺，是制约乡村文化资源开发利用的一大障碍。为此必须采取多种方式、多种渠道予以解决。一是需要积极招商引资，使外来资本与当地资源相结合，合作开发、谋求共赢。二是需要国家扶持，或设立专项基金，或制定特殊优惠贷款和税收政策，同时利用政府行政资源积极帮助乡村解决开发、生产、销售等困难。

我们在《民族文化生态村的建设目标》一文中曾经提出，民族文化生态村必须摆脱贫困，步入小康，努力实现社会、经济、文化、生态和谐和可持续发展的目标。发展经济，脱贫致富，既是村民的愿望，也是支撑文化保护的基本条件。民族文化生态村发展经济，主要途径在于改良、丰富、优化传统生计，积极进行文化资源的开发利用，使文化进入市场从而产生经济效益，这便是改善传统生计的一条重要途径。从民族文化生态村试点和许多具备建设文化生态村条件的村寨来看，它们的文化资源都非常的丰富，例如纺织、刺绣、服饰、竹编、制陶、面具、乐器、食品等，都具有很高的商品开发价值，至于他们独特的环境、建筑、民俗、风情、节日、祭祀、歌舞等，则是发展旅游的宝贵资源。当然，资源并不等于商品，要使资源变为商品，要使产品大量进入市场，还需要资本、技术和人才等支撑条件。云南民族文化生态村在建设的过程中，都不同程度地进行过开发文化资源的尝试，迄今为止，有的试点村成效显著，靠发展文化和生态旅游摆脱了贫困，走上了富裕之路；有的试点村因条件所限，发展较为缓慢，尚处于探索的过程之中；也有这样的试点村，在外力的带动下曾经出现过很好的发展势头，然而由于村民市场观念淡薄，而且缺乏市场开拓性的人才，而难于保持持续发展，目前又回到沉寂的状态之中。现实告诉我们，保护传承民族传统文化不是一件容易的事情，而开发文化资源、发展市场经济也不会一帆风顺，民族文化生态村的建设就是这样一个富于挑战和充满曲折的过程。

如何认识旅游和发展旅游

改革开放以来，随着人民生活水平的提高，出现了大众旅游观光的热潮，与此相应，积极开发旅游在中国大地也呈燎原之势。在这个热潮之中，企业、商家大显身手，千方百计地收购资源，争相开发经营，获取了滚滚财源；各地政府对于旅游亦寄予了极大的期许，其原因除了可能获得高额的税收之外，大概还特别在乎它能带来旺盛的"人气"。"人气"是一种特殊的综合效应，高涨的"人气"对于拉动消费、促进地区经济发展效果显著，此外还有利于地区形象和知名度的提升及彰显官员的政绩等。

不过，在举国上下皆热衷于旅游开发的潮流中，也常常伴生着不同的声音，大千世界并非都一致认同和拥抱旅游开发。许多地方在旅游发展的初期，从事传统文化研究和保护的学者等对旅游开发便具有"天生"的抵触和厌恶心理，在他们看来，旅游产业并非是什么所谓的"朝阳工业"和"无烟工业"，而是危害很大的"污染产业"，只是旅游产业的污染和工矿企业的污染不同，工矿企业污染和破坏的对象主要是生态环境，而旅游产业污染和破坏的主要对象则是传统文化。他们认为，无论何地，只要发展旅游产业，就难以避免市场经济和外来文化的消极影响，便会使传统文化商品化，使之沦为金钱的"奴隶"，从而走向畸形发展的道路。所以，当人们沉浸在形形色色的大宣传、大开发旅游盛典的喧闹和欢乐中的时候，他们却倍感担忧，产生犹如经历葬礼般的悲哀。

从保护传统文化和生态环境的角度审视，旅游开发确有消极的一面，尤其是片面的"以经济发展为中心""穷则思变"而不惜牺牲传统文化和文化遗产的旅游开发，那就不仅仅是消极，而简直就是灾难和浩劫了。在愚昧盲目、急功近利的旅游开发热潮中，有如此观点的学者，有不同的声音，实属难能可贵！

然而，随着旅游事业的发展，随着旅游市场逐渐走向有序和理智，随着人们对在市场经济条件下文化变迁和文化保护认识的提高，全面否定旅游产业的观点也逐渐发生了变化，以下几点认识已被越来越多的人所接受：

首先，不管人们愿意不愿意，反对不反对，作为全球化和市场经济现象的旅游业毕竟是社会发展不可阻挡的事物，尽管伴随着旅游的产生和发展会带来种种问题，但是当代旅游业已成为现代化建设的重要事业，成为人们热爱的不可缺少的生活内容，这是必须正视和接受的现实。

其次，开发旅游业，可带动基础设施建设，繁荣市场，促进消费，增加就业，满足人们日益增长的精神和物质需求，促进人员和文化的交流，这是不争的事实。而且旅游业在自然资源消耗、自然环境破坏和污染等方面，均明显优于其他产业，所以被认为是"无烟产业""朝阳产业"。这不仅是中国，而是也是世界上绝大多数国家和地区都热衷于大力开发旅游业的主要原因。而且从发达国家的情况来看，许多著名的旅游胜地，恰恰是传统文化和生态环境保护得最好的地区，这说明旅游业和文化保护并非水火不容，而是存在着和谐双赢的发展空间。由此看来，旅游业本身并不是文化的"杀手"，挥舞这把"双刃剑"究竟会产生正面还是负面的效果，主要还是取决于旅游主导者和开发者的素质和理念。

第三，旅游可能破坏和污染传统文化和生态环境，然而也可能改变人们鄙视传统文化的不良观念和偏见，提高人们对于文化价值的认识，并增强人们对传统文化和生态环境的保护意识和自觉性。例如上一题说到的我国近年来发生的文化"资源观"的转变，在很大程度上便是旅游业带来的观念变化，而许多地区、许多民族从文化的自卑转变到文化的自觉和自豪，也多是因为其传统文化在旅游等活动中不断受到外来者欣赏和赞扬的缘故。

第四，发展旅游，可以促进不同地区、不同国家间的经济和文化的交流，加深各地区和世界各国人民之间的相互了解。旅游，尤其是现代旅游业，可以说是促进人类交流的纽带和桥梁。

第五，对于传统文化的保护，如上所言，旅游就像把双刃剑，既有消极的方面，也有积极的方面，所谓积极的方面，那就是可以带来社会经济文化等多种效益。目前我国许多地区、许多文物部门之所以不能有效地开展物质和非物质文化遗产的保护工作，一个重要的原因，就是缺少资金，如果旅游产业做得好，便可弥补资金的不足。所以，理想的状态，是能够把文化保护与发展旅游很好地结合起来，使文化保护与旅游形成互动良性循环，达到双赢的效果。

第六，虽然我们天天讲全球化和市场经济，然而在众多的乡村，由于地处偏僻、交通不便，而且缺乏支撑开发旅游产业的足够资源和资金，所以依然沿袭着自给自足的自然经济生活方式，依然寻求不到走入市场经济的有效途径，依然无法改变落后贫困的面貌。不过，对于许多乡村而言，发展旅游产业却不失为一条可行之路，乡村的自然和文化，可满足旅游者追求异地异文化的体验和访奇探险的兴趣，开展"农家乐"等形式的个体经营，也不需要太多的资金、技术和管理能力，随着城市居民生活水平的进一步提高，乡村旅游业的前景必将更加广阔。

最后，无论是从民族文化生态村建设的事例来看，还是从许多乡村开发旅游产业的情况来看，目前中国乡村的旅游事业只能说还处在一个低水平、低层次的摸索阶段，欲走上健康发展的道路，肯定还需要一个逐渐提高的过程。这几年来，确有不少乡村积极开发旅游产业，也曾获得过较好的势头，然而遗憾的是，大多数所谓的"旅游村"和"农家乐"兴旺一时便迅速衰败，昙花一现、虎头蛇尾，这种现象就像走马灯一样，此起彼伏、恶性循环。其失败的原因，可以说大同小异，但不外乎有以下几点：

一是没有统一的规划和管理，基础条件差，盲目开发建设，不当竞争，短时期内即造成混乱和资源破坏的状态。

二是不懂得"君子求财取之有道"的经营方式，一切向钱看，进村要钱，照相要钱，谈话聊天要钱，让孩子变着花样追着游客要钱，使游客反感厌恶。这样的不良影响一旦形成，游客自然望而却步、视为畏途。

三是不懂得游客的审美需求，盲目模仿城市的建筑，把传统民居改建为丑陋的水泥砖房，以为这样才能招徕游客，没想到结果适得其反，村落景观被破坏，民族地域建筑特色丧失，便失去了旅游的价值。

四是不懂得自身文化的价值，不向游客展示自己独特的文化，而是去模仿、重复、表演城市流行的或者是其他民族和其他地区的文化，造成游客有兴而来，败兴而归。

五是许多外地商人冒充当地村民贩卖伪文化产品，或者经营所谓"民族风味餐馆"，游客因为不能够享受、体验"真实"的文化而蒙受欺骗和感到失望。

六是环境脏、乱、差，卫生设施不足，条件简陋，加之食品不卫生，没有安全的保障，致使游客无法滞留。

七是旅游内容单调雷同，常年不变，旅游商品品质拙劣、千篇一律，不知推陈出新，满足于低层次、低水平运作，缺乏吸引力。

八是小农观念，目光短浅，小富小康之后，便贪图享受，不欲进取，于是或出租资源，或转让经营权，致使经营变质，文化变味，事业倒退衰败。

以上诸点，并不是个别旅游村的表象，而是普遍存在的状况。民族文化生态村欲发展旅游业，就不能再走重复、盲目开发、低级庸俗运作的老路，应该培育新的观念、新的人才，如此才能有新的思路和作为。在条件尚差、准备不足的情况下，最好不急于旅游开发，以免造成资源的浪费和破坏。此外，还应该再次强调，民族文化生态村不是旅游村，旅游不是它建设的宗旨，亦非经济发展的唯一的途径。条件具备，可以发展旅游；除了旅游之外，民族文化生态村还应积极发展与文化、生态、资源相适应的各种经济产业和社会事业。

最近几年，随着国家建设美丽乡村、乡村振兴等发展战略的相继出台，给乡村旅游业的发展带来了更多的机遇更大的空间。很多到外地打工的青壮年回到家乡，利用在外地增长的见识和学到的知识创办旅游业，使得农民主导自办的旅游事业上升到了一个新台阶。更为显著的变化是社会和学界最近几年对于乡村振兴表现出的巨大热情。在各种力量的推动下，大量资本、资源涌入乡村，国内国际各种乡建论坛峰会此起彼伏，"特色小镇""产业创新示范乡县""乡村未来社区""美丽家园"等的创建如火如荼，企业、专家大显神通，创意迭出、五花八门，特色豪华民俗客栈争奇斗艳、美不胜收、琳琅满目，可谓形势大好。乡村建设面对这样的热潮，既应积极应对，顺势而上，但同时也要保持冷静和理智，认真参考上面我们提到的八点注意。此外，作为人类学者，感觉我们的研究和参与十分滞后，已经远远落到了时代发展的后面。反思原因，笔者以为主要是理论陈旧、缺乏创新，加之本本主义、脱离实际、沾沾自喜于文字游戏，如此自然难免被边缘化的尴尬。希望从事人类学民族学，尤其是旅游人类学的同人们认真思考，革除积弊、积极努力、不孚众望、创新理论引领时代发展，为乡村和乡村旅游事业的振兴做出积极的应有的贡献。

参考文献

尹绍亭、王国祥、罗钰主编：《民族文化生态村——当代中国应用人类学的开拓》，云南大学出版社 2008 年版。

民族文化生态村的建设成果

云南民族文化生态村通过十年的建设，在省委省政府、省委宣传部、文化厅、省民委以及试点村所在地各级领导文化各级政府的领导下，在诸多社会组织的支持下，通过试点村村民和项目组成员的共同努力，取得了丰硕的成果，初步形成了不同的建设模式。

仙人洞村——文化生态保护利用的榜样

仙人洞村是云南省文山壮族苗族自治州丘北县双龙营镇普者黑行政村下属的一个自然村。该村在 1999 年被选择作为文化生态村建设的试点，当时有村民 173 户，759 人，除了一户是汉族外，其他全部是彝族撒尼人。文山州大部分地区为喀斯特地貌，仙人洞村所处之地尤为典型。那里的山峰不高，一座座形如石笋，拔地而起，奇峭秀丽；山峰之间是宽阔的湖泊，湖面如绸似缎，清流舒缓，菏苇摇曳。村子靠山临湖，景致十分优美。然而在 1999 年以前，仙人洞却是一个非常贫穷的村寨。"远看青山绿水，近看破烂不堪"，就是其当时村寨的真实写照。

早在 1992 年，项目组专家王国祥研究员曾到丘北县进行考察，他在云南日报上发表了《丘北山水胜桂林》的文章，首次向世人介绍了"藏在深山人未识"的"世外桃源"般的丘北县普者黑。后来普者黑被规划为旅游景区，该县旅游局的局长罗树昆退休后主动到位于景区内的仙人洞村，帮助该村发展旅游事业，受到了村民们的热烈欢迎。但是怎样利用优美的自然环境和丰富的民族文化，又快又好地把旅游事业发展起来？这是当时村民们感到困惑的大问题。为此，村民们找到了项目组，要求把该村列为民族文化生态村建设的试点，我们为他们的热情和积极性所感动，同意了他们的请求。

仙人洞被列为试点村之后，踌躇满志，打出了"云南民族文化生态第一村"的旗号，展开了群众性的建设活动，几年来他们先后做了如下几件大事。

1. 树立民族自信心，发扬优良传统。在村民小组的领导下，在村里老人们的支持下，村民们对比时下种种不良的社会风气，重新认识本民族的优良传统，提高了对保护民族文化重要性的认识和自觉性。在原有的习惯法和村规民约的基础上，结合现实的状况，村里制定了新的村规民约和行为规范，并把发扬优良传统、传承民族文化作为建设民族文化生态村的核心目标。

2. 改善环境，建设美好家园。原来的仙人洞村，周围山好水好，但是走进村寨却是脏、乱、差的景象。村中全是泥土路，旱季灰尘漫天，雨季则烂泥遍地；土墙老屋、年久破败、人畜共居、臭气弥漫。环境如此之差，怎么称得上"生态村"？贫穷则思变，脏乱则思改。有了奋斗的目标，认识上也发生了转变，于是村民们团结一心，男女老少齐上阵，家家户户搞建设，土路被改筑成了石头路，民居改造把人畜分离，卫生状况明显改善；为了美化环境，人们还在村中开挖了大面积的荷塘，在村里村外种植了数千株竹子和树木。短短的时间内，村容村貌便发生了巨大的变化。

3. 发掘文化资源，传承民族文化。该村撒尼人传统文化十分丰富，然而经过"文化大革命"等运动，大部分民族文化消失了。认识到民族文化的重要性，村民们投入了极大的热情，以各种形式恢复、传承文化。他们自愿按年龄的不同组织了若干歌舞队，每天晚上自觉开展文化活动；年轻人希望学习彝文，村里一度开办了彝文夜校；火把节等传统节日活动多年不举行了，1999 年后又陆续恢复起来；在撒尼人的文化中，神灵和祖先崇拜占有重要地位，由于以前被认为是封建迷信活动也被取消了多年，在建设民族文化生态村的过程中，祭祀天、地和祖先等仪式也被一一恢复。

4. 继承传统，发展创造。为了更好地、持久地保护传承民族文化，同时为了发展旅游事业，增加经济收入，改变村民贫穷的面貌，村民们除了依照传统方式进行文化活动之外，还创造了许多形式新颖独特的文化活动。例如经常举行"篝火歌舞晚会"，组织周围各民族举办"民族赛装会"，在不同的季节举办"旅游节""荷花节""花脸节""辣椒节""对歌赛"等，这些文化活动既具有很强的娱乐性和参与性，又具有非常丰富的传统文化底蕴，所以深受当地民众和外来游客的欢迎。

5. 利用自然资源，开发旅游景点。在烟波浩渺的湖泊中划船游览，赏游鱼荷花，听故事船歌，是深受游客欢迎的旅游节目，这也是村民的拿手好戏，是他们最先开发的旅游活动。后来划船兼并到旅游公司各下，由旅游公司进行协调管理，现在划船项目已成为该景区旅游的"重头戏"。溶崖洞窟颇具观赏和探险价值，普者黑第一个溶洞的开发，也是出于仙人洞村民之手。该村背山面湖，村民又别出心裁，沿山开凿石径，在山顶设立观景台，登顶眺望，湖光山色尽收眼底，美不胜收，令人流连忘返。

6. 新建民宿旅馆，满足游客需求。为了吸引游客，给他们提供较好的食宿条件，村民们改变观念，大胆贷款建设新房屋或改造老房屋。现在大部分人家建造了宽敞明亮的民居旅馆，生态村建设初期全村每年接待游客 10 万人以上，现在每年接待游客数量在 70 万人以上，多的年份可到达 100 余万人。每逢旅游旺季，家家爆满，经济收入一年比一年高。在建设民族文化生态村之前，村民年均收入不过 300 余元，现在已上升到 40000 余元，提高了 100 多倍。年收入十几万元的人家已不在少数，收入高的人家年收入可达百万元。

关于仙人洞村的建设成果，值得书写的地方还有许多，但限于篇幅，仅作上述简单的介绍。热爱本民族的文化，自觉进行文化传承，创造性地开发文化生态旅游，实现了文化保护与经济发展的良性互动，发挥了示范作用，产生了良好的影响，作为民族文化生态村建设的试点，仙人洞村可以说是比较成功的典范。说到这里，人们不禁要问，仙人洞村为什么能够靠自己的力量把事情办好？原因何在？笔者以为原因就在于下面几条：

第一，该村有一个强有力的领导班子和比较健全的运行机制。该村的领导班子有近十人，除了村党支部书记、组长、副组长之外，还有作为宗教祭司"毕摩"和家族长老的长者以及妇女主任等，其领导班子的最大特点，就是能够将传统世俗的权威与国家行政的权力很好地结合在一起。正因为如此，决策能够体现各家族、各集团、各阶层的意志，当然也就能够有效地付诸行动。

第二，有上述机制的保证，在选举村民领导小组成员的时候，能够充分发挥民主，选举产生的领导成员大多是比较优秀的精英分子。在民族文化生态村的几个试点中，仙人洞村村长黄绍忠、范成元等的进取意识、工作能力和干劲，是大家一致赞赏的。

第三，该村为撒尼人村庄，属于彝族。彝族自古从北方往南迁徙，撒尼人是在不断迁徙的过程中形成的一个支系。据说该族迁徙途中定居于此，大约是在400年前。该族群迁移中长期与周边的汉族、壮族、苗族等族交往和共处，逐渐形成了撒尼人开放取进的文化特质。他们在建设民族文化生态村的过程中，之所以敢为人先，敢于创造，敢于走市场，善于兼收并蓄，在很大程度上便是得益于这种外向积极的文化特质。

第四，撒尼人长期与多民族同胞杂居。一方面造就了开放进取的精神，同时还塑造了另一种文化特质，那就是强烈的民族认同感。正是因为有这种强烈的民族认同感做支撑，他们才没有被汉族、壮族等大民族所同化，才能够在大民族的"缝隙"中顽强的生存下来。该村撒尼人为什么具有如此之高的文化自觉性？为什么如此热爱自己的文化并怀有强烈的文化表现欲望？为什么在旅游发展之后不像丽江那样让外地商人大量涌入？为什么能够顶住压力和诱惑、没有像和顺乡那样被企业兼并垄断？等等这些，也许都可以从其"强烈的民族认同感"中去寻求答案。

第五，必须要说的是他们对项目组的信任。在几年的建设过程中，他们对政府和项目组保持着清醒的认识：

政府部门的支持是可贵和必不可少的，然而由于政府有政府的职责，所以有时难免会为"政绩"而急躁；在政府官员中不乏对他们既关心而且有所作为的好官，然而限于体制，人员更换频繁，许多事情难免虎头蛇尾；相比之下，专家学者们虽然缺权少钱，但是有知识、有奉献的热忱，而且对村民一如既往，有求必应、值得信赖。所以村民多次感慨："项目组的专家学者是可靠的。"由于信任，所以项目组的理念和宗旨等容易被村民们所理解，许多建议和方案也能够得到拥护和落实，这无疑有利于他们的事业，有助于他们向着可持续的方向发展。

从上面的介绍可知，在目前的状态下，仙人洞村称得上是一个比较成功的试点。当然，这不过是相对而言，其实它也并非尽如人意、十全十美。例如一些新房的建盖只强调功能而不遵守规划，破坏了村落景观和建筑风格；旅游发展起来，商业气息便日益浓厚，而文化氛围有逐渐淡薄的趋势；富裕之后满足现状，停滞不前；年轻人有了钱后不思进取、贪图享受，等等。对此，村民们已有所觉悟，并产生了一定的危机感。我们期待着他们继续前进，不断提出新的建设目标，迈上新的台阶。

南碱村——和谐发展的家园

南碱村是云南省玉溪市新平县腰街镇曼蚌行政村下属的一个自然村，有 55 户共 271 人，全是傣族，自称"傣卡"。村寨位于元江（红河）上游的漠沙江畔，海拔 500 多米，属热带河谷气候。选择湿热的盆地河谷，傍水而居、种植水稻、捕捞鱼蟹，是所有傣族人共同的文化特征，但元江流域的傣族与西双版纳和德宏的傣族在宗教信仰、房屋建筑、衣着服饰等方面却有很大的差别。元江流域的傣族信奉万物有灵的自然宗教而非小乘佛教，居住在平顶土掌房而非干栏式竹木楼，女性不着轻盈的绸缎衣裳而穿着厚实的棉布衣服，并且在服装的腰部绣满花纹，所以这支傣族被外界称为"花腰傣"。

南碱村与仙人洞村一样，最初并没有被选为试点，是后来特别增加的。2000 年年初笔者到该村考察，看到道路泥泞、房屋破烂的贫困景象，感到与其他试点村相比，差距太大，所以便不予考虑。可陪同前往考察的腰街镇郑镇长和刀书记看出了我们的心思，便极力解释说，别看村子陈旧，其实村民并不穷，现在每家都有 5 万元以上的存款，都要盖新房，我们担心大家随意乱建，破坏了环境和传统民居的风格那就不可挽回了，所以非常希望专家学者来帮助他们规划设计，建设民族文化生态村。为了核实情况，我们又与该村村长刀文成等座谈，他们也是同样的说法。后来镇长、书记和村长等又专程到昆明，为了表示他们的"富裕"，镇里提出他们可以先拿出 2 万元作为该村的规划设计费。村民有经济基础，又主动诚恳，这是难能可贵的，当然不可拒之门外。然而项目实施后才知道，他们说的"家家有 5 万元以上存款"纯属子虚乌有，为的是引我们"上钩"，这说明当地人手腕高明、智商不低，不过其动机终究无可非议，其积极性应该说也是可嘉的。

南碱村项目最先从村寨的规划和民居的改造开始。云南工业大学建筑学教师吕彪和他的学生们承担了此项工程，聘著名建筑专家蒋高宸教授为顾问，由此村寨规划井然有序，错落有致，村中流水环绕民房，有丽江古城风韵；民房设计有 3 个方案，面积大小不同，风格为传统与现代的融合。经村民、镇领导、项目组专家和设计者多次讨论，确定了方案。令人十分遗憾的是，和许多规划设计一样，南碱美好的蓝图并没有实现，村寨房屋建设改造的结果与规划设计相去甚远。原因不言而喻，如上所言，"家家有钱"乃是假话，村民太穷，很多人家连基本的资金储备都没有，结果不得不因陋就简，"有多大能力、做多大事"，先打个基础或者先建一层楼，待有了钱再慢慢往上盖。所以村落改造很不到位，民居建设也很不理想，很多造访者均对此表示失望，认为项目组和村民不懂得保护传统民居，其实是他们"不了解内情"。不过，虽然村落和民居的改造不甚理想，然而该村村长和其他骨干分子对建设民族文化生态村的认识却很到位，村民在他们的带领下积极行动的自觉性和热情也使我们深受鼓舞。我们的经验和实践说明，缺少资金并不重要，重要的是村民们对建设民族文化生态村有无正确的认识，有没有行动的自觉性，这才是"最最重要的"。事实确实如此，南碱村村民就是靠了"认识"和"自觉"，才能在极其贫困的状态下，创造了改天换地的奇迹。现在的南碱村，道路全变成了水泥路，路边种植了槟榔树和各种花卉，村子变绿变美了；每条路旁都修筑了小水沟，清水穿村过寨，使人感觉清凉惬意；家家修筑了沼气池和洗澡间，家畜全部迁往村外饲养，而且建盖了两个冲水公共厕所，村寨卫生状况大为改善。一个在几年前曾经被人们看不起、连周围村子的姑娘都不愿意嫁过去的村子，现在却变得十分整洁、清秀、美丽，受到人们的称赞和羡慕，这可不是一般的村寨所能做得到的事。

南碱村环境的建设和治理，不仅仅限于村内，还包括整个聚落空间。村寨的背后是山，山上有神林和野生稻；紧邻村寨的西边，一条名为"丫味河"的清澈河流沿山谷注入漠沙江，两岸有神树古木；村寨面对的山谷里，是洪水滔滔的漠沙江，临江矗立着一座小山，为传统祭龙的神山；村寨的东边是大片农地，梯田层层，果林片片，一派田园风光。根据文化生态村的理念，项目组和村民们强化了对神山、神林、神树、野生稻、古树名木、河流巨石、农田水利等文化和自然遗产的认识和重视，开辟了贯通所有文化和自然遗产的环线，加强了保护和管理的措施，同时将它们作为景点供外来者参观游览，以展现该村丰富的生态文化内涵。

村容村貌改变了，人们的精神面貌变化更大。文化传承活动蔚然成风，除了文艺活动之外，还进行了刺绣、纺织、竹编、建筑等生产生活的传统知识的整理和记录，在此基础上，确定了8户家庭作为传统文化的展示之家，并动员全村的力量，建设了一个传习馆。传习馆为传统土掌房，内部陈列了村民们的生产生活历史资料和各类文化传承作品，极富乡土文化特色，其实它作为该地区傣族传承、展示、宣传其文化的唯一一座博物馆，作为外来者参观、了解、学习当地文化的窗口，发挥了重要的作用。传习馆前面开辟了广场，供村民聚会、歌舞、休闲和向游客展示和出售工艺品。该地区在"文化大革命"时停止了几乎所有的宗教活动和传统节庆，2002年，南碱村恢复了汇集着各种祭祀仪式的"祭龙"活动，并将其与"赶花街"等传统节日相结合，创造性地将其命名为"四月节"。此后，此节日成为周围村寨的节日盛典，南碱村也因此在该地区树立了文化中心的地位。

由于气候炎热，该村旅游业的发展受到很大的限制。不过，炎热的气候也是宝贵的资源，它是种植热带经济作物的有利条件。几年来，在玉溪市和新平县农业局、环保局、旅游局、妇联、农科站、科协等单位直接指导和帮助下，该村在传统农业的基础上，调整了农业结构，改进了种植模式，引种了荔枝、台湾青枣和冬季蔬菜等经济作物，丰富了农业和农作物的多样性。而为了改善生态环境，则实行退耕还林，逐步减少甘蔗的种植面积，加大造林的力度。同时恢复传统农家肥的利用，将化肥的使用率减少到最低限度。该村的农业，集传统农业、现代农业、有机农业、农业多样性为一体，既有较高的经济效益，又有良好的生态效益，还有农业观光旅游的价值。生态农业，是该村文化生态的重要特色，其如诗如画般的田园景观，具有无穷的魅力。

南碱村自然环境优美、民风淳朴、文化丰富，村民团结并富于继承和创造的精神，正因为如此，南碱村理所当然地被县里命名为"精神文明村"，市、县政府各部门也都乐意到该村设立项目基地和项目点。最近南碱村又荣幸地被选作"社会主义新农村"建设的示范点，其发展的前景是令人乐观的。当然，目前的南碱村还远未达到建设的目标，南碱人面临的困难和问题仍然不少。例如目前的生计主要还是农业，村民投入很大，而收入不高，说明仅仅依靠单纯的农业和种植业是难以进入富裕的小康社会的；为了获得现金收入，外出打工的年轻人越来越多，存在着村寨老龄化和空洞化的危险趋势；而每年过多的劳动投入和年轻人的流失，皆不利于民族和地域文化的保护和传承，等等挑战和考验将如何应对，这是南碱村村民不可回避的新的课题。

月湖村——世俗中的圣境

月湖村属昆明市石林彝族自治县北大村乡，该村是一个大村，有480余户，800余人，彝族撒尼人占百分之八十以上。月湖村周围有40多个湖泊，东北角的大湖泊状如弯月，村庄因此而得名。

月湖村作为民族文化生态村的试点，有明显的不利之处，那就是村庄太大，人口太多，村寨民房普遍破旧而无特色，且环境脏乱，在少数民族村寨中，其文化景观显然是比较差的。基于此原因，当初项目组成员对选其作为试点皆持保留意见，然而当时合作方县民宗局的领导却极力推荐月湖村，认为月湖村撒尼文化底蕴之丰厚，是其他村寨难以与之相比的。通过调查，该村的文化确实非同一般，而在其众多的文化事象之中，最为突出和最有特色的则是"生态文化"或称"圣境文化"，而这恰恰是民族文化生态村重视的文化亮点。现在总结该村的建设成果和不足，基本上还是其村寨的优势和劣势的反映，那就是其独特、宝贵的圣境文化得到了进一步的保护、传承和展现，艺术、技艺和歌舞等文化也得到了弘扬，然而村寨景观却无太大的改变，以民族文化生态村应有的面貌衡量，与其他村寨差距不小，之所以如此，主要还是村子太大、人口太多、生活贫困、难以治理的缘故。

月湖村虽然布局杂乱、民房破旧，然而村里村外的植被却很好，整个村子掩映在树林之中。村里房前屋后有百年老树一百多株，这些老树除了具有遮凉挡风、保持水土、美化环境的作用之外，还是天然的"仓库"，每到秋天，家家户户就把收获的玉米、辣椒挂到树上保存，黄灿灿红艳艳，一串串，一束束，把村子装扮得如油画一般。紧靠村子的西边，有一片原始森林，面积约一百亩，彝语叫"密枝林"，即神林，林中有一座小的石垒房，里面供奉着一块状如青蛙、颜色青黑的石头，这就是村民们顶礼膜拜的"密枝神"（寨神）。村子北部有山峦屏障，虽然是喀斯特石山，然而森林茂密，郁郁葱葱。山中有山神庙，每年正月十五祭祀山神，全村以一头黑猪作牺牲，每家（男性成员和未成年的女孩）还要带一只开叫的红公鸡前来野炊，祈求山神降福驱灾。紧靠村子的一座小石山名为"祖灵山"，其山崖有"祖灵洞"，那是村民藏置三代以上列祖列宗灵位的洞窟，每年正月十五，各家族成员齐聚于祖灵洞前，杀鸡宰羊祭祀祖先。此外，山中还有多处祭祀所在，如祈求神灵保佑孩子健康成长的祭祀之地，祈求阳光和雨水的"祭龙"之地，还有祈求防止冰雹等自然灾害的"祭白龙"地方等。

从上述介绍不难明白，月湖村的森林之所以保存的完好，与村民的世界观和神灵祖先崇拜是有很大关系的。云南的很多农村过去都有神林、神山，都崇拜山神、树神等自然神灵，都有很多的祭祀仪式，然而经过"文化大革命"等运动，信仰改变了，祭祀不做了，神山、神林也遭到破坏，大多成了光山秃岭。月湖村距离著名旅游风景区石林仅十余公里，距离大城市昆明一百多公里，而且交通方便，汉文化和城市文化对它的影响应该是非常巨大的，然而奇怪的是，远在距离昆明千里之外而且交通闭塞的独龙族、彝族、佤族族等一些村寨，现在已经发生了很大变化，许多宗教祭祀仪式已不复存在，神林、神山成了历史的记忆，而紧邻城市的月湖村却能将它们保留传承至今，这个中的奥妙是非常耐人寻味的。

月湖村撒尼人各家族将三代以上的祖先灵位藏放于石窟之中每年按时祭献的习俗，是颇为独特的，村里各大家族至今皆具有很强的凝聚力，无疑与此有关，而各大家族的团结和相互间潜在的竞争，正是祭祖仪式得以长期持续的深层次原因。如果说祭祖仪式是家族象征的话，那么"密枝林"等祭祀仪式则是村寨整合的象征，作为一个村寨，显示团结与凝聚同样必不可少。此外，该村是一个大村，如果说大有大的好处的话，那么老人众多就是另一大优势，老人们在维护和传承该村的宗教祭祀方面一直发挥着主导作用，这是不争的事实。以上两点，也许就是月湖村的圣境文化几经"运动"而未被严重破坏的重要原因。

月湖村的圣境文化，具有极大的文化价值和现实意义。传统的世界观和信仰，有利于村寨的安定、团结与和谐；传统的自然崇拜和禁忌，则有利于生态环境的保护。为了保护、传承月湖村的这一珍贵的圣境文化遗产，并将其和现代的道德伦理与环保理念相结合，从而达到展示、宣传、教育的目的，项目组与县民宗局的干部和村民们一起，进行了深入的调查研究，观察记录了全部宗教祭祀仪式，重新进行了神林、神山和所有祭祀场所的环境建设，开辟了连接神林、神山和各祭祀点的环山石路，制作了标志和说明牌，将该村大面积的神圣之地开辟整合，形成了一个"文化生态展示区"。"文化生态展示区"的建立，成为月湖文化生态村建设的重要成果和显著特色。

当然，月湖村的成果不仅于此，项目组和村民们所做的很多有意义的工作，也应该记入该村的史册，诸如依靠老年群众，举办培训班，并且组织村民代表赴仙人洞等试点村参观学习，以提高村民的认识和能力；对村寨的文化生态进行了全面调查，收集了详细的物质和非物质文化资料；支持、协助老年群体成立了老年协会，建立了老年活动中心，以充分发挥他们在文化保护传承活动中的影响和指导作用；积极支持该村妇联开展工作，协助她们成立了"月湖妇女之家"，帮助她们进行刺绣、服饰和传统特色食品的制作等生产生活技艺的传承活动；成立了

"月湖乡土教材编纂室",组织村民们编写了近10万字、配有100多张照片的乡土教材;选择了10户具有特殊或精湛技艺的人家,筹建"家庭文化传习馆";根据部分村民的要求,聘请建筑专家作了示范民居的设计;开展了经常性的各种形式的歌舞传承和表演活动;等等。

在几个试点村之中,月湖村的村寨和民居的建设可以说是比较差的,许多民居常年失修显得陈旧简陋、毫无特色。初到此村,肯定不会产生像进入仙人洞村和巴卡小寨那样的欣喜,更不会有初次看到和顺乡时那样的震撼,多半只会感到失望和沮丧。不过,该村并非有名无实,它就像其村名"月湖"一样,水面看似寂寥单调,而内中却不乏涌泉激流。2002年3月,该村以"以我为主、当仁不让"的气魄,自行发起组织举办了全县民间歌舞大赛,热火朝天地进行了四天盛大的"非遗"传承活动,给人以"于无声处听惊雷"之感;2003年春节大年初二,昆明的街头突然出现了几千人的歌舞游行队列,那是昆明近郊的农民们进城贺岁。令人感到意外的是,排在队列最前头的方阵居然是从百里之外自发赶来的月湖村村民,他们自豪地打着"月湖彝族文化生态村"的布标,男女老少身着盛装,吹长号弹三弦,载歌载舞,给春城百姓带来了意外的欢乐、吉祥和惊叹!这就是月湖,一个古老、普通、破旧的村寨,一个储备着丰富的文化矿藏和蕴含着深沉文化能量的村寨!

和顺乡——中国魅力小镇

和顺乡属保山市腾冲县,位于县城西南4公里外的一个小盆地的边缘。村落依山而建,周围山涌清泉、河流环绕、田畴相望、景致优美、风水极佳。云南民族文化生态村选择了5个试点,其中4个是少数民族村寨,只有和顺乡是汉族村庄。该村汉族祖先为明代内地戍边军屯之民,经过数百年生息繁衍,现有人口已达6000余人。腾冲县与缅甸山水相连,是古代中国西南与印度交通"蜀身毒道"上的要冲,两国边民自古交往密切。数百年来,包括和顺人在内的大量腾冲人,"穷走夷方急走场",每遇困顿厄难,即往缅甸谋生,富裕之后,又尽力扶持家乡的建设。和顺乡之所以有那么多的历史建筑精粹,有不同于一般乡村的发达教育和文化，在很大程度上是受惠于在海外艰苦创业的乡亲。目前旅居海外的和顺华侨超过了本村的人口，分布于欧美及亚洲 13 个国家和地区，所以和顺又是著名的"侨乡"。

和顺乡现存寺庙宫观殿阁八大建筑群；宗族祠堂八座；村中有建于 1924 年、为中国乡村最大的图书馆——和顺图书馆，有著名哲学家艾思奇的故居纪念馆以及乡贤寸绍春于 1921 年兴建的"绍春公园"；和顺乡现存 1000 余幢汉式民居，其中经典的传统三坊一照壁和四合五天井的四合院、多重院以及中西合璧建筑尚遗 100 多幢；此外，和顺还有文笔塔一座，石拱桥 6 座，洗衣亭 6 座，闾门牌坊 16 座，月台 24 个等。以上仅为和顺乡的建筑文化遗产，其非物质文化的积淀，也是一般村寨远远不能相比的，所以和顺乡素有"极边第一村"的美誉。

然而不幸的是，自 20 世记 50 年代之后，和顺乡曾多次遭到摧残：主村落中的 7 座标志性高大石牌坊被捣毁，宗祠的牌位、柱标等被拆除，宗祠、寺观、民居的大量匾额、楹联、雕刻被当作"四旧"遭到严重破坏，许许多多珍贵文物被毁弃、焚烧。在生态环境方面，部分水域、湿地被填为水田，山林也频频开垦为农地，受工厂污水黑烟和居民生活垃圾的污染，昔日清澈的河水变黑发臭。尤为遗憾的是，部分村民不再珍视文化传统，盲目拆除传统民居，乱盖乱建钢混结构楼房，严重破坏了村落景观和生态环境。几经磨难，到了 20 世纪 80 年代，和顺乡就像一个"破落地主"，落到了衰败颓废的境地。就是在这样的背景下，和顺乡被项目组选为第一批民族文化生态村的试点，目的是希望唤起社会和人们的文化遗产保护意识，重新认识和顺，重振和顺的人文精神，再现侨乡的历史光辉。

建设和顺文化生态村，得到了当地各级政府的理解和支持。腾冲县委县政府和乡政府的领导担任了和顺文化生态村建设领导小组的成员，县政府把和顺文化生态村列为"腾冲文化强县"建设的重要工程之一，投入了大量资金修筑道路、兴建图书馆藏珍楼、改善艾思奇故居的环境、修复了文昌宫等。为了把和顺文化生态村建设的工作引向深入，使之走入正常化、科学化、规范化的轨道，在县、乡政府的支持下，项目组于 1999 年 12 月 10 日在和顺乡正式挂牌成立了工作站，由时任腾冲县文物管理所所长的李正副研究员具体负责。此后，省、县两地的项目组成员互相配合，进行了以下几项重要的工作：

1. 和村民一起，开展了深入细致的调查研究。调研内容涉及乡史、侨史、商贸史、环境史、建筑史、抗战史、乡土文化、建筑文化、宗教文化、宗祠文化、社团文化、饮食文化、楹联文化、民间艺术、婚姻家庭、风俗习惯、文物古迹、教育、人物等。

2. 由王国祥教授负责，从该乡的各类建筑和文物古迹中，筛选出90余项，在悉心调研的基础上，写出中英文的简要说明，提交政府有关部门，建议树碑立牌，制定管理措施，将它们作为重点保护对象进行管理和保护。

3. 由杨大禹教授带领学生，配合由他主持的国家社科基金项目，对该乡具有代表性的寺院、宗祠、公共建筑和民居建筑进行测绘，获得了大批宝贵的实测图，为该乡建筑文化遗产的研究、规划、保护、开发提供了详细的资料和科学依据。

4. 举办调研成果等展览，并举行不同形式的座谈会，意在促进村民参与、扩大宣传和影响。

5. 为了弘扬和顺乡的建筑文化遗产，项目组希望借用该乡李氏家族名为"弯楼子"、面积多达951.97平方米的三进四合院老宅和大量生活用具建立一座"民居博物馆"。李家为近代腾冲著名商号"永茂和"的创办者，现家族成员分布在世界各地，为了争取他们的同意，项目组成员奔走于省县各地、中缅之间，做了大量工作，终于得到了他们的理解和支持。通过项目组和腾冲文物管理所全体同志的努力，"弯楼子民居博物馆"于2003年4月28日正式建成开馆。馆内除了复现弯楼子昔日的建筑风貌和文化氛围之外，还设立了"悠久历史""著名侨乡""建筑集萃""极边名村"四个展示专题。该馆开馆之后，吸引了大量中外游人前往参观，产生了良好的影响。

6. 项目组策划了"和顺人写和顺"的计划，由本身即为和顺人的杨发恩教授负责，组织村民数百人，参与撰写本乡的历史文化。参与者中年少者12岁，年长者近90岁；有农民、干部、知识分子，还有旅居世界各地的华侨。计划于2005年12月完成，成果集结为"和顺丛书"，分为《乡土卷》《华侨卷》《人文卷》三卷本。正式出版之后，反响极为强烈，海外的乡亲们都说："是实实在在为和顺办了一件大好事！"

7. 2006年8月，在保山市政府的直接支持下，杨大禹教授和李正副研究员将他们在和顺乡多年进行的调查研究成果整理汇集出版，其书分为《历史》《人居》《环境》三卷本。该书图文并茂，且兼具学术性和普及性，为和顺乡留下了一笔珍贵的文化遗产资料，颇受社会好评。

和顺民族文化生态村的建设，于2004年发生了重大的转折。在全国经营体制大转型的背景下，腾冲县政府将和顺的管理经营权转让给了一个名叫"柏联集团"的商家，如此突兀的变化，是项目组和村民们始料不及的。商家为何对和顺乡情有独钟，自然是看上了和顺文化遗产所蕴藏的巨大的商业机遇和价值；政府何以愿意转让资源，那是因为"招商引资"不仅能促进和顺的发展，而且对于政府来说则是大胆改革的尝试，是发展模式的开拓创新。自然，商家的进入，并非无益，如果想把发展重点放到商业，要实现旅游业的统一管理和经营，那就得依靠有实力、有经验的商家来运作。2005年，和顺乡在全国众多名村名镇参与的激烈的竞争中，过关斩将，一举进入了"中国十大魅力名镇"之列，之后又以高票荣膺"中国十大魅力名镇"榜首，夺得唯一的"中国魅力名镇展示2005年度大奖"，这在一定程度上应该是柏联集团的功劳，如果没有该公司高超的运作手段进行"包装"和"推销"，和顺乡知名度的提升可能还需时日。

买卖出让文化旅游资源，由企业和商家主导经营，这在市场经济的大潮中也许是不可阻止的潮流，在经济欠发达地区尤其注重于此。在文化生态村的试点中，和顺乡被中途转让可以说是一个特殊的例子。转让对于该乡发展旅游业来说，可以看作一个机遇；对于传统文化和文化遗产的保护而言，则是严峻的挑战。转让的实质，乃是文化的商业资源化，而这一文化商业资源化的过程，却多半是在强势力量的操弄下被动实现的，这就存在风险和隐患。就目前我国情况来看，像和顺乡那样由企业和商家主导发展的模式无疑已成为时代的主流，它可以说是占尽了天时和地利，然而它却不得不面对由其催生的众多问题，那就是围绕着资源所属、权利共享、利益分配、文化保护、构建和谐社会以及可持续发展等的一系列的矛盾和冲突。当今的芸芸众生，皆热衷于"魅力"的刺激和享受，然而即如和顺乡，其"魅力"从何而来，是谁的创造，能否永葆？这是值得人们深思的。短短的十年时间，和顺乡从由专家学者提倡的主张依靠村民主导建设的"民族文化生态村"，变成了由企业主导经营管理的"魅力小镇"，这是时代发展多元化的表现。不过，历史一定不会让"魅力小镇"忘却"文化生态村"，因为着眼于长远，和顺乡真正的"魅力"并不在于外来者的包装、宣传和经营，而在于和顺人世世代代创造积累、继承发展而形成的稀世文化生态遗产。

巴卡小寨——山地文化的变迁

巴卡小寨是西双版纳傣族自治州景洪市基诺乡巴卡村公所下属的一个自然村，现有村民 61 户、260 余人，除 5 人外全部是基诺族。基诺族是一个人口很少的民族，全国仅 18000 余人，但百分之九十五以上的人口居住在方圆 600 多平方公里的基诺山区。基诺山区的海拔从 550 多米到 1800 多米，属南亚热带季风气候，湿润炎热，植被以亚热带季雨林为主。基诺族世世代代居住于雨林之中，靠从事刀耕火种、狩猎和采集为生。中华人民共和国成立之后，基诺族也和其他民族一道，进入了社会主义改革和建设的新时期。50 多年过去后，老人们对比今昔，感到变化太大，有好的变化，也有不好的变化，比如年轻人都追赶时髦而不喜欢本族传统的东西，就让老人们揪心。于是问我们："基诺族的文化快丢光了，怎么办？"老人们着急，我们这些基诺族的研究者也跟着着急。我们为什么会撇下清静闲适的书斋生活而去做"建设民族文化生态村"这么一件麻烦棘手的事情，想来实在是与基诺族的那些老人们有关。人类学家面对比较熟悉和建立了友谊的"他者"，难免感情用事，总希望找机会为他们做点事情。

虽说熟悉基诺山，但是要从其 45 个村寨中选谁作为试点，却不是一件容易的事情。乡政府主张在政府所在地，老人们各有各的想法，还有人建议把试点放到旅游公司经营的民俗村中去。后来我们选择了巴卡小寨，这个寨子我们过去待过较长的时间，村中有熟知和热爱传统文化的几位老人，民居建筑有特色，村寨景观宜人，村寨对面就是自然保护区，公路紧靠村子交通方便，而且巴卡小寨距旅游胜地勐仑热带植物园仅 5 公里，非常有利于旅游事业的发展。

云南民族文化生态村建设是"云南文化大省建设"项目，而且还受到美国福特基金会的资助。那么大的项目名头，资助的经费肯定不是小数——这是许多寨民嘴上不说，但按在心里的想法。所以开始时他们普遍特别的热情，然而一旦知道省里和基金会资助的经费非常有限，理念方式均与国家扶贫政策不同，仅仅限于支持能力培训等"软件的建设"，而根本不考虑"硬件"的投资，于是便感到失望，态度也随之发生了变化，消极旁观，不予支持。

少数人的误解乃至狭隘，其实无碍大局，这也可以视之为"文化多样性"的一种表现吧。不过，民族文化生态村建设的资金确实不完全限于软件，例如我们从日本友好团体"黛节子舞蹈财团"和日本友好人士工藤市兵卫夫妇，以及中科院热带植物园争取到的 30 余万元人民币的资助，就可以用于硬件建设。与政府投入基诺山扶贫等名目繁多的巨额资金相比，日方支援的经费自然不算多，然而巴卡小寨和基诺乡政府却应该感到荣幸和满足，因为在 5 个试点村之中，巴卡小寨是唯一获得项目组努力争取到可用于硬件建设经费的村寨。项目组和村民们利用这笔钱，加上福特基金会投入的各种费用，召开了无数次会议和培训，组织村民外出参观学习，选拔村民代表出国参加培训，最后修筑了村中的道路，改善了村落的环境，支持村民们开展文化活动，让年轻人学习民族歌舞和传统知识，支持他们建起了"妇女之家"和"民兵之家"，支持他们举办了纺织和刺绣比赛等文化传承活动，帮助他们进行旅游规划，援请热带植物园和自然保护区予以支持、带动他们开展旅游等等。说到巴卡小寨的建设成果，影响最大的就是建设了"巴卡基诺族博物馆"。为什么要建设博物馆？那是为了给村民创建一个进行文化保护、传承的平台，使基诺族有一个展示、宣传其文化的窗口，实现许多基诺族老人们的夙愿，同时这也是日本友人资助基诺族的目的。博物馆的建设，基诺族的代表人物西双版纳州原人大副主任周志军（基诺族）先生给予了多方面的支持，博物馆前期工作主要由基诺乡原党委书记泽白负责，中后期主要由罗钰研究员负责，大部分村民和项目组成员参加了全部建设工程，州、市一些领导干部曾经莅临现场指导帮助解决问题和困难，周志军自始至终热情关心、排忧解难，乡政府领导亦发挥了一定的协调组织作用。2001 年 6 月 6 日，基诺族博物馆建成开馆，各界人士云集巴卡，举行了隆重的开馆仪式。该馆分为"村寨民居""采集狩猎""刀耕火种""纺织服饰""歌舞艺术""宗教习俗"六个展示单元，较全面地表现了基诺族的文化。基诺族博物馆是当时我国少数民族的第一个乡村博物馆，省内外媒体均予以热情的宣传报道，信息远达国外，产生了很大的影响。

巴卡基诺族文化生态村在建设的头三年，状态比较好，成果也比较显著，因此其他几个试点村的代表曾几次前来学习交流，到村参观游览的各界人士和游人也不少。然而当项目组撤离之后，情况便发生了变化，一度变得有些沉寂。这样的情况促使项目组反思，上文说过，原先选择巴卡小寨建设文化生态村是有道理的，然而随着建设工作的深入，其不利的因素也逐渐显现。首先，寨如其名，它是原"巴卡寨"中最后分出的"小寨"，是巴卡老寨和巴卡中寨的"小兄弟"，与基诺山其他 44 个村寨相比，无论从历史还是从规模来看，它都不占优势，不具备较高的地位和较强的影响力；其次，它位于基诺山南端边沿，距离作为基诺山政治经济文化中心的乡政府较远，距离大多数村寨也太远，边缘劣势明显。由于存在这两点不利因素，所以乡政府和各个村寨对它作为代表基诺族的"文化生态村"其实是不太认同的，对它的支持帮助始终有所保留。因此一旦项目组离开，该寨便失去了社会资源，像博物馆那样的文化事业管理和运行，要全靠村寨支撑那显然是不可能的。主要文化设施的管理运行遭遇困难，村民热情受挫，昔日的辉煌自然难以再现。后来几年我们对基诺族进一步调查研究，对于如何更好地保护传承基诺族文化有了新的认识和新的思路。基诺族45 个村寨集聚于大约600 平方公里范围的基诺山，形成了一个独特的单一民族文化板块，对于这样特殊的民族文化板块，我们为什么不能将其整体地设想为一个"民族文化生态区"呢？如果是这样的话，那么不仅许多问题可以迎刃而解，而且建设的效果、影响都将大大提升。实际上，通过巴卡小寨文化生态村的建设以及若干村寨不同形式的发展探索，基诺山"文化生态区"已经初具雏形。从经济发展方面看，基本上形成了以农业和茶叶橡胶药材水果等经济作物种植为一体的复合产业结构，为摆脱贫困打下了坚实的基础；从生态环境方面看，国家自然保护区、国有林、集体林、农业耕地的布局已经严格划定，生态恢复治理状况趋向良好；从文化事业方面看，以巴坡旅游村为中心，结合位于村旁新建设的基诺博物馆和基诺族风情园，初步形成了基诺族文化展示中心；从文化保护传承方面看，通过巴卡小寨文化生态村的建设，我们深刻认识到文化变迁是不可阻止的，优秀传统文化的保护传承，关键在于识别"核心文化"。只有抓住"核心文化"这个"纲"，精心传承、培育、发展、创造，才是文化保护传承振兴的有效途径。什么是"核心文化"，我们给它的定义为：核心文化是一个民族、一个地域文化的源泉和根基。它是浓缩和包容该民族、该地域几乎所有重要文化要素和文化事象的平台；它凝集着民族的情感和认同，并具有极强的文化展示、传承的功能和空间。那什么是基诺族的核心文化呢？杜玉亭先生提出，基诺族村寨里第一长老卓巴曾经居住的供奉着基诺族崇拜的大鼓的"桌巴房"，是基诺族的"文化瑰宝"，"文化瑰宝"就类似于我们说的"核心文化"。然而问题是，现实生活中长老制已不复存在，长老房的权威和文化功能随之消失，要复活失去了"文化灵魂"的卓巴房"躯壳"已经没有意义。通过大量的文化事象分析，我们把基诺族名为"特懋克"的节日文化视为核心文化。"特懋克"原意是打铁备耕的节日，等同于新年，它是基诺族最为重要的象征符号，它浓缩了基诺族几乎所有重要的文化要素和文化事象，高度凝集了基诺族的民族情感和认同，具有极强的文化展示和传承功能。"特懋克"传承得好，不被淡化、简化、异化、伪化、商业化，就保住了基诺族的文化根基。对于基诺族传统文化，杜玉亭先生曾有"族籍迷失"的著名论述，而且曾为此痛心疾首，并深感忧虑：

1989 年笔者就与基诺族代表人物研讨，就其传统文化的最终消失时间进行了以下预测：基诺族在中国 56 个民族中颇具特色的服装，有可能在未来 20 年内消失；适应热带山区特点的基诺族传统竹楼，有可能在今后 10 年内消失；与生命过程相伴的基诺族歌唱文化与舞、乐，可能消失于 30 年内；与民族意识密切相关的生命礼仪、传统年节与上新房仪式，可能在 30 年内消失；既是民族特征之一又是无文字民族传统文化载体的基诺语言，有可能在 50 年内消失。

令人欣喜的是，杜先生担忧的基诺族服饰、歌唱文化与舞乐、祭祀仪式、基诺语言等，作为"特懋克"节庆的元素，均有强烈的传承彰显和创造。"特懋克"告诉我们，基诺族优秀的传统文化不会消亡只会发展，基诺族不仅不会"族籍迷失"，而且其本民族和中华民族的认同意识还会进一步加强，基诺族的文化保护和传承只能由基诺族自身主导进行，他们完全有足够的智慧做好自己的事情。在这一点上，只有很好地学习基诺族的文化并充分尊重，政府的领导和学者的指导才会发挥积极的作用。

可邑村——重现火神的地方

可邑村位于红河哈尼族彝族自治州的弥勒县山区，村子四面环山，海拔在 1890 米到 2055 米之间。全村有 203 户人家，除一户汉族外，其他都是彝族阿细支系的阿细人。

该村至今已有 370 年的历史。虽然是少数民族村寨，但教育比较发达，130 多年前便有法国传教士开办的小学校。文化资源十分丰富，该村所在地区是著名的《阿细先基》史诗和享誉国内外的《阿细跳月》舞蹈的发源地；该村有良好的生态环境，传统的神林祭祀仪式从未间断，神林的树木多为 300 年以上的老树。

可邑村不属于民族文化生态村的试点，而是云南大学彭多义教授的项目点。彭教授 2000 年获得省校合作项目《云南民族文化旅游资源开发研究》，把项目点选在可邑村，8 年的时间取得了丰硕的成果。

彭教授致力建设的是"文化生态旅游村"，但是在理念和方法等方面与民族文化生态村比较近似，双方村民相互参观学习，取长补短，交流十分密切。彭教授一直将其建设的重点放在社区能力的建设方面，她认为"社区能力"主要包括以下五个概念：

1. 民族社区：是在特定地域内，由有乡土文化特征、以初级农业生产为重要经济活动的居民组成的社会共同体。它具有规模小，分化程度较低，价值观倾向传统，人际关系以血缘、地缘关系为主的特征。

2. 社区参与机制：社区通过村民大会选举产生社区自助组织，并通过该组织对社区公共资源进行动员、开发、分配和利用，在此基础上采取共同行动。

3. 社区能力：指社区成员运用民主的办事程序，在团结、合作、互助、平等的基础上通过集体行动去解决社区问题的能力。简言之，即社区依靠不同的力量解决社区生存和发展问题的能力。社区能力建设要达到的目标是：自我管理、自我服务、自我教育、自我发展。

4. 社区能力建设包括以下内容：知识管理能力、资源配置能力、提供公共产品和扶贫的能力、社会谅解和整合的能力、适应与发展的能力。能力建设的关键是社区结构的上层建筑，社区观念的建设是社区能力建设的前提，自助是人际交往的关键或调整人们相互关系的模式化安排，组织是能力建设的核心，社区民众是能力建设的主体。

该项目分四个阶段实施：第一阶段进行准备与动员，第二阶段进行能力建设，第三阶段进行组织建设，第四阶段进行项目成果的推广。项目成果主要有以下五条：

1. 现代意识和社区参与意识的激活；2. 成立发展了一批社区组织；3. 建立健全了相应的规章制度，提高了社区资源配置的能力；4. 通过发展旅游等途径促进了经济的发展；5. 最重要的一点，是进行了文化的重建。例如该村传统的"撵火"仪式已经中断了几十年，凭着毕摩和老人们的记忆而得到了恢复。仪式举行当天，全村男性不分老人和孩子，身体赤裸，用色彩在全身涂画动物鬼怪纹饰，同时披皮囊系草衣，执刀枪佩弓箭，宛如太古之民。先聚于山洞之中，行钻木取火之仪式，然后抬举簇拥着纸扎的高大斑斓火神，进村挨家挨户驱逐火鬼，跳跃呼啸、轰轰烈烈，消灾祈福。境况极具戏剧色彩、场面十分刺激震撼。这一独特传统文化的复活以及其他文化记忆的复苏，引来了外界人的关注和赞赏，激励了阿细人的文化自信，振奋了村民的精神。冷清沉寂的山寨，出现和涌动了火的热量与激情。

在自治州、县各级政府的关心和支持下，经过村民和彭教授的努力，该村建设成效显著，发展势头良好。它作为阿细人文化生态的一张"名片"，将会发挥更好的示范作用。

成果的交流和共享

民族文化生态村建设是一个探索性、试验性的项目，选择试点，实施计划，取得成绩和经验，然后进行交流、示范、推广，这是项目的基本思路。然而实践告诉我们，实施计划与经验成果的交流、示范、推广并不是原来设想的前后两个阶段，而是一个相互交融的过程。而且，如何在实施的过程中，有计划地、及时地组织和促进经验和成果的交流、示范和推广，则更有利于扩大本项目的影响和发挥其示范、推广的作用。在实践中我们还认识到，项目成果的交流、示范和推广，并非仅仅是项目组的事情，村民们在这方面仍然是主力军，他们创造性的行动往往能产生特殊的效果。此外，各级政府和相关机构以及媒体等的重视和推动亦不可缺少，他们的权威、职能和作用是别的力量所取代不了的。总而言之，民族文化生态村的经验、成果的交流、示范和推广，汇集了各方面力量的参与，从下面的介绍即可了解其大致的情况。

1. 举办研讨会和培训班。项目组经常举办有各地村民代表参加的培训班，有官员、专家学者、媒体、基层文化干部和村民等参加的研讨会，有高层领导干部和各方面人士参加的"民族文化生态村建设论坛"等，从而达到传播理念、获取支持、促进共建的目的。

2. 让村民外出学习和交流。为了启发村民的文化自觉、开阔眼界、提高能力，在项目实施的过程中，项目组曾多次组织各试点的村民代表有目的地、有针对性地外出参观学习；同时，利用一切机会，推荐村里的文化精英到省会、省外甚至国外参加文化交流和展示活动。由于认识到外出学习的重要性，所以仙人洞村、南碱村和月湖村也多次自己组织骨干分子、妇女和老年协会成员到昆明等地参观学习。

3. 开展试点村之间的交流活动。5 个试点村有不同的情况，发展也不平衡，所以相互交流、学习是十分必要的。几年来，几个试点村一直保持着比较密切的联系。哪个村子取得了某方面的进展，有了好的办法、经验和成果，其他村子就尽量找机会前往观摩学习；有的村子存在问题，进展缓慢，做得好的试点村也乐于前往传经送宝、给予指导和帮助。

4. 促进试点村与周边村寨的交流。试点村每次举办成果展示交流活动、节庆和文化活动都热诚邀请周边的村寨，甚至较远的各民族村寨前来参加，这样做不仅可以扩大活动的规模，丰富活动的内容，而且能够带动周边村寨的发展，密切相互间的关系，发挥试点村作为地域文化中心作用和影响。

5. 编写发行宣传交流资料。迄今为止，项目组成员已发表生态村推介文章数十篇（其中 8 篇为硕士论文），拍摄影视片六部，编辑发行《云南民族文化生态村通讯》20 余期，编写出版了《云南民族文化生态村建设报告》《云南民族文化生态村建设论坛》3 本总结报告。这些文章、书籍和资料在社会上广为流传。

6. 开展学术交流。项目组成员不断总结研究民族文化生态村建设的理论、方法和问题，利用参加各种研讨会的机会，介绍和报告应用研究的成果。项目负责人还应邀到省外、国外做了 10 余场次专题报告，一位日本资深教授听了报告后曾说，他是眼里流着泪听完报告的，可见反应之强烈。民族文化生态村的建设，从一开始便受到国外学者的关注，迄今为止，已有美国、英国、法国、日本、印度、韩国、泰国、越南等许多国家的学者前往考察，其中还有在试点村长期进行田野调查撰写硕士、博士论文的外国研究生。值得一提的是，仙人洞村和南碱村还曾经被联合国教科文组织和联合国大学举办的两次国际会议选择为主要考察地，村民们和世界各国专家学者进行了交流，且受到了好评。

7. 配合国家文化遗产保护事业的宣传。近年来，文化遗产保护，尤其是非物质文化遗产保护受到空前的重视，民族文化生态村建设作为物质文化和非物质文化保护的综合性、超前性、开拓性的事业，理所当然应在该领域发挥影响和作用。为此，项目组积极配合政府相关部门开展工作，几年来，从中央到地方、从国内到国外，专程到试点村参观考察的官员和相关产业者络绎不绝，以"民族文化生态村"为参照的"民族文化生态区"也被列为国务院制定的非物质文化遗产保护的专项条目。

8. 各级政府的宣传和推广。为了贯彻党中央提出的构建和谐社会、建设精神文明、建设社会主义新农村等一系列战略方针，落实云南省政府制定的建设民族文化大省、发展文化产业等政策，试点村所在地各级政府非常重视对民族文化生态村的宣传报道，各类媒体亦给予了大力热忱的支持，所以关于民族文化生态村的信息经常见诸报纸杂志和电视。在新平县和丘北县，为了扩大试点村的宣传和示范效果，县委宣传部还多次组织试点村的村长到各地巡回演讲报告，让他们用生动的事例宣讲其艰苦创业的精神和带来的巨大变化，收到了特殊的效果。

9. 云南省委宣传部的领导和支持。"云南民族文化生态村"作为省委省政府实施的"云南民族文化大省建设"战略的重点项目，在试点建设的基础上，向全省推广，使建设村寨达到了 50 个。对于"美丽乡村建设"和"乡村振兴"等发挥了积极影响。

10. 福特基金会组织的交流和推广活动。福特基金会曾对我们的项目提出三点建议：一是创新；二是机制和能力的建设；三是示范和推广。为了协助实现这三个目标，福特基金会的项目官员为我们做了大量卓有成效的工作：协助项目组开拓宣传、示范、推广成果的渠道，经常组织国内外不同地区、不同项目的成员进行沟通和交流，利用他们拥有的特殊渠道和宽广的信息资源为我们进行热情地宣传，使我们获益不浅。

11. 云南大学等的支持。云南大学始终支持以该校教师和学生为主组成的项目组，该校的"211"工程和西南民族研究中心，都将此项目列为其重点项目，该校新建的"伍马瑶人类学博物馆"，还特地设立了一个"民族文化生态村"展厅，为学校师生、各方学者以及广大市民提供了一个参观、学习、研究的平台。

12. 编写出版丛书。该项目将于 2008 年 10 月结束，作为最后的成果，包括村民和干部在内的项目组编写了一套"云南民族文化生态村建设——当代中国应用人类学的开拓"丛书：《理论与方法》《探索实践之路》《传统知识发掘》《生态村的传习馆》《巴卡的反思》《走向网络》六卷本。丛书以通俗易懂的形式，明快的笔调，全面总结、介绍了云南民族文化生态村建设的理论、方法、实践、经验、成果、教训、不足和今后的计划，目的在于为我国广大农民、基层干部和文化遗产工作者等提供一套文化事业建设和文化遗产保护学习参考借鉴的读本。丛书2010年荣获"国家民委社会科学优秀成果一等奖"。

最后，为了充分发挥该项目的效益，考虑项目的后续发展，项目组正在着手策划设计建立一个"民族文化生态村网站"，同时考虑在条件成熟的时候，拟联合有关机构，成立一个可以网络已建和将建的民族文化生态村协会，以便在更大的范围内，在有更多力量的参与下，将此事业进行下去，使之继往开来、繁荣昌盛，为新农村与和谐社会建设做出贡献。

参考文献

尹绍亭、王国祥、罗钰主编：《民族文化生态村——当代中国应用人类学的开拓》，云南大学出版社 2008 年版。

后　记

　　选编旧作，也像写文章，须反复斟酌修改。本书上篇"农耕文化"的论文选编较为简单，而下篇"云南民族文化生态村建设"的用稿则颇费周折。原因是前者汇集的论文均属个人研究成果，不涉及他人；后者不同，所选论著虽然也是笔者个人之作，然而云南民族文化生态村建设却是众多同人通力合作的研究成果，欲尽量展现集体研究结晶，这是笔者选编稿件的初衷。出于这样的考虑，初次选编的文稿包括了数位作者的著作。然而由于作者们的立意谋篇和写作方式等存在较大差异，一时难以统一，勉强组合，难免杂乱无序，从保证作品质量考虑，只好删繁就简。几经改编，给编辑造成了很大的麻烦。在书稿付梓之际，谨向编辑致谢，同时要向十余年间密切合作、为民族文化生态村建设付出过大量心血和艰辛劳动的同仁们致以衷心的敬意和谢意！

尹绍亭
2020 年 12 月 25 日